哲學研究叢書‧學術思想叢刊

影響中國命運的答卷：董仲舒《賢良對策》與儒學的興盛

深川真樹　著

目次

第一章
緒論

　　儒學於漢朝時期興盛，是在整體東亞歷史上最重要的事件之一。儒學大概在西漢中期以後受到歷代皇帝尊崇，因而成為統治中國的指導思想，從此在中國社會與文化中，直到清朝滅亡之前占有主流地位。不僅如此，也對朝鮮、日本及越南等周邊地域的社會與文化，產生了巨大影響。

　　以往許多學者認定「儒學的主流化」[1]的成因是，漢武帝（在世西元前157-前87，在位西元前141-前87）採納西漢大儒董仲舒（生卒年不詳，後詳述）的建議。根據《史記》和《漢書》兩書記載，漢武帝施行了一系列的儒家優遇制度，《漢書・董仲舒傳》則記錄董仲舒「諸不在六藝之科孔子之術者，皆絕其道，勿使並進」的建議，[2]亦斷言：「及仲舒對冊，推明孔氏，抑黜百家。立學校之官，州郡舉茂材孝廉，皆自仲舒發之。」[3]後世許多學者——包括清末以前的傳統知識分子，與近代以後的中日及歐美知識分子——以此評斷為據，既將施行儒家優遇制度視為儒學取得主流地位的標誌，又將此措施與董

1　在漢代儒學取得治國指導思想的地位，中、日及歐美學界均將此歷史現象概念化，各自由不同術語表示之。中文學界慣用「罷黜百家，獨尊儒術」一句；日本學界則使用「儒教的國教化」一詞；歐美學界的研究中可看到「儒學的勝利（the victory of Confucianism）」的用詞。為了避免以不同術語表示同一歷史現象可能導致的混亂，本書將一貫使用「儒學的主流化」一詞。

2　〔漢〕班固撰，〔唐〕顏師古注，西北大學歷史系點校，傅東華整理：〈董仲舒傳〉，《漢書》（北京市：中華書局，1962年6月），卷56，頁2523。

3　同前註，頁2525。

仲舒的建議聯起來，設想在這兩項事實之間有因果關係，亦即董仲舒在「儒學的主流化」中扮演了關鍵角色。

然而，到二十世紀中葉，學界開始批評或修正此觀點。董仲舒為鑽研春秋公羊學的儒學泰斗，無疑從中國哲學史的角度來看，其思想學問對後世儒學發揮了巨大影響。不過，學者間在探討董仲舒的歷史角色中發生分歧。本書以此情況為研究背景，關注董仲舒及其思想在儒學興盛中扮演了何種實際歷史角色。換句話說，以重探董仲舒在漢代儒學興盛中的歷史角色與定位為目的，將梳理與之相關的重要議題，以期提出若干管見。

第一節　本書的研究背景與途徑

一　本書的研究背景

董仲舒在漢代儒學興盛中扮演何種角色？學者間對此問題有不同見解。依筆者之見，如此分歧主要來自於學者對相關議題持不同看法，諸如董仲舒對漢武帝的尊儒措施有何影響、董仲舒的影響力從何而來、如何理解漢代「儒學的主流化」一事等議題。在此將整理過去學者的相關觀點，藉以展示對此議題的不同看法形成上述分歧的情形。

（一）董仲舒對漢武帝尊儒措施的影響力問題

根據《史記》和《漢書》兩書記載，漢武帝推行了一系列的尊儒措施，而且董仲舒在武帝時期度過政治生涯。歷來，學者們以武帝所推行的尊儒措施為儒學興盛的重要標誌，故往往將「董仲舒在多大程度上影響尊儒措施」的問題，視為與「董仲舒在儒學興盛中扮演何種角色」的問題直接相關。換言之，學者們常將董仲舒對尊儒措施的影

響力，與董仲舒對儒學興盛的影響力畫上等號。關於董仲舒對尊儒措施的影響力，學者間大約有如下三種看法。

第一種是認為董仲舒的進言受到漢武帝賞識而立即成效，促使「儒學的主流化」，換句話說，董仲舒「推明孔氏，抑黜百家」的建議，針對漢武帝的尊儒措施發揮了決定性影響。歷來有許多言論支持這種觀點，不勝枚舉，過去在中、日及歐美學界成為一個「定見」。不過到了二十世紀中葉以後，各國學者開始提出不同觀點，即以下第二種與第三種看法。

第二種是肯定董仲舒對尊儒措施起了某些作用的同時，指出其影響力並無如此巨大。例如，馮友蘭曾經一度認為董仲舒對漢武帝定儒學於一尊有決定性的影響，[4]但後來發覺武帝時期的尊儒風氣並非起源於董仲舒，而採取了「董仲舒的歷史任務，不在於制定這個政策」的觀點。[5]桂思卓（Sarah A. Queen）則在 "From Chronicle to Canon"一書中，詳細論述董仲舒努力由建立《春秋》的權威性以改造朝儀，並認為其努力在武帝時期只取得了有限的成功，但卻為後人留下永不枯竭的遺產。[6]

第三種則是完全否定董仲舒對尊儒措施的任何影響力，與第一種正相反。譬如，福井重雅則在《漢代儒教の史的研究》這部大書中，以董仲舒的官歷和事蹟為切入點，深入考察相關記載之後，下結論

4　馮友蘭：〈儒家之六藝論及儒家之獨尊〉，《中國哲學史》（上海市：商務印書館，1934年8月），第1篇第16章，頁486-489。

5　馮友蘭：〈董仲舒公羊學和中國封建社會上層建築〉，《中國哲學史新編》第3冊（北京市：人民出版社，1985年3月），第27章，頁43。

6　Sarah A. Queen, *From Chronicle to Canon: The Hermeneutics of the Spring and Autumn, According to Tung Chung-shu* (Cambridge: Cambridge University Press, 1996). 此書有中譯本。桂思卓著，朱騰譯：《從編年史到經典：董仲舒的春秋詮釋學》（北京市：中國政法大學出版社，2009年11月）。

說，董仲舒對武帝施政發揮影響的形象應該只不過是個「虛像」。[7]魯惟一（Michael Loewe）則仔細探討董仲舒的生平和聲譽，而指出董仲舒從無當過能實行其思想的朝廷高官，也沒有在生前獲得令人起敬的名聲，甚至由於其道德主義的意見不與有權勢者相合，因此受到了攻擊及排斥。[8]

（二）董仲舒影響力的來源問題

董仲舒於漢武帝時期參加皇帝親自出題的考試（策試），在其考卷（本書稱之為《賢良對策》，下文有詳述）中提出上述「推明孔氏，抑黜百家」的建議，不少學者在武帝採納此建議的前提下（即在上述第一種看法的前提下），進一步解釋董仲舒對漢武帝時期尊儒風氣的影響。不過，在這種解釋中有不同取向，有學者關注董仲舒進言所施展的效果，認為其所提出的政策方案造成巨大影響，有學者重視董仲舒思想所發揮的作用，認為其所建構的思想系統產生重要影響。

在十九世紀與二十世紀之際，梁啟超[9]和久保得二（天隨）[10]等學者提出對董仲舒的負面評價，耐人尋味的是，這種負面評價似乎並未

7　福井重雅：〈董仲舒の實像と虛像〉，《漢代儒教の史的研究：儒教の官學化をめぐる定說の再檢討》（東京：汲古書院，2005年3月），第2篇第1章，頁279-307。

8　Michael Loewe, *Dong Zhongshu, a 'Confucian' Heritage and the Chunqiu fanlu* (Leiden: Brill, 2011), pp. 43-81. 此書有中文版。魯惟一著，戚軒名、王玨、陳顥哲譯：〈董仲舒的生平和聲名〉，《董仲舒：「儒家」遺產與〈春秋繁露〉》（香港：中華書局，2017年9月），第2章，頁45-85。

9　梁啟超：〈論中國與歐洲國體異同〉，收入氏著，下河邊半五郎編：《飲冰室文集類編》上（東京：編者，1904年5月），頁440-447；梁啟超：〈論中國學術思想變遷之大勢〉，收入氏著，下河邊半五郎編：《飲冰室文集類編》下（東京：編者，1904年5月），頁49-68。前者原寫於己亥年即1899年，後者則原寫於壬寅年即1902年。

10　久保得二：〈儒教の表章〉，《東洋通史》第3卷（東京：博文館，1903年8月），第2篇第17章，頁672-678。

在近代以前傳統知識分子的言論中出現過。梁啟超等人以漢武帝採納董仲舒的建議為前提，描繪董仲舒為使漢武帝禁止儒家以外的諸家之學，以阻斷中國思想學術發展的人物。董仲舒的如此形象，尤其流行於一九一〇年代新文化運動開始以後的中文學界。

對此，有學者重新解釋董仲舒進言與尊儒風氣的關係，以試著糾正如上董仲舒禁絕其他學派、阻礙人文進步的形象。例如，徐復觀曾經指出，董仲舒只是建議博士官要限於「儒學博士」，建元五年設立五經博士也沒有影響到學術流通的情形，因此不能太高估董仲舒的影響。[11]金春峰則認為，所謂「罷黜百家」只不過是「不以『百家』作為統治思想」，董仲舒的建議以「鞏固大一統的政治局面」為目的，並且「有利於促進文化和社會的發展」。[12]

另外，有一群學者在漢武帝採納董仲舒之建議的前提下，進一步設想武帝將董仲舒其人的思想當作治國指導思想，那些學者應是認為，武帝接受董仲舒的思想，因而推行了其建議。他們討論董仲舒思想發揮影響的情形或理由，亦即探討「董仲舒思想如何／何以為儒學興盛作出貢獻」或「董仲舒思想如何／何以作為主導思想而起作用」等問題。例如，鄧紅在日本唯一的董仲舒思想研究專書《董仲舒思想の研究》中主張，董仲舒對「儒學的國教化」的理論貢獻主要在於，建立「天神」架構以將儒學改造為具有宗教色彩的「儒教」這一點。[13]

11　徐復觀：〈漢代專制政治下的封建問題〉，《周秦漢政治社會結構之研究》，再版（臺初版）（臺北市：臺灣學生書局，1974年5月），頁191-194，此書4版（臺3版）以後改名為《兩漢思想史》卷1；徐復觀：〈先秦儒家思想的轉折及天的哲學的完成〉，《兩漢思想史》卷2（臺北市：臺灣學生書局，1976年6月），頁427-428。

12　金春峰：〈董仲舒思想的特點及其歷史地位〉，《漢代思想史》（北京市：中國社會科學出版社，1987年4月），頁202-206。

13　鄧紅：〈天神と天道と天命〉，《董仲舒思想の研究》（東京：人と文化社，1995年4月），天道篇第2節，頁63-105。此書有中譯本。鄧紅：〈天神天道天命〉，《董仲舒思想研究》（臺北市：文津出版社，2008年6月），天道篇第2節，頁43-77。

林聰舜則在董仲舒的儒學成為「國家意識形態」之前提下，以董仲舒的情形為例，「具體說明儒學如何扮演帝國意識形態的角色」。[14]

（三）漢代「儒學的主流化」的理解問題

探討「董仲舒在儒學興盛中扮演何種角色」的問題，亦可說是研究董仲舒與漢代「儒學的主流化」的關係。雖如上文所述，歷來許多學者將漢武帝所推行的尊儒措施視為儒學興盛的重要標誌，但其實在目前，學界對「儒學何時且如何取得了主流地位」的問題有各種意見，亦即對「儒學的主流化」之時期與原委的理解莫衷一是。故對董仲舒在儒學興盛中歷史角色的看法，由此也陷入了眾說紛紜的狀態。圍繞「儒學何時且如何取得了主流地位」的爭論，在正文中詳細整理及反思。故此處旨在僅呈現有關「儒學的主流化」的三種不同理解，並其理解影響到對董仲舒歷史角色的看法。

第一種理解是儒學取得政治優勢的「完成」。過去許多學者認為，漢武帝採納董仲舒的建議而達成「儒學的主流化」，那些學者似乎不自覺地預設著儒學至此「完成」取得政治優勢，並以各國學界慣用術語——「罷黜百家，獨尊儒術」、「儒教國教化」或「儒學的勝利」等——來概括表示其「完成」。後來，有學者自覺地將「儒學的主流化」這一現象界定為儒學「完成」取得政治優勢，依此界定而設定其「完成」的標誌，以重新勾勒漢代儒學興盛。譬如，西嶋定生將王莽（在世西元前45-西元23年，在位西元9-西元23年）執政時期，[15]

---

14 林聰舜：〈帝國意識形態的建立：董仲舒的儒學〉，《漢代儒學別裁：帝國意識形態的形成與發展》（臺北市：臺灣大學出版中心，2013年7月），第6章，頁139-179。

15 西嶋定生：〈儒教の國教化と王莽政權の出現〉，《秦漢帝國》（東京：講談社，1974年7月），6，頁303-367。此書有中譯本。西嶋定生，黃耀能譯：〈儒家思想的確立與王莽政權的出現〉，《白話秦漢史（秦漢帝國的興衰）》（臺北市：譯者，1983年10月），第6章，頁237-285。

板野長八將漢光武帝（在世西元前5-西元57年，在位西元25-西元57年）時期，[16]王葆玹則將漢成帝（在世西元前51-前7年，在位西元前33-前7年）時期當成「儒學的主流化」之時期，[17]因此在這些學者看來，董仲舒對此現象無起任何作用。

　　第二種理解是儒學取得政治優勢的「開始」。有學者自覺地將該現象理解為儒學「開始」取得政治優勢，認為儒學的政治優勢在此之後逐漸實現。譬如，日原利國說儒學在漢武帝時期達成「主流化」，但到漢元帝（在世西元前75-前33年，在位西元前48-前33年）時期才徹底滲透於政治和學術。[18]日原利國以漢武帝推行尊儒措施看作其「開始」的標誌，並認定董仲舒的進言對其措施具有決定性的影響。[19]

　　第三種理解則是儒學取得政治優勢的「歷程」。以上兩種界定在意義上正相反，但其實兩者之間有共同之處，即都將「儒學的主流化」預設為發生某一特定歷史情況或事件。對此，德效騫（Homer H. Dubs）[20]和福井重雅[21]等學者，不以該現象看作在短時間內完成的單件歷史情況或事件，而視之為長期──德效騫設想由漢高祖（在世西

16 板野長八：〈圖讖と儒教の成立〉，《儒教成立史の研究》（東京：岩波書店，1995年7月），第9章，頁329-401；板野長八：〈儒教の成立〉，《儒教成立史の研究》，第12章，頁493-527。

17 王葆玹：〈「罷黜百家，獨尊儒術」與經學史的分期問題〉，《西漢經學源流》（臺北市：東大圖書公司，1994年6月），第3章，頁103-153。

18 日原利國：〈災異と讖緯：漢代思想へのアプローチ〉，《漢代思想の研究》（東京：研文出版，1986年1月），頁66-67。

19 日原利國：〈中世（前期）の思想〉，《漢代思想の研究》，頁3-12。此文有中譯版。日原利國著，張昭譯：〈中世的思想〉，赤塚忠等著，張昭譯：《中國思想史》（臺北市：儒林圖書公司，1981年4月），III，頁113-123。

20 Homer H. Dubs, *The History of the Former Han Dynasty*, Volume 2 (Baltimore: Waverly Press, 1944), pp. 341-353.

21 福井重雅：〈儒教の官學化をめぐる諸問題〉，《漢代儒教の史的研究》，緒言終章，頁97-107。

元前256？-前195年，在位西元前202-前195年）到漢元帝，福井重雅則設想由漢文帝（在世西元前203-前157年，在位西元前180-前157年）到漢章帝（在世西元57-88年，在位西元75-88年）——的階段性歷程，以繪出漢代「儒學的主流化」這一歷史現象。德效騫認為漢宣帝（在世西元前91-前48年，在位西元前74-前48年）想到董仲舒的建議及其益處，換言之，董仲舒思想在他死後對儒學興盛起了某些作用，福井重雅則並未考慮有這種可能性，只透過探析董仲舒生前的事蹟，否定其對儒學興盛的任何影響。

總之，針對以上三項議題的各種不同意見，導致產生有關董仲舒歷史角色的分歧，既然如此，要探討「董仲舒在儒學興盛中扮演何種角色」便不可忽略這三項議題，換言之，本書的研究應在某種程度上由此等議題受到規定。接著留意如此情況，說明本書所採取的研究途徑。

二　本書的研究途徑

為了重探董仲舒的歷史角色，本書要思考漢代「儒學的主流化」的理解問題。本書高度關注過去學者繪出儒學興盛的前提、分析途徑及論證的說服力等，對之加以整理及反思，並在此基礎上，為「儒學的主流化」一事探索較具建設性的討論架構。就結論而言，筆者認為漢代儒學興盛，亦即「儒學的主流化」，應不是單件歷史情況或事件的發生，而是一段有開始、發展及完成的階段性歷程。從此視角而言，董仲舒在儒學興盛中所扮演的角色，並非在發生某一情況或事件中的角色，而為在一段較長的歷程中的角色。因此，本書將論述董仲舒在儒學興盛整體歷程中所扮演的歷史角色。

為此，要探討董仲舒對漢武帝尊儒措施的影響。歷來有許多學者

認為，漢武帝的尊儒措施表示儒學取得政治優勢的「完成」，但近年愈多學者相對輕視其措施在儒學興盛中的意義。筆者則認為，武帝所推行的措施應在儒學興盛整體歷程中具有里程碑的意義，因其中的孝廉制與博士弟子制逐漸發揮效用，後來孝廉及博士弟子出身的名公鉅卿輩出。既然此等措施為儒學興盛的里程碑，若要探討董仲舒在儒學興盛中的實際角色，必須探究董仲舒影響此等措施的情形。並為了釐清此情形，先要處理《賢良對策》的真偽與時間相關問題。

此外，本書還必須探究董仲舒對漢代尊儒風氣與措施的影響。因董仲舒思想十分有可能在他死後發揮巨大影響。如上文所述，有學者認為漢武帝將董仲舒思想當作指導思想，但持此觀點的學者並未論證漢武帝如何接受董仲舒思想，似乎只是依據武帝採納「推明孔氏，抑黜百家」的建議一事，先驗地預設了董仲舒思想的意識形態化。雖然如此，漢朝皇帝以董仲舒思想為指導思想統治天下的觀點，為本書的研究帶來一些啟發。即使董仲舒思想並無受到武帝接受，也未對武帝時期的現象起過太大作用，但不排除經過幾代治世後才得到皇帝重視的可能性。關於這點，亦可參考上述德效騫的看法。德效騫即說：「雖武帝後來不怎麼熱衷於儒學，但宣帝肯定想到董仲舒的建議，並確實認知其方策的益處。」[22]此看法暗示，董仲舒思想發揮較大影響，可能不是開始於武帝時期，而是在董仲舒死後。為了探究其對西漢政治的影響，先要釐清董仲舒本人的思想系統及其性質。

綜上所述，本書先分開探討「董仲舒本人的思想及其性質」與「儒學的主流化」，之後再處理前者在後者的整體歷程中是否發揮作用、發揮何種作用等問題，由此試圖闡明董仲舒在儒學興盛中的歷史角色。

22　Dubs, *The History of the Former Han Dynasty*, Volume 2, p. 353.

第二節　董仲舒與《賢良對策》

一　董仲舒其人其著

　　董仲舒生活在西漢初中期，其生平在《史記・儒林列傳》及《漢書・董仲舒傳》中有所記載。不過關於他的生卒年，兩書均不載明，故學者之間並無一致的意見。眾說之中，福井重雅的考證最為精細。他列舉三十多篇相關研究文獻，詳細探討董仲舒的生卒年。不過其結論是：根據現存史料，無法確定董仲舒的生卒年；只能說，董仲舒大概出生在高祖、呂后（西元前241-前180年）時期，且卒於武帝晚期，因此，將其生卒年當成「不詳」，是最妥當的結論。[23]

　　根據《史記》和《漢書》記載，董仲舒在漢景帝（在世西元前188-前141年，在位西元前157-前141年）時期受任為《春秋》博士，到漢武帝初年就任江都相，被免之後再拜為中大夫。這時發生一種筆禍事件，董仲舒因詮釋遼東高廟的災異而險受死刑，最後得了赦免。後來，受到公孫弘（西元前200-前121年）推薦而遷為膠西相，但怕獲罪，不久就以病辭職。之後過世之前，在家從事學問及著述。此外，《漢書》記載董仲舒被舉賢良而呈上《賢良對策》，但此事始見於《漢書》，《史記》中無記載。關於董仲舒呈上《賢良對策》的時間，自古以來存在多種看法，因相關史料之間有矛盾與混亂。其時間與本書的研究主題密切相關，故在正文中詳論。

　　董仲舒似乎寫過許多文章。司馬遷（西元前145？-前86？年）是董仲舒的同時代人，他在《史記》中說：「上大夫董仲舒推春秋義，

23　福井重雅：〈董仲舒の生沒年〉，《漢代儒教の史的研究》，第2篇終章第1節，頁387-404。

頗著文焉。」[24]又說:「〔董仲舒〕著災異之記。」[25]《漢書》中出現更具體有關董仲舒著作的記錄,〈藝文志〉著錄《公羊董仲舒治獄》十六篇及《董仲舒》百二十三篇,[26]〈董仲舒傳〉則言:「仲舒所著,皆明經術之意,及上疏條教,凡百二十三篇。而說春秋事得失,聞舉、玉杯、蕃露、清明、竹林之屬,復數十篇,十餘萬言,皆傳於後世。」[27]

以上諸書之中,〈藝文志〉所著錄的《公羊董仲舒治獄》,以「春秋決事」、「春秋決獄」或「春秋斷獄」等書名流傳至宋代,但現在已散佚,只有數條佚文保存於《通典》、《白氏六帖》、《太平御覽》等書籍中。接著,〈藝文志〉與〈董仲舒傳〉皆提及「百二十三篇」,這兩部「百二十三篇」之作可視為同一個東西,如許多學者所指出。根據〈董仲舒傳〉記載,「百二十三篇」即《董仲舒》這部書包含「上疏」,因此,以《賢良對策》為首的現存董仲舒之「上疏」應該皆是《董仲舒》中的一篇。再者,「數十篇十餘萬言」初見於〈董仲舒傳〉,根據該傳記載,其中有「玉杯」、「蕃露」、「竹林」等篇章,名為「蕃露」的篇章沒有現存,但此篇名被用於《春秋繁露》一書的書名,今本《春秋繁露》中有名為「玉杯」、「竹林」的篇章。

如不少學者所指出的,「百二十三篇」與「數十篇十餘萬言」這兩部文獻,應後來成為《春秋繁露》一書的底本。著錄此書的現存圖書目錄中,時代最早者是《隋書·經籍志》,由是觀之,《春秋繁露》成書於南北朝時期,《春秋繁露》一書流傳至今。

---

24 〔漢〕司馬遷撰,〔宋〕裴駰集解,〔唐〕司馬貞索隱,〔唐〕張守節正義,顧頡剛點,中華書局編輯部整理:〈十二諸侯年表〉,《史記》(北京市:中華書局,1959年9月),卷14,頁510。

25 司馬遷:〈儒林列傳〉,《史記》,卷121,頁3128。

26 班固:〈藝文志〉,《漢書》,卷30,頁1714、1727。

27 班固:〈董仲舒傳〉,頁2525-2526。

　　除此之外，在傳世文獻中還保存著一些董仲舒的文章。我們現在藉以得知董仲舒思想的文獻，主要是《春秋繁露》與《賢良對策》。《漢書・五行志》則採錄許多董仲舒的災異詮釋，那些詮釋可能反映司馬遷所提《災異之記》的部分內容。董仲舒的奏章之言亦散見於《漢書》之中，諸如〈說武帝使關中民種麥〉、〈又言限民名田〉、〈廟殿火災對〉、〈粵有三仁對〉、〈論禦匈奴〉等。[28]相傳為董仲舒所撰寫的詩賦、書信及對狀也著錄於《古文苑》，即〈士不遇賦〉（這篇亦著錄於《藝文類聚》）、〈詣丞相公孫弘記室書〉及〈雨雹對〉，另外還有《公羊董仲舒治獄》等其他論著的若干佚文，零散保存在現存文獻之中。

二　本書的主要研究對象

　　在研究董仲舒思想時，一般主要分析《春秋繁露》的內容，但是，本書則主要以《賢良對策》為解析對象（後詳述）。所謂《賢良對策》者，是董仲舒向漢武帝所呈上之考試答卷的總稱，共有三篇，收入於《漢書・董仲舒傳》。這三篇答卷在學者之間有數種不同稱謂，諸如〈天人三策〉、〈賢良對策〉、〈賢良三策〉等，[29]本書以《賢良對策》表示之，或者簡稱《對策》。至於三篇答卷的各篇，依傳中

---

28 以上篇名皆依照嚴可均所輯《全漢文》中的名稱。以下漢代文章的篇名，基本上皆依照《全漢文》中的名稱。

29 大部分學者都以〈天人三策〉或〈賢良對策〉稱呼三篇答卷，這兩個稱謂常出現在論及董仲舒的文章中，不勝枚舉。關於〈賢良三策〉這一稱謂，徐復觀在《兩漢思想史》卷2中立「餘論——賢良三策」一節，但其中亦將董仲舒的答卷稱為「賢良對策」及「天人三策」：「仲舒在歷史中所直接發生的深遠影響，並不來自他的規模龐大的著作；而係來自漢書本傳所錄的三篇賢良對策，亦即後人所稱的天人三策。」參照徐復觀：〈先秦儒家思想的轉折及天的哲學的完成〉，頁421。

的排序分別表示為〈對策一〉、〈對策二〉與〈對策三〉。

　　《對策》為對漢武帝所發的試卷——《制策》[30]作答的答卷，其設想中的讀者乃當世皇帝，亦即一部與現實政治直接相關的文獻。故其中提出確切應對現實政治課題的具體政策方案，但不僅如此，《對策》的內容還蘊含著相當完整的思想系統，即關於帝國體制的儒學理論，及其作為貫穿個別具體政策方案的基礎。進而言之，董仲舒藉由對皇帝策問作答的機會，試著透過使皇帝實行一些政策，來實現儒家的治國藍圖。

　　相較之下，《春秋繁露》一書雖包含豐富的內容，但與現實政治並無密切關係。其中諸篇主要以學術性的文章為主，誠如徐復觀所說：「在《春秋繁露》中，許多地方，是以構成他的奇特的哲學體系為主」。[31]譬如，其中〈官制象天〉、〈五行相勝〉、〈五行相生〉等篇章談及官制，但其內容則是純理論性的論述。似乎只有〈考功名〉篇中的官吏任用制度與現實政治稍微有關，除此之外，《春秋繁露》中並無出現具體的治國之策。

　　本書要探討董仲舒在儒學興盛中的歷史角色與定位，筆者認為在討論此議題上，《對策》的重要性應遠高於《春秋繁露》，其理由有如下：

　　首先，為了闡明董仲舒在儒學興盛中所扮演的角色，當然要把握董仲舒本人的思想系統及其性質，但筆者認為《對策》基本上是董仲舒本人所著，相形之下，《春秋繁露》則是一部董仲舒學派的文集。根據余嘉錫之說，西漢末期以前，學者沒有習慣編輯自己的著作，而

---

30 《漢書・董仲舒傳》收錄武帝的三篇試卷，本書以《制策》表示之，至於三篇試卷的各篇，依傳中的排序分別表示為〈制策一〉、〈制策二〉與〈制策三〉。

31 徐復觀：〈先秦儒家思想的轉折及天的哲學的完成〉，頁422。

是由弟子後學編錄先師著述，在其過程中常有所增益。[32]《春秋繁露》的底本亦應是董仲舒及其後學相關文獻的總體，既然如此，其內容很可能不是全出於董仲舒本人之手，正如慶松光雄、[33]戴君仁、[34]田中麻紗巳、[35]蓋瑞‧阿巴克爾（Gary Arbuckle）、[36]桂思卓、[37]魯惟一[38]等研究所揭示。不過，筆者並非懷疑《春秋繁露》是偽書。筆者只是主張，《春秋繁露》很可能包含弟子後學所附加的成分，諸如從師說發展而來的言論，或者與師說相關的參考資料，因而不能將其整本直接視為董仲舒本人的著作，職是之故，該書最適合使用於董仲舒學派相關研究。[39]

其次，探討董仲舒在儒學興盛中的歷史角色時，應該要察看漢朝對董仲舒思想的接受情況，於此之際，《對策》相對較容易檢驗其內

---

32 余嘉錫：《古書通例》，臺1版（臺北市：丹青圖書，1986年5月）。

33 慶松光雄：〈春秋繁露五行諸篇偽作考：董仲舒の陰陽‧五行說との關連に於て〉，《金澤大學法文學部論集‧哲學史學編》第6號（1959年3月），頁25-46。此文有中譯版。慶松光雄著，楊憲霞、張亮、鄧紅譯：〈《春秋繁露》五行諸篇偽作考：和董仲舒的陰陽、五行說的關聯〉，《衡水學院學報》第17卷第5期（2015年10月），頁6-13。

34 戴君仁：〈董仲舒不說五行考〉，《梅園論學集》（臺北市：臺灣開明書店，1970年9月），頁319-334。

35 田中麻紗巳：〈五行諸篇〉，《兩漢思想の研究》（東京：研文出版，1986年10月），第1章第2節2，頁34-51。此文有中譯版。田中麻紗巳著，秦祺、鄧紅譯：〈關於《春秋繁露》五行諸篇的考察〉，《衡水學院學報》第17卷第5期（2015年10月），頁14-21。

36 Gary Arbuckle, "Restoring Dong Zhongshu (BCE 195 - 115): An Experiment in Historical and Philosophical Reconstruction," (Ph. D dissertation, University of British Columbia, 1991) pp. 315-542.

37 Queen, *From Chronicle to Canon*, pp. 69-112; 桂思卓著，朱騰譯：〈《春秋繁露》的作者〉，《從編年史到經典》，第4章，頁76-129。

38 Loewe, *Dong Zhongshu*, pp. 191-224; 魯惟一著，戚軒名、王珏、陳顥哲譯：〈《春秋繁露》的流傳與真偽〉，《董仲舒》，第5章，頁205-240。

39 詳見本書附錄1。

容與西漢政治現象之間的實際關係。因如上文所述，《對策》本為與現實政治密切相關的文獻，並且其中包含具體政策方案，《春秋繁露》的內容則幾乎皆為純理論性的論述。而且從其文獻形成時期而言，我們尚未獲知《春秋繁露》的內容是否在董仲舒呈上《對策》時已完成。與此情形相比，《對策》的形成時期相當清楚，雖關於其精確的時間有許多不同意見，但董仲舒在漢武帝初期呈上《對策》，這點應是可以肯定的。

再者，有些學者接受漢武帝採納《對策》的觀點，從此直接設想《春秋繁露》的思想成為漢朝的指導思想，或是國家宗教。換句話說，董仲舒先建立《春秋繁露》的思想，再提出《對策》而受到武帝賞識，然後其思想即成為漢朝的一種意識形態。但筆者認為這是一種先驗預設，而且，《春秋繁露》的底本應是由董仲舒的弟子後學編纂者，也就因此不能排除《春秋繁露》中有內容與「儒學的主流化」進展同步形成的可能性。倘若如此，則我們不能以此方式，正確地理解董仲舒思想與「儒學的主流化」之間的關係。為了對此兩者間的關係作出正確的理解，應該要先探討《對策》對漢朝政治起了何種作用。

三　《賢良對策》的文獻結構、對其評價及主要前人研究

本書的主要研究對象為《賢良對策》，這部文獻便是對《制策》作答的答卷，因而其結構與內容均受一定的限制。根據《漢書‧董仲舒傳》，漢武帝看中董仲舒的答卷，再對他發試卷兩次，由此《制策》與《對策》皆共有三篇，每篇試卷的內容可分數項條目，針對一個條目作出一個回應，是漢代策試答卷的文件格式要求。[40]不過，《對

---

40 福井重雅：〈漢代對策文書の研究：董仲舒の對策の預備的考察〉，《陸賈『新語』の研究》（東京：汲古書院，2002年12月），附節3，頁200-244。

策》以天人關係的架構充分表述關於帝國體制的儒學理論，因雖每篇試卷題目的重點稍有出入，但《制策》的主要考題與「帝王之道」和「天人之應」相關。另外，一般認為三篇考卷及答卷的時序，與其在《漢書・董仲舒傳》中的排序相同，但有學者認為考卷及答卷的時序與〈董仲舒傳〉的排序不同，關於此時序，在正文中加以考察。

　　《對策》這部文獻歷來相當受到學者們重視，無論他們對其給予正面或是反面的評價。論述董仲舒與儒學興盛的關係時，學者們都以《對策》作為主要資料，因其包含著「推明孔氏，抑黜百家」的建議，而且，這種主張並不出現於其他任何相關資料中。許多學者將《對策》視為漢武帝時期「儒學的主流化」局面的主要成因，故對「儒學的主流化」局面的評價，直接反映於對《對策》的評價。只是，不信「漢武帝採納董仲舒的建議而定儒學於一尊」的學者，並不重視《對策》這部文獻，有的甚至質疑其真偽。在他們看來，武帝時期並未出現「儒學的主流化」局面，既然如此，《對策》便已失去了值得學者重視的理由。關於《對策》的真實性，在正文中予以詳細的探討。

　　《對策》因「推明孔氏，抑黜百家」的建議而受多數學者重視，但專門探究《對策》思想的論著卻並不多見。戴君仁、[41]徐復觀、[42]韋政通[43]與周桂鈿[44]等都論及《對策》的思想，但他們實際上只不過整理《對策》的內容而已。相形之下，勞思光、內山俊彥、阿巴克爾

---

41 戴君仁：〈董仲舒對策的分析〉，《大陸雜誌》第42卷第6期（1971年3月），頁165-171。

42 徐復觀：〈先秦儒家思想的轉折及天的哲學的完成〉，頁420-428。

43 韋政通：〈尊儒運動的背景、真相及其影響〉，《董仲舒》（臺北市：東大圖書公司，1986年7月），第9章，頁198-205。

44 周桂鈿：〈董仲舒對策主要內容〉，《董仲舒研究》（北京市：人民出版社，2012年7月），第2講，頁11-16。

與池田知久等則主要以《對策》為資料，探討董仲舒的思想系統。其中阿巴克爾進行較全面的研究，[45]不過很遺憾地，其他三位學者的論述都尚未釐清《對策》思想系統的整體內容，譬如，勞思光將董仲舒的豐富思想內涵似乎過度簡化，[46]內山俊彥《中國古代思想史における自然認識》[47]及池田知久〈中國古代の天人相關論〉[48]，均以「自然觀」或「天人感應論」等特定觀點分析《對策》的思想。但無論如何，他們的論述中有不少值得參考的觀點。

　　有鑑於此，本書為了探討董仲舒思想的實際歷史角色，要透過全面探析《對策》的內容，將《對策》的思想系統重新脈絡化，並闡明其思想系統的理論性質與關懷。

第三節　本書的主要內容與結構

一　本書的主要內容

　　本書主要依據《賢良對策》，闡明董仲舒在漢代儒學興盛中扮演重要角色。然而，筆者並不追隨過去許多學者採用的一些理路，如根據《漢書》中的幾條記載，毫無懷疑地認為漢武帝採納《對策》而定

45 Arbuckle, "Restoring Dong Zhongshu", pp. 84-262.

46 勞思光：〈董仲舒與「天人相應」之觀念〉，《新編中國哲學史》（二），增訂2版（臺北市：三民書局，1984年9月），第1章5，頁33-39。

47 內山俊彥：〈董仲舒〉，《中國古代思想史における自然認識》（東京：創文社，1987年1月），第9章，頁273-314。

48 池田知久：〈中國古代の天人相關論：董仲舒の場合〉，收入溝口雄三、平石直昭、濱下武志、宮嶋博史編：《世界像の形成》（東京：東京大學出版會，1994年12月），頁9-75。此文有中譯版。池田知久，田人隆譯：〈中國古代的天人相關論：董仲舒的情況〉，收入溝口雄三、小島毅主編，孫歌等譯：《中國的思維世界》（南京市：江蘇人民出版社，2006年8月），頁46-97。

儒學於一尊，因而看重董仲舒在儒學興盛中的角色，或者於武帝採納《對策》的前提下，設想武帝將董仲舒思想當作治國指導思想，而從《春秋繁露》中找出維護帝國體制的思想，以說明董仲舒在儒學興盛中扮演重要角色。筆者的探討方式則是，在方法上重視較嚴謹的歷史考證成果，故針對《漢書》中相關記載的可靠性，將保持並不完全肯定的態度；在使用資料上，視《對策》的重要性於《春秋繁露》之上。從此導出的觀點是：《對策》在董仲舒生前並未發揮如此大的作用。

不過，筆者亦不接受否定董仲舒在儒學興盛中有任何影響的觀點。我們可合理地質疑《漢書》中「皆自仲舒發之」之言的可信性，但有些學者忽略《對策》的建議與思想長期發揮作用的可能性，只依針對生平事蹟的考據成果，直接否定董仲舒在儒學興盛中的任何影響。其實，他們一方面主張「儒學的主流化」局面並非出現於漢武帝時期，另一方面認為其從武帝施行儒家優遇制度後逐漸呈現。倘若如此，《對策》的建議與思想十分有可能在此呈現過程中發揮長遠的影響力。如上文所述，為了完整地把握儒學興盛的樣貌，應要將其興盛理解為階段性歷程。本書於此前提下試圖重探董仲舒及其思想的實際歷史角色，為此需要把握董仲舒本人的思想。在現存文獻中最保存董仲舒本人的思想者，應該不外乎就是《對策》。

本書認為《對策》的思想系統在漢武帝時期發揮了一定的作用，不過，武帝並非因《對策》而定儒學於一尊。董仲舒在〈對策三〉中建議：「諸不在六藝之科孔子之術者，皆絕其道，勿使並進。」以梁啟超與久保得二為首，過去很多學者認為，董仲舒以此建議要求禁絕儒學以外的諸家之學。對此，徐復觀和金春峰等學者則認為，董仲舒只是要求將儒學作為官方學術或指導思想，並無主張禁絕其他學術傳統。無論其真正要求是哪一種，重點在於武帝應該沒有實行「皆絕其道，勿使並進」的建議。

　　不過，漢武帝應施行了以董仲舒思想為基礎的一些制度，這實為「儒學的主流化」的決定性契機。因其使儒學在學術領域逐漸擴大勢力，甚至滲透於朝廷與皇室，結果到漢元帝時，漢朝開始依儒家學說改革各種制度，換言之，儒學的權威接近了漢家的典章制度，儒學至此實際開始走向「主流化」的途徑。並且，元帝完全以《對策》所提出的思想系統作為統治的重要原則。那麼，即便董仲舒的建議與思想沒有立即成效，其思想仍可認為，在漢代儒學興盛一事的歷史脈絡中起了不可忽略的重要作用。

二　本書的結構

　　本書採用上述的研究途徑，透過《賢良對策》的解析及前人研究的反思，來重探董仲舒在儒學興盛中的歷史角色與定位。除本章之外，本書的研究共有六個程序：

　　第二章考察《賢良對策》的真實性。歷來學者以《對策》為主要資料論述董仲舒對儒學興盛的影響，不過，也有學者對《對策》的真實性提出質疑。若其真實性有重大缺陷，則我們便不能依據《對策》考察董仲舒與儒學興盛之間的關係。因此，要探討董仲舒的歷史角色，應先衡量《對策》的真實性。此章研討前人所提出的質疑點，並論證《對策》基本上是董仲舒本人之作。

　　第三章考證董仲舒呈上《賢良對策》的時間。關於《對策》的呈上時間，自古以來眾說紛紜，並無一致的見解。在探討董仲舒的歷史角色中，《對策》的呈上時間占有非常重要的位置，因在其時間不明的情況下，即使《對策》為董仲舒本人之作，也無法將其思想及事蹟定位於儒學興盛的歷程之中。此章整理與探討前人的見解，並提出《對策》呈上於建元六年六月至元光元年十月之間的觀點。

　　第四章展示《賢良對策》的思想系統。要探討董仲舒在儒學興盛中的歷史角色，自然需要掌握董仲舒所建構出的思想。此章說明《對策》主要包含四個理論，即宇宙論、人性論、君主政治論及天人感應論，這些理論構成相當完整的思想系統，並且《對策》推崇「任德教而不任刑」的政治理念，藉由天人感應的形式申明其在治國上的指導性及有效性。

　　第五章釐清董仲舒天人感應論的性質與目的。大約從漢元帝時期始，漢朝皇帝將儒學奉為朝政決策上的指導思想。董仲舒的天人感應論涉及儒家政治學說的有效性，故有對此現象起到作用的可能性。不過，關於其理論的性質與目的，學者之間的見解存在分歧，此章整理及反思前人的見解，並澄清天人感應論的性質與目的，以作為天人感應論對漢朝政治的作用之前識。

　　第六章梳理及評述前人有關漢代儒學興盛的各種意見。圍繞儒學興盛的爭論發生後，關於「儒學的主流化」一事的理解，學者之間的看法相當分歧，並且，「如何理解『儒學的主流化』」及「如何評估董仲舒在儒學興盛的歷史角色」這兩項問題息息相聯。此章主張，為了把握「儒學的主流化」的整體歷程，將「主流化」理解為階段性歷程最為確切。

　　於第七章，綜合以上所有的考察結果，試圖重估董仲舒在儒學興盛中的歷史角色與定位。此處接受《對策》在董仲舒生前並未發揮太大作用的歷史考據成果，於此前提下，檢驗董仲舒的事蹟及思想在「儒學的主流化」的整體歷程中發揮何種作用，而闡述董仲舒思想在漢代儒學興盛中產生積極意義，亦即扮演了不可忽略的重要角色。

　　綜上所述，針對董仲舒與漢代儒學興盛的關係，過去學者提出多樣的意見，本書則將闡明，雖漢武帝沒有完全採納《對策》的建議，但董仲舒思想在「儒學的主流化」的整體歷程中占重要位置。縱使吾

人採用董仲舒《對策》的內容在他生前沒有發揮太大作用此一觀點，如若注意到儒學興盛即為一階段性歷程，則仍可找出董仲舒思想在「儒學的主流化」中的積極意義。

第二章
《賢良對策》的真實性

　　歷來許多學者將漢代儒學興盛一事歸功於董仲舒及其《對策》，但也有學者批判此觀點，否定董仲舒及其《對策》對儒學興盛有所影響，甚至懷疑《對策》的真偽。董仲舒於《對策》中提出一些具體政策，《對策》亦蘊含著相對完整的思想系統，故若《對策》的真實性有重大缺陷，則我們便不能依據《對策》估計董仲舒對儒學興盛的影響。既然如此，要重探董仲舒在儒學興盛中的實際歷史角色，必須斟酌《對策》的可靠性。於是，本章將討論《對策》的真實性。

第一節　《對策》真實性相關研究的回顧與反思

　　本章欲在前人研究成果的基礎上討論《對策》的真實性。故此處將先整理及探討過去學者有關《對策》真偽的討論，並確認其中的主要論點。

一　平井正士的研究與其相關討論

　　首次懷疑《對策》的真實性者，即是平井正士。[1]他從一個自古以來的難題，即《對策》的年代問題出發，提出有關《制策》及《對

1　平井正士：〈董仲舒の賢良對策の年次に就いて〉，《史潮》第11年第2號（1941年9
　　月），頁79-116。

策》的幾個重要觀點。從本章的主題而言，其中尤為重要的是〈對策二〉的真偽問題。以下原文與此問題非常相關：

> 今陛下并有天下，海內莫不率服，廣覽兼聽，極群下之知，盡
> 天下之美，至德昭然，施於方外。夜郎康居，殊方萬里，說德
> 歸誼，此太平之致也。[2]

平井正士關注「夜郎康居，殊方萬里，說德歸誼」一句，懷疑了〈對策二〉的真偽。他以漢朝認識康居的年代視作元朔三年（西元前126年）以後，認為此句的內容與《對策》年代考察上的其他相關材料相抵觸。[3]平井正士在處理此問題中論及〈對策二〉的真偽問題：「若要解除此二三處疑惑，則只好將整部對策假定為後人的擬作。」[4]不過，他並未獨斷地將〈對策二〉視為後人的擬作。

福井重雅則注重平井正士的研究，採取不以〈對策二〉視為董仲舒之作的立場。他認為，只要承認平井正士卓越的文本批判成果，事實上不能以〈對策二〉當成董仲舒的原文。[5]

然而，對〈對策二〉擬作說亦有反對意見。佐川修認為後人竄入「康居」一詞，平井正士以「康居」一詞否定〈對策二〉之真實性的想法，是太過於極端。[6]淺野裕一則指出在漢武帝的《制策》中，並無策問對應於上引〈對策二〉的內容，而由此判斷該處並非這篇對策

2　班固：〈董仲舒傳〉，頁2511。

3　平井正士：〈董仲舒の賢良對策の年次に就いて〉，頁97-98。

4　同前註，頁107-110。

5　福井重雅：〈儒教成立史上の二三の問題：五經博士の設置と董仲舒の事蹟に關する疑義〉，《史學雜誌》第76編第1號（1967年1月），頁14。

6　佐川修：〈武帝の五經博士と董仲舒の天人三策について：福井重雅氏「儒教成立史上の二三の問題」に對する疑義〉，《集刊東洋學》第17號（1967年5月），頁66-67。

原有的文章，而是後人所插入的「別文」，同時將其他部分視為董仲舒的對策文。[7]總之，佐川修與淺野裕一均以平井正士視為問題的部分看作後人的增益，[8]將其他部分當成董仲舒的對策文。

冨谷至也反對〈對策二〉擬作說，但他與佐川修及淺野裕一不同，認為平井正士視為問題的部分亦是董仲舒之文。《史記・司馬相如列傳》收錄一篇司馬相如（西元前179-前117年）的檄文——〈喻巴蜀檄〉，其中有「康居西域，重譯請朝，稽首來享」的記載，[9]冨谷至根據此記載認為「康居」一詞並不導致年代問題，平井正士視為問題的「康居歸誼」乃董仲舒「誇飾」之文，換句話說，將整個〈對策二〉視為董仲舒的對策文。[10]

由以上可知，平井正士提出〈對策二〉的真偽問題，引起了相關爭論。他特別關注「夜郎康居，……說德歸誼」的記載，懷疑〈對策二〉是否為後人的擬作，因此過去相關討論的焦點在於如何處理此一記載。此記載的內容確實左右〈對策二〉的真偽，故將在下文詳細探討。

二 孫景壇的研究

在中文學界，孫景壇首次懷疑《對策》的真實性，主張《對策》

---

7 淺野裕一：〈董仲舒・天人三策の再檢討：儒學の國教化をめぐって〉，《黃老道の成立と展開》（東京：創文社，1992年12月），第3部第10章，頁664-669。

8 錢穆也認為「夜郎康居，殊方萬里，說德歸誼」是「為後人所妄改」。參照錢穆：〈西漢之全盛〉，《秦漢史》（香港：撰者，1957年4月），第3章，頁77。

9 司馬遷：〈司馬相如列傳〉，《史記》，卷117，頁3044。

10 冨谷至：〈「儒教の國教化」と「儒學の官學化」〉，《東洋史研究》第37卷第4號（1979年3月），頁617。

為班固（西元32-92年）的偽作。[11]張進曾反駁此一主張，認為孫景壇的觀點「根本沒有令人信服的論據，而完全是想當然的斷」。[12]在此將探討孫景壇論證的合理性。

首先，孫景壇作為班固偽造《對策》的根據，提出《史記》等西漢文獻並無提及董仲舒對策[13]一事。[14]這點可當作懷疑《對策》真偽的契機或理由，但似乎無法藉以判定《對策》為班固的偽作。因某一事件或文章無載於西漢文獻且始見於《漢書》，並不等於班固偽造其事件或文章。實際上，不少事件或文章並無載於《史記》或其他西漢文獻，但卻見於《漢書》。只限於與策試相關的事件或文章，亦能發現類似之例。譬如，晁錯（？-西元前154年）對策一事及其對策文，並無載於《史記》等西漢文獻，但卻見於《漢書》；[15]嚴助（？-西元前122年）對策一事，亦無載於西漢文獻，但卻見於《漢書》；[16]公孫弘對策一事則見於《史記》，[17]但其對策文無載於西漢文獻，卻也見於

---

11 孫景壇：〈董仲舒非儒家論〉，《江海學刊》1995年第4期（1995年8月），頁109-115；孫景壇：〈董仲舒的〈天人三策〉是班固的偽作〉，《南京社會科學》2000年第10期（2000年10月），頁29-35；孫景壇：〈元光元年儒學考試的第一名是公孫弘：再談董仲舒沒有參加漢武帝時的儒學對策兼答張進（晉文）教授〉，《中共南京市委黨校學報》2008年第1期（2008年2月），頁104-109；孫景壇：〈「董仲舒的〈天人三策〉是班固的偽作」新探：兼答管懷倫和南師大秦漢史專家晉文（張進）教授〉，《中共南京市委黨校學報》2009年第2期（2009年4月），頁103-109。

12 晉文（張進），〈也談「漢武帝尊儒問題」：與孫景壇教授商榷〉，《南京社會科學》2005年第10期（2005年10月），頁41-46。引文引自頁43。

13 福井重雅說明「對策」一詞的意義為「對答策問」，以下不加書名號的「對策」以此意義使用。參照福井重雅：〈察舉における對策〉，《漢代官吏登用制度の研究》（東京：創文社，1988年12月），第2章第4節，頁220。

14 孫景壇：〈董仲舒的〈天人三策〉是班固的偽作〉，頁29-30。

15 班固：〈爰盎晁錯傳〉，《漢書》，卷49，頁2290-2299。

16 班固：〈嚴朱吾丘主父徐嚴終王賈傳上〉，《漢書》，卷64上，頁2775。

17 司馬遷：〈平津侯主父列傳〉，《史記》，卷112，頁2949。

《漢書》。[18]若適用孫景壇的論證方式，則以上一切亦必然都是班固作的偽，這種觀點顯然難以成立。

其次，孫景壇認為董仲舒在景帝時就是頗有名氣的博士官，不可能重新對策，並指出董仲舒對策後無授博士一職，由此主張董仲舒並無參加策試。然而，這兩點不能當作董仲舒沒有參加策試的證據。理由有二：第一，董仲舒已為博士後參加策試並不成問題，因根據史書記載，晁錯與公孫弘皆當過博士後再參加策試；[19]第二，孫景壇說：「按漢代對策的規定，第一名要先授博士、後任官」，[20]但不僅不知其所據為何，甚至在漢代似乎不存在此規定，故董仲舒對策後無授博士一職，並不足為奇。例如，根據《漢書》記載，晁錯在漢文帝時期參加策試，「時賈誼已死，對策者百餘人，唯錯為高第，繇是遷中大夫」，[21]嚴助則在漢武帝初年參加策試，「郡舉賢良，對策百餘人，武帝善助對，繇是獨擢助為中大夫」。[22]也就是說，晁錯與嚴助皆對策而得第一名，但並無被任為博士。

再者，孫景壇認為〈制策一〉為複試卷，〈制策二〉則為公共試卷，故兩者次序顛倒，又認為〈制策一〉為「儒學考卷」，〈制策二〉則為「一般詔賢良對策」，故兩者性質不同。[23]他由此推導出《對策》不都是董仲舒所作的結論，因「按班固的說法，董仲舒參加的不是武帝時期一般的「舉賢良文學」對策，而是《五經》或儒學對策」。[24]然而，孫景壇所說「班固的說法」，其所據為何，根本不明瞭。如下文

18 班固：〈公孫弘卜式兒寬傳〉，《漢書》，卷28，頁2613-2617。
19 司馬遷：〈平津侯主父列傳〉，頁2949；班固：〈爰盎晁錯傳〉，頁2277-2290。
20 孫景壇：〈董仲舒的〈天人三策〉是班固的偽作〉，頁32。
21 班固：〈爰盎晁錯傳〉，頁2299。
22 班固：〈嚴朱吾丘主父徐嚴終王賈傳上〉，頁2775。
23 孫景壇：〈董仲舒非儒家論〉，頁113。
24 孫景壇：〈董仲舒的〈天人三策〉是班固的偽作〉，頁30。

所詳述，三篇〈制策〉及三篇〈對策〉的排序確實有問題。雖然如此，無法立刻判定《對策》不都是董仲舒所作，因有可能《漢書》編纂者無意排錯次序，或有意改變排列。

最後，孫景壇將〈制策三〉及〈對策三〉視為「董仲舒在晚年與漢武帝的書信往來」，其理由之一是，〈制策三〉為漢武帝請教問題的一般詔問。[25]此觀點本身在某種程度上有道理，但無法作為如此有效或強力判定的理由。根據平井正士的見解，〈制策三〉為針對董仲舒個人的第二個親策，也就是針對〈對策一〉中難以理解之處再度提問的文章。[26]倘若如此，其不像考題而近乎請教，甚為自然。

除以上之外，孫景壇認為三篇〈對策〉寫作時間並非一時，由此否定《對策》為董仲舒之作。就結論而言，沒有理由如此認為。孫景壇對《對策》寫作時間的看法，與呈上《對策》的年代問題相關，故下文考此問題時，另外探討。至於他以〈士不遇賦〉和《春秋繁露》說明《對策》來歷，[27]不符文獻學的常識，因那些文獻比《漢書》晚出世，以晚出的文獻討論早出文獻之可靠性，甚為困難。綜上所述，孫景壇主張《對策》為偽作的主要根據，皆不可靠。

三　福井重雅的研究

另外，福井重雅對《對策》進行大規模的考察，指出《對策》的內容並非全都是董仲舒的對策文。

福井重雅考察《對策》的理由如下：由於《對策》存在於《漢

---

25 同前註，頁33。

26 平井正士：〈董仲舒の賢良對策の年次に就いて〉，頁99。

27 孫景壇：〈董仲舒的〈天人三策〉是班固的偽作〉，頁33-34；孫景壇：〈「董仲舒的〈天人三策〉是班固的偽作」新探〉，頁108。

書‧董仲舒傳》中，董仲舒在漢代儒學中的角色才受到學者們的矚目，並給予董仲舒「漢代儒學的建立者」的評價，但其實《漢書》的內容往往無法全面受到信任，因其中包含許多令人費解的記載。《史記‧董仲舒傳》才保留董仲舒的「實像」，《漢書‧董仲舒傳》則畢竟映出董仲舒的「虛像」，《對策》對形成此「虛像」具有決定性意義，是個「可疑史料」，故需要進行根本性的再探討。[28]

為了考察《對策》，福井重雅著眼於漢代對策文的固定形式。他先排除「可疑史料」的《對策》，探討《漢書》所載其他三篇對策文，從中歸納出「條奏」等漢代對策文的格式。[29]之後檢驗《對策》是否符合此格式，而推導出並非完全符合的結論，同時指出其中僅有不合格式的部分包含令人費解、不合情理的內容，並且，將《對策》中符合格式的部分視為董仲舒的對策文，將不合格式的部分視為引自其他資料的文章。[30]

然而，有學者批評福井重雅的研究。吉永慎二郎接受平井正士的見解，懷疑〈對策二〉的真實性，但反對福井重雅的看法。吉永慎二郎指出，若以《漢書‧五行志》所載董仲舒的「對策草案」——即〈廟殿火災對〉——為標準，則福井重雅不將〈對策一〉及〈對策三〉視為董仲舒原文的論據，根本難以成立。[31]此外，鄧紅批評福井

---

28 福井重雅：〈董仲舒の虛像と實像〉，頁279-307。

29 福井重雅：〈漢代對策文書の研究〉，頁200-244。福井重雅認為對策有「條奏」、「覆奏」、「臣聞」、「小結」等格式，即對每一策問分別作答（「條奏」），每一作答前先覆述要回應的策問（「覆奏」），每一作答以「臣聞」之語開始，最後以「小結」作結尾。

30 福井重雅：〈董仲舒の對策の再檢討〉，《漢代儒教の史的研究》，第2篇第3章，頁327-386。

31 吉永慎二郎：〈董仲舒對策における「天」と「命」：「儒教國教化」の思想史的構造への一考察〉，收入加地伸行博士古稀記念論集刊行會編：《中國學の十字路：加地伸行博士古稀記念論集》（東京：研文出版，2006年4月），頁250-252。

重雅的研究態度與方法。[32]

筆者贊成福井重雅從根本上再考察《對策》的工作本身，因《對策》歷來被視為漢代儒學興盛的成因，但如下文所詳述，《漢書・董仲舒傳》歸功於董仲舒及其《對策》的尊儒措施，似乎無法完全視為其功勞。還有，福井重雅考證出對策文有「條奏」的規則，此考證極具說服力，因從《漢書》諸篇——如〈宣帝紀〉、〈元帝紀〉、〈翼奉傳〉等——記載中得到證實。我們一旦接受了「條奏」為漢代對策文的固定格式這一點，便不能不承認《對策》確實並非完全符合對策文的格式。

不過，福井重雅推導出來的其他格式與「條奏」不同，並無得到證實，故即使是漢代對策文的一種筆法，也應無法斷定為對策文必要的形式。並且，《對策》確實並非完全遵守「條奏」的規則，但在判斷《對策》是否包含令人費解、不合情理的內容之處，乃至是否引自其他資料的文章之前，應先更慎重地衡量三篇〈對策〉的內容，以及三篇〈對策〉之間、《制策》與《對策》之間的關聯性。因針對福井重雅的論述可加以如下反駁。

福井重雅指出，《對策》中有些內容以當世的政治情況視為問題，直接批評武帝或官僚，並且這種「激進發言」只出現於不合對策文格式的「可疑對策文」中。福井重雅認為對策文中直接批評當世的政治情況不甚自然，包含「激進發言」的部分應非董仲舒本人著述，而是後人補益。[33]

---

32 鄧紅：〈董仲舒否定の否定〉，《北九州市立大學大學院紀要》第27號（2014年1月），頁163-197；鄧紅：〈日本における儒教國教化論爭について：福井再檢討を中心に〉，《北九州市立大學國際論集》第12號（2014年3月），頁103-126。前者有中譯版。鄧紅：〈日本的董仲舒否定論之批判〉，《衡水學院學報》第16卷第2期（2014年4月），頁7-18。

33 福井重雅：〈董仲舒の對策の再檢討〉，頁364-367。

　　然而，似乎並無充分理由將包含「激進發言」的部分視為後人補益。董仲舒對漢代災異的詮釋，在現存文獻中只有一項，即《漢書・五行志》所載的〈廟殿火災對〉，一般認為是《史記・儒林列傳》所言董仲舒的〈災異之記〉，福井重雅也如此認為。[34]〈廟殿火災對〉為一篇奏章草稿，其中包含「激進發言」，因而導致筆禍，董仲舒差點被處死。[35]換言之，他在準備奏章時，已冒著可能由於「激進發言」而犯罪甚至受死刑的風險，董仲舒即為這樣的人物。由此看來，《對策》中的「激進發言」應可視為董仲舒所著。另外，〈對策三〉中亦有以下記載：

> 古者修教訓之官，……今世廢而不脩，亡以化民，民以故棄行誼而死財利，是以犯法而罪多，一歲之獄以萬千數。[36]

這即可視為「揭露鬱悶的社會狀況之言辭」[37]，也就是「激進發言」。而且，此文是福井重雅認定為符合對策文格式之處的一部分。也就是說，在《對策》中福井重雅承認是董仲舒所著的部分，卻包含「激進發言」。既然如此，以包含「激進發言」的部分當成後人補益的推論中，存在著深刻矛盾。

　　由以上可知，《對策》真偽問題的關鍵主要在於「康居歸誼」的時間及文件格式的適用。以下關注這兩項議題探討《對策》的可靠性。

---

34 同前註，頁375。
35 司馬遷：〈儒林列傳〉，頁3128；班固：〈董仲舒傳〉，頁2524。
36 班固：〈董仲舒傳〉，頁2515。
37 福井重雅：〈董仲舒の對策の再檢討〉，頁365。

第二節　《制策》與《對策》的順序問題

在開始討論《對策》的真實性之前，此處探討三篇〈對策〉的順序問題，因其順序與《對策》的真實性非常相關。一般認為，董仲舒呈上三篇〈對策〉的順序，與《漢書・董仲舒傳》中三篇〈對策〉的排序相同。不過，平井正士則並不如此認為。[38]

平井正士首先指出，〈制策二〉與〈制策一〉及〈制策三〉之間沒有任何關聯。據他所言，〈制策一〉與〈制策三〉皆是對於董仲舒個人的親策，因〈制策一〉云：「今子大夫襃然為舉首」，[39]〈制策三〉又云：「今子大夫明於陰陽所以造化，習於先聖之道業，然而文采未極，……條貫靡竟，統紀未終，意朕之不明與？聽若眩與？」[40]並且，〈制策三〉的提問直接承受〈對策一〉的回答，反之，〈制策二〉的提問並無承受〈對策一〉的回答，〈制策三〉的提問亦無承受〈對策二〉的回答。[41]還有，〈制策二〉不是對於董仲舒個人的親策，而是對於特出之士的一般制策，因其末尾云：「今子大夫待詔百有餘人，……各悉對，著于篇」。[42]

另外，平井正士懷疑〈制策一〉及〈制策三〉與〈制策二〉內容上有不同性質，認為在前兩者與後者之間的「氛圍」有某種差異。具體而言，在〈制策一〉及〈制策三〉中，親政初期的意氣風發洋溢於「字裡行間」，但在〈制策二〉中有反省自己獨裁政治的「語調」。[43]

再者，平井正士視〈對策二〉為一篇孤立的對策文。他說明〈對

---

38 平井正士：〈董仲舒の賢良對策の年次に就いて〉，頁98-102。

39 班固：〈董仲舒傳〉，頁2495。

40 同前註，頁2513-2514。

41 平井正士：〈董仲舒の賢良對策の年次に就いて〉，頁98-99。

42 同前註，頁102；班固：〈董仲舒傳〉，頁2507。

43 平井正士：〈董仲舒の賢良對策の年次に就いて〉，頁99-100。

策一〉與〈對策三〉這兩篇「完全密接相連，後者便是前者的補充、
引申或具體說明」，〈對策二〉則「從這種關係完全被排除」。[44]他又說
明在〈對策二〉與〈制策三〉之間有衝突的部分，亦即〈對策二〉以
得賢士為當務之急，建議興太學與舉賢才，這應是符合時宜者，因皆
在元朔年間被制定，但〈制策三〉卻云：「豈惑虖當世之務哉？」[45]總
而言之，平井正士指明：〈制策二〉及〈對策二〉皆與其他〈制策〉
及〈對策〉沒有關聯而孤立游離。

　　「字裡行間」的「氛圍」或「語調」，只不過是主觀性判斷，平
井正士也承認這點。[46]但筆者認為，他的基本觀點可以成立，其卓見
揭開被隱藏了約二千年的事實。

　　〈制策二〉很可能非承接〈制策一〉及〈對策一〉而所發出者，
因誠如平井正士所言，〈制策一〉為對於董仲舒個人的親策，〈制策
二〉則是對於眾多特出之士的一般制策。〈制策二〉云：「今子大夫待
詔百有餘人，……各悉對，著于篇」，此處的「各」字表示有一群「子
大夫待詔」參加策試。〈制策一〉則云：「今子大夫褒然為舉首」，此
句就表示〈制策一〉為對於董仲舒個人的親策，雖有學者說：

> 漢武帝這裡所說的「子大夫」並非是指董仲舒，而是指所有賢
> 良文學。……另外「褒然為舉首」也並非對策被取為第一的意
> 思。而是說賢良文學在各地被推舉時名列第一。[47]

但「褒然為舉首」似乎只能理解為「對策被取為第一的意思」。「子大

---

44 同前註，頁100。
45 同前註，頁100-101；班固：〈董仲舒傳〉，頁2514
46 平井正士：〈董仲舒の賢良對策の年次に就いて〉，頁100。
47 晉文：〈也談「漢武帝尊儒問題」〉，頁43。

夫」確實可指所有賢良，如〈制策二〉所云：「今子大夫待詔百有餘人」。不過，〈制策一〉中在「今子大夫襃然為舉首」後有一句「朕甚嘉之」。這句常出現於西漢皇帝的詔書之中，皇帝以此特別嘉許某件事情，也見於漢文帝的制策之中：「二三大夫之行當此三道，朕甚嘉之，故登大夫于朝，親諭朕志。」[48]這篇制策並非對於眾多賢良文學之士的一般制策，而是對於已被所轄官廳篩選過「二三大夫」的親策，如《漢書・爰盎晁錯傳》所言：「上親策詔之」。[49]

而且，《史記・平津侯主父列傳》云：「漢興八十餘年矣，上方鄉文學，招俊乂，以廣儒墨，弘為舉首。」[50]《漢書・公孫弘卜式兒寬傳》又云：「時上方興功業，婁舉賢良。弘自見為舉首，起徒步，數年至宰相封侯，於是起客館，開東閣以延賢人，與參謀議。」[51]《史記》與《漢書》均言公孫弘參加策試而「為舉首」，意即以上兩傳皆所記載：「策奏，天子擢弘對為第一」。[52]由以上來看，「襃然為舉首」應不是說「賢良文學在各地被推舉時名列第一」，而是「對策被取為第一的意思」。

〈制策一〉為對於董仲舒個人的親策，〈制策二〉則是對於「子大夫待詔百有餘人」的一般制策。那麼，若漢武帝先下〈制策一〉，而後再接著下〈制策二〉，則武帝優先測驗「舉首」，在「舉首」交答卷之後再緊接著測驗諸多「子大夫待詔」，豈非不合常理？如此一來，〈制策二〉承接〈制策一〉及〈對策一〉而發出，幾乎無法想像。

〈制策三〉亦為對於董仲舒個人的親策，毋庸置疑。〈制策三〉

---

48 班固：〈爰盎晁錯傳〉，頁2290。
49 同前註。
50 司馬遷：〈平津侯主父列傳〉，頁2963。
51 班固：〈公孫弘卜式兒寬傳〉，頁2621。
52 同前註，頁2617；司馬遷：〈平津侯主父列傳〉，頁2949。

云：「今子大夫明於陰陽所以造化，習於先聖之道業，……今子大夫
既已著大道之極，陳治亂之端矣」，[53]由此可見，〈制策三〉是下給
「習於先聖之道業」、「既已著大道之極，陳治亂之端矣」之個人者。
〈對策三〉亦云：「今陛下幸加惠，留聽於承學之臣，復下明冊，以
切其意，而究盡聖德，……前所上對，……」，[54]而此則表示，〈對策
三〉是奉答武帝對「前」有「上對」的「承學之臣」所「復下」的親
策者。

　　除此而外，〈制策三〉很可能是承接〈制策一〉而發出者。〈制策
三〉云：「故朕垂問乎天人之應。」[55]然而，〈制策二〉中並無出現
「垂問乎天人之應」之言。其中只有一個內容與「天人之應」相關，
即「今陰陽錯繆，氛氣充塞，羣生寡遂，黎民未濟」，[56]並且這幾句之
後緊接著言：「廉恥貿亂，賢不肖渾殽，未得其真，故詳延特起之
士，庶幾乎！」[57]武帝言，今有「陰陽錯繆」、「廉恥貿亂」等情況，
故此悉數邀請「特起之士」。這樣一來，〈制策二〉中唯一有關「天人
之應」的內容，並非武帝所提出的問題，而是一個事實的陳述，也就
是說武帝於〈制策二〉中並無「垂問乎天人之應」。與此相反，武帝
於〈制策一〉中提出祥瑞、災異、天命及受命之符等「天人之應」相
關問題：

　　　　固天降命不可復反，必推之於大衰而後息與？……三代受命，
　　　　其符安在？災異之變，何緣而起？……何脩何飭而膏露降，百

53　班固：〈董仲舒傳〉，頁2513-2514。

54　同前註，頁2514。

55　同前註，頁2513。

56　同前註，頁2507。

57　同前註。

穀登，德潤四海，澤臻中木，三光全，寒暑平，受天之祐，享鬼神之靈，德澤洋溢，施虖方外，延及群生？[58]

由以上可知，董仲舒呈上三篇〈對策〉的實際順序，與《漢書·董仲舒傳》中〈制策〉及〈對策〉的排序，並不一致。誠如平井正士所揭示的，〈制策一〉及〈對策一〉與〈制策三〉及〈對策三〉密接相連，〈制策二〉及〈對策二〉則並非存在於〈對策一〉與〈制策三〉之間，以下在此觀點的基礎上探究《對策》的真實性及其所呈時間。不過，關於〈制策二〉及〈對策二〉與其他〈制策〉及〈對策〉之間的關聯性，學者們見解不一，故須另行研究，將在下一章中有詳細的討論。以下開始探討《對策》的真實性。

第三節　〈對策一〉的真實性

在此探討〈對策一〉的真實性。以下引用〈制策一〉全文，以及與本節探討相關的〈對策一〉原文。〈對策一〉引文末尾的羅馬字母，表示筆者認為對應於該引文的〈制策一〉之部分。

〈制策一〉

（a）制曰：朕獲承至尊休德，傳之亡窮，而施之罔極，任大而守重，是以夙夜不皇康寧，永惟萬事之統，猶懼有闕。故廣延四方之豪儁，郡國諸侯公選賢良修絜博習之士，欲聞大道之要，至論之

〈對策一〉

（1）陛下發德音，下明詔，求天命與情性，皆非愚臣之所能及也。（a）[60]

（2）臣謹案春秋之中，……以此見天心之仁愛人君而欲止其亂也。自非大亡道之世者，天盡欲扶持而

---

58 同前註，頁2496-2497。

60 同前註，頁2498。

極。今子大夫襃然為舉首，朕甚嘉之。子大夫其精心致思，朕垂聽而問焉。[59]

（b）蓋聞五帝三王之道，改制作樂，而天下洽和，百王同之。當虞氏之樂莫盛於韶，於周莫盛於勺。聖王已沒，鐘鼓笙絃之聲未衰，而大道微缺，陵夷至虖桀紂之行，王道大壞矣。[62]

（c）夫五百年之間，守文之君，當塗之士，欲則先王之法以戴翼其世者甚眾，然猶不能反，日以仆滅，至後王而後止，豈其所持操或誖繆而失其統與？[64]

（d）固天降命不可復反，必推之於大衰而後息與？[65]

（e）烏虖，凡所為屑屑，夙興夜寐，務法上古者，又將無補與？[66]

全安之，事在彊勉而已矣。彊勉學問，則聞見博而知益明，彊勉行道，則德日起而大有功，此皆可使還至而立有效者也。詩曰「夙夜匪解」，書云「茂哉茂哉」，皆彊勉之謂也。（a）[61]

（3）道者，所繇適於治之路也，仁義禮樂皆其具也。故聖王已沒，而子孫長久安寧數百歲，此皆禮樂教化之功也。……故王道雖微缺，而笙絃之聲未衰也。夫虞氏之不為政久矣，然而樂頌遺風猶有存者，是以孔子在齊而聞韶也。（b）[63]

（4）夫人君莫不欲安存而惡危亡，然而政亂國危者甚眾，所任者非其人，而所繇者非其道，是以政日以仆滅也。（c）[67]

（5）夫周道衰於幽厲，非道亡也，幽厲不繇也。至於宣王，思昔先王之德，興滯補弊，明文武之功業，周道粲然復興，詩人美之而作，上天祐之，為生賢佐，後世

---

59 同前註，頁2495。

61 同前註，頁2498-2499。

62 同前註，頁2496。

63 同前註，頁2499。

64 同前註，頁2496。

65 同前註。

66 同前註。

67 同前註，頁2499。

稱誦，至今不絕。此夙夜不解，
行善之所致也。（e）[68]

（6）孔子曰「人能弘道，非道弘人」
也。故治亂廢興在於己，非天降
命不可得反，其所操持誖謬失其
統也。（c）、（d）[69]

（f）三代受命，其符安在？[70]

（7）臣聞天之所大奉使之王者，必有
非人力所能致而自至者，此受命
之符也。……此蓋受命之符
也。……（f）[71]

（g）災異之變，何緣而起？[72]

（8）及至後世，……上下不和，則陰
陽繆盭而妖孽生矣。此災異所緣
而起也。（g）[73]

（h）性命之情，或夭或壽，或仁或
鄙，習聞其號，未燭厥理。[74]

（9）臣聞命者天之令也，性者生之質
也，情者人之欲也。或夭或壽，
或仁或鄙，陶冶而成之，不能粹
美，有治亂之所生，故不齊
也。……（h）[75]

（i）伊欲風流而令行，刑輕而姦改，
百姓和樂，政事宣昭，何脩何飭
而膏露降，百穀登，惠潤四海，
澤臻屮木，三光全，寒暑平，受
天之祐，享鬼神之靈，惠澤洋

（10）臣謹案春秋之文，……為政而任
刑，不順於天，故先王莫之肯為
也。今廢先王德教之官，而獨任
執法之吏治民，毋乃任刑之意
與。孔子曰：「不教而誅謂之

---

68 同前註，頁2499-2500。
69 同前註，頁2500。
70 同前註，頁2496。
71 同前註，頁2500。
72 同前註，頁2496。
73 同前註，頁2500。
74 同前註，頁2496。
75 同前註，頁2501。

溢，施虖方外，延及群生？[76]

虐。」虐政用於下，而欲德教之
被四海，故難成也。（i）[77]

（11）臣謹案春秋謂一元之意，……故
為人君者，正心以正朝廷，正朝
廷以正百官，正百官以正萬民，
正萬民以正四方。四方正，遠近
莫敢不壹於正，而亡有邪氣奸其
間者。是以陰陽調而風雨時，群
生和而萬民殖，五穀孰而中木
茂，天地之間，被潤澤而大豐
美，四海之內，聞盛德而皆徠
臣，諸福之物，可致之祥，莫不
畢至，而王道終矣。（i）[78]

（12）孔子曰：「鳳鳥不至，河不出
圖，吾已矣夫！」自悲可致此
物，而身卑賤不得致也。今陛下
貴為天子，富有四海，居得致之
位，操可致之勢，又有能致之
資，行高而恩厚，知明而意美，
愛民而好士，可謂誼主矣。然而
天地未應而美祥莫至者，何也？
凡以教化不立而萬民不正
也。……自古以徠，未嘗有以亂
濟亂，大敗天下之民如秦者也。
其遺毒餘烈，至今未滅，使習俗
薄惡，人民嚚頑，抵冒殊扞，孰
爛如此之甚者也。孔子曰：「腐

76　同前註，頁2496-2497。
77　同前註，頁2501-2502。
78　同前註，頁2502-2503。

朽之木不可彫也，糞土之牆不可
圬也。」今漢繼秦之後，如朽木
糞牆矣，雖欲善治之，亡可柰
何。……今臨政而願治七十餘歲
矣，不如退而更化，更化則可善
治，善治則災害日去，福祿日
來。詩云：「宜民宜人、受祿於
天。」為政而宜於民者，固當受
祿於天。夫仁、誼、禮、知、
信，五常之道，王者所當脩飭
也。五者脩飭，故受天之祐，而
享鬼神之靈，德施於方外，延及
群生也。（i）[79]

（j）子大夫明先聖之業，習俗化之
變，終始之序，講聞高誼之日久
矣，其明以諭朕。〔A〕科別其
條，勿猥勿并，〔B〕取之於術，
慎其所出。乃其不正不直，不忠
不極，枉於執事，書之不泄，興
於朕躬，毋悼後害。子大夫其盡
心，靡有所隱、朕將親覽焉。[80]

　　（1）為〈對策〉的前言，對應於（a）。（2）的內容則說明國家興
衰決定於人君的努力，是與整個〈制策一〉的策問有所關聯，文中亦
有「夙夜匪解」之辭。此些內容與措辭大概對應於（a），既然如此，
（2）可認為是〈對策〉前言的一部分。從「臣謹案春秋之中」至「以
此見天心之仁愛人君而欲止其亂也」的部分，依據《春秋》來論述災

---

79 同前註，頁2503-2505。
80 同前註，頁2498。

異思想，作為強調人君努力的論據。這應是董仲舒響應武帝〔B〕的
要求，即「取之於術，慎其所出」——依照學術根據而發表意見。[81]

　　（3）、（4）、（5）、（6）、（7）、（8）、（9）的內容，各對應於
（b）、（c）、（e）、（d）、（f）、（g）、（h）的策問。（3）至（9）的部分
大約遵守「條奏」的規則，故基本上可視為董仲舒的對策文。[82]

　　（10）、（11）、（12）的內容皆論述教化的重要性與效用，對應於
（i）的策問。[83]（10）講述為政的原理不是刑罰而是德教，（i）中
「膏露降，百穀登，德潤四海，澤臻屮木」以下的狀態，只有實行德
教才會實現，如其所云：「虐政用於下，而欲德教之被四海，故難成
也。」（11）則說明人君從「正心」的道德實踐出發，達成「正萬
民」的道德教化，最終實現（i）的狀態。（10）與（11）各以「臣謹
案春秋之文」與「臣謹案春秋謂一元之意」之辭為開頭，也就是說以
上內容皆將《春秋》經文的詮釋作為論據。這也應是董仲舒響應
〔B〕的要求，明示學術根據。

　　（10）與（11）的核心內容是，以《春秋》經文的詮釋為據的一
般理論。（12）則接著直接對（i）作答，如其所云：「今陛下貴為天
子，……可謂誼主矣。然而天地未應而美祥莫至者，何也？」其內容
與（10）及（11）相同，強調教化的重要性，如其所云：「凡以教化
不立而萬民不正也。」（12）亦主張當世經過秦朝暴政，在於「習俗
薄惡，人民囂頑，抵冒殊扞」[84]的狀態，故為了「善治」必須「更

81　從《史記·儒林列傳》和《漢書·五行志》的記載，容易確認依據《春秋》而來的
　　災異思想，乃董仲舒思想學問的特色。

82　福井重雅也認為此部分大約遵從對策文的格式。參照福井重雅：〈董仲舒の對策の
　　再檢討〉，頁337-341。

83　淺野裕一也如此認為。參照淺野裕一：〈董仲舒·天人三策の再檢討〉，頁654-659。

84　顏師古注云：「口不道忠信之言為囂，心不則德義之經為頑。抵，觸也。冒，犯
　　也。殊，絕也。扞，距也。」參照班固：〈董仲舒傳〉，頁2505。

化」，又說明若以「更化」實現「善治」，則「災害日去，福祿日來」。「夫仁、誼、禮、知、信」以下對應於（i）更為明確，因其中引用（i）的文章。由此可知（12）對應於（i）的策問，又與（10）及（11）的內容有密切關係。[85]

　　總之，〈對策一〉的各部分，皆對應於〈制策〉的某一部分。不過，〈對策一〉並未完全滿足武帝〔A〕的要求，即「科別其條，勿猥勿并」。（6）對應於（d），（5）對應於（e），此違於「勿猥」的要求。另外，（6）的內容對應於（d），同時對應於（c），此則違於「勿并」的要求。再者，對應於（i）的部分甚長，對一項問題分開提出答案，此亦違於「勿猥」的要求。從整體來看，〈對策一〉基本上遵從「條奏」的規則，但並未完全滿足之。但是，這點卻表示〈對策一〉為董仲舒所呈上的對策文。

　　如上文所述，武帝閱畢〈對策一〉後，再發〈制策三〉。其中指責前次答卷：「文采未極，豈惑虖當世之務哉？條貫靡竟，統紀未終，意朕之不明與？聽若眩與？」[86]「條貫」是指條理或系統，「統紀」則是指綱領或要點。也就是說武帝責難前次答卷雜亂無章，不得要領。董仲舒在〈對策三〉中，對此譴責謝罪云：「前所上對，條貫靡竟，統紀不終，辭不別白，指不分明，此臣淺陋之罪也。」[87]「別白」和「分明」皆是指清楚的意思，故「辭不別白，指不分明」應是重述「條貫靡竟，統紀未終」一遍。

　　〈對策三〉的開頭如此致歉，為前次答卷不夠完整謝罪。其前半

85　（10）、（11）、（12）共同重視道德教化，重視教化便是儒家的傳統政治學說。如下文所述，〈對策三〉的前半部分可視為董仲舒的對策文，其中亦有重視教化的內容：「古者修教訓之官，務以德善化民，民已大化之後，天下常亡一人之獄矣」；「王者上謹於承天意，以順命也，下務明教化民，以成性也」。同前註，頁2515。

86　同前註，頁2514。

87　同前註，頁2514-2515。

部分則具有井井有條的形式，首先使用「冊曰」之語重述要回答的策問之文，其次使用「臣聞」之語開始回答此項策問。毋庸置疑，董仲舒被武帝譴責前次答卷不夠完整，故徹底意識到對策文的格式與筆法，寫出〈對策三〉的前半部分。[88]

若武帝所閱覽的答卷井然有序、易得要領，則應無餘地加以「條貫靡竟，統紀未終」的譴責。反之，武帝所閱覽的答卷應非充分地不紊。如上所述，〈對策一〉中有些地方不合「條奏」的規則。換言之，〈對策一〉為一篇「條貫靡竟，統紀未終」的文章，因並不完全按照〈制策一〉提問的程序。以此情形來看，〈對策一〉應至少可說是近乎武帝所閱覽的對策文。

第四節 〈對策三〉的真實性

上文已經提及，〈對策三〉的前半部分具有井井有條的形式，是董仲舒所撰寫的對策文。故在此主要探討其後半部分的真實性。〈對策三〉的後半部分始於以下文章：

> 陛下有明德嘉道，愍世俗之靡薄，悼王道之不昭，故舉賢良方正之士，論誼考問，將欲興仁誼之休德，明帝王之法制，建太平之道也。臣愚不肖，述所聞，誦所學，道師之言，厪能勿失耳。若乃論政事之得失，察天下之息耗，此大臣輔佐之職，三公九卿之任，非臣仲舒所能及也。然而臣竊有怪者。……[89]

---

88 〈對策三〉的前半部分完全符合福井重雅所導出漢代對策文的格式。故他將此部分認定為董仲舒的對策文。參照福井重雅：〈董仲舒の對策の再檢討〉，頁357-361。

89 班固：〈董仲舒傳〉，頁2519。

　　此處與前半部分不同，沒有使用「冊曰」之語以重述策問之文，乍看之下，並無對應於〈制策三〉的任何策問。故福井重雅將自「陛下有明德嘉道」至「非臣仲舒所能及也」的部分當成「結語」，至於「然而」以下的內容，他認為難以將其認定為董仲舒向武帝所奉上之正式的對策文。[90]若如福井重雅所言的，「然而」以下的內容與〈制策三〉無關，則不能視之為董仲舒的對策文。因根本無法想像，由於被皇帝責難前次答卷不夠完整，因而此次答卷一開頭便謝罪道歉，而卻在同一答卷中立刻再重犯相同錯誤。

　　然而，自「陛下有明德嘉道」至「非臣仲舒所能及也」的部分，似乎也完全對應於〈制策三〉中的一句：「今子大夫既已著大道之極，陳治亂之端矣。其悉之究之，孰之復之。」[91]也就是說，自「陛下有明德嘉道」至「厪能勿失耳」，對應於「今子大夫既已著大道之極，陳治亂之端矣」，自「若乃論政事之得失」至「非臣仲舒所能及也」，則對應於「其悉之究之，孰之復之」。

　　董仲舒於〈對策一〉中講述「王道」之「終」，也說：「治亂廢興在於己」。這應是「今子大夫既已著大道之極，陳治亂之端矣」所指。「其悉之究之，孰之復之」則要求董仲舒更詳細論述政治原理。董仲舒對前者謙虛地說，自己只不過回應武帝抱懷遠大理想的策問，原封不動地轉述師說而已；對後者亦謙遜地說，政治與天下之事為朝廷高官的職務，是自己能力所不及的。

　　倘若如此，「然而」以下的內容可視為對應於武帝「今子大夫既已著大道之極」以下的要求。[92]董仲舒先謹慎地表示，回應此要求是自己能力所不及之事。若在此以「臣聞」之語開始答題則甚不自然，

90 福井重雅：〈董仲舒の對策の再檢討〉，頁362-363。

91 班固：〈董仲舒傳〉，頁2514。

92 淺野裕一也如此認為。參照淺野裕一：〈董仲舒・天人三策の再檢討〉，頁660-664。

大概是因為如此，此處才使用「然而臣竊有怪者」之句。

　　「然而」以下的內容，約可分為二部分。第一個部分具體描述統治階級達致治世的模樣，即為了達致治世，統治階級的舉措必須遵循「上天之理」和「太古之道」。當世比古時衰亂，是因違於「天之理」和「古之道」。天「予之齒者去其角，傅其翼者兩其足」，亦即「所受大者不得取小」，此乃「天之理」。「古之所予祿者，不食於力，不動於末」，「皇皇求仁義常恐不能化民」，此乃「古之道」，也就是「天之理」在人類社會的展現。[93]第二個部分則依據《春秋公羊傳》的「大一統」思想，建議定儒學於一尊的政策，[94]此建議亦為達致治世的具體方案。可見以上二部分的內容，相對應於武帝「今子大夫既已著大道之極」以下的要求。

　　由以上可知，〈對策三〉的後半部分形式上遵守「條奏」的規則，內容上也與〈制策三〉相當對應。既然如此，〈對策三〉的後半部分應可視為董仲舒的對策文，與其前半部分相同。總而言之，〈對策三〉與〈對策一〉同樣，基本上全為董仲舒所撰寫的對策文。

第五節　〈對策二〉的真實性

　　在此探討〈對策二〉的真實性。如上文所述，平井正士首次提出

93　〈對策三〉的前半部分云：「聖人法天而立道。」又云：「道之大原出於天，天不變，道亦不變。」「道」乃以「天」為根源之不變的道理，是王者應當順從的正道。後半部分所說「天之理」和「古之道」的關係，與前半部分所說「天」和「道」的關係，是相通的。參照班固：〈董仲舒傳〉，頁2515-2516、2518-2519。

94　〈對策三〉云：「春秋大一統者，天地之常經，古今之通誼也。今師異道，人異論，百家殊方，指意不同，是以上亡以持一統；法制數變，下不知所守。臣愚以為諸不在六藝之科、孔子之術者，皆絕其道，勿使並進。邪辟之說滅息，然後統紀可一而法度可明，民知所從矣。」同前註，頁2523。

〈對策二〉的真偽問題，引起了一些相關討論。福井重雅再進一步指出，〈對策二〉中存在著年代上互不相容的兩種內容，即「康居歸誼」與「建議實施酷似舉孝廉的察舉制度」，福井重雅認為前者最早也在元光二年（西元前133年），後者則最晚也在建元六年（西元前135年）。[95]他亦推測《漢書・董仲舒傳》是以後人所整理編纂的《董仲舒書》為底本，並論及後人將第三人的對策假託於董仲舒，作為〈對策二〉收錄到《董仲舒書》的可能性。[96]無論如何，「康居」一詞為〈對策二〉真偽問題的關鍵，故此處的討論也主要關注與「康居」一詞相關的問題。

一　竄入說與別文說的探討

關於上引包含「康居」一詞的部分（以下暫稱之為「康居文」），有竄入說與別文說。如上文所述，佐川修主張「康居」一詞是後人的「竄入」。不過，福井重雅從《史記》與《漢書》等漢代典籍舉出許多原文後說：

> 可以得知，在當時，誇耀皇帝的「德威」時，或武力遍及海外而四夷賓服之際，無論其地域或部族是否實際存在，比起使用抽象性描述，一般更多地用連寫具體的地域名或部族名的筆法。[97]

---

95 福井重雅：〈董仲舒の對策の再檢討〉，頁350-356。

96 同前註，頁368-378。

97 福井重雅：〈董仲舒の對策の諸問題〉，《漢代儒教の史的研究》，第2篇第2章，頁318。

「康居文」包含讚美武帝的內容：「至德昭然，施於方外」。既然漢代時人在讚美皇帝之德遍及內外時多用福井重雅所說的筆法，讚美武帝「至德昭然，施於方外」的文章列舉「夜郎康居」等異域的部族名，也並無任何可疑之處。由此看來，「康居」一詞很難視為後人的「竄入」。

淺野裕一則由於〈制策二〉中沒有策問對應「康居文」，因而以「康居文」看作後人所插入的「別文」。不過，「康居文」為一讚美皇帝英明至德的文章，〈對策一〉中既有讚美皇帝且無策問對應於此的文章：

> 今陛下貴為天子，富有四海，居得致之位，操可致之勢，又有能致之資，行高而恩厚，知明而意美，愛民而好士，可謂誼主矣。[98]

以上原文不能與後述的內容切割，即「然而天地未應而美祥莫至者，何也？」以下針對策問的回答，[99]因這則原文順利引導出此內容。如上文所述，〈對策一〉可視為近乎武帝所閱覽的對策文，其中既有如此的事例，「康居文」應該也不能由於沒有策問對應於此，而簡單地判斷為後人所插入的「別文」。

值得注目的是，讚美武帝後「然而」以下的內容。其中提出改善當世「天地未應而美祥莫至」之情況的建議。上引〈對策三〉後半部分的開頭亦讚美武帝云：「陛下有明德嘉道，……建太平之道也。……然而臣竊有怪者。」此處的讚美對應於〈制策三〉的內容，不過，〈對策三〉亦於讚美武帝之後，穿插自謙之辭，在「然而」以

---

98 班固：〈董仲舒傳〉，頁2503。
99 同前註，頁2503-2504。

下提出應付「以古準今，壹何不相逮之遠也！安所繆盭而陵夷若是？」[100]之情況的方案。

由以上〈對策一〉與〈對策三〉的事例可推測，《對策》中讚美武帝的文章為響應策問而談論當世問題之際的一種前言。在對別人指出缺點並催促改善之前先稱頌，這種情況並不罕見。

至此重新查看〈對策二〉便可發現，「康居文」及其後所述的構成酷似於〈對策一〉及〈對策三〉讚美武帝的事例。也就是說，緊接著「康居文」就有「然而功不加於百姓者，殆王心未加焉」一文。[101]在此亦於讚美皇帝後，「然而」以下提出打破當世「功不加於百姓」之情況的方案，諸如立太學與改革官吏任用制度等。總而言之，「康居文」可視為談論當世問題之際的前言，既然如此，「康居文」並非後人所插入的「別文」，而為原來存在於〈對策二〉的文章。

二　可作「康居歸誼」的年代

那麼，「康居歸誼」的記載僅能認為與其他有關《對策》年代的內容相矛盾嗎？在此想到的是冨谷至的見解。如上文所述，冨谷至關注《漢書‧司馬相如傳下》所載司馬相如〈喻巴蜀檄〉的記載，將「康居歸誼」視為「誇飾」之文，由此消解「康居歸誼」所導致的年代問題，以整個〈對策二〉當成董仲舒的對策文。並且，冨谷似乎參考王先謙（1842-1917）注〈喻巴蜀檄〉：「喻巴蜀時，西域康居疑尚未通中國，乃相如誇飾之辭。或其時偶有通貢之事，史無明文耶。」[102]

---

100 同前註，頁2520。

101 同前註，頁2511。

102 〔清〕王先謙撰，上海師範大學古籍整理研究所整理：《漢書補注》（上海市：上海古籍出版社，2008年12月），卷57下，頁4156。

　　關於〈喻巴蜀檄〉的年代，施之勉認為是元光四年（西元前131
年），[103]冨谷至認為是建元六年，[104]福井重雅則認為不明。[105]平井正
士和福井重雅皆指出，「康居歸誼」的記載與其他有關《對策》年代
的記載之間存在著時間上的抵觸，但是，若此檄文於建元六年以前發
出，則無論「康居歸誼」為根據「通貢之事」的記錄或是「夸飾之
辭」，都不必認為其記載產生時間上的矛盾。因果真康居於建元六年
以前「通貢」，〈對策二〉就依此事實說「康居歸誼」；即使「康居歸
誼」為「夸飾之辭」，漢朝就在建元六年以前認識康居。[106]以下記載
與此問題非常相關：

　　　　建元六年，……（唐）蒙乃上書說上曰：「……誠以漢之彊，
　　　　巴蜀之饒，通夜郎道，為置吏，易甚。」上許之。乃拜蒙為郎
　　　　中將，將千人，……遂見夜郎侯多同。蒙厚賜，喻以威德，約
　　　　為置吏，使其子為令。……還報，乃以為犍為郡。[107]

　　　　相如為郎數歲，會唐蒙使略通夜郎西僰中，發巴蜀吏卒千人，
　　　　郡又多為發轉漕萬餘人，用興法誅其渠帥，巴蜀民大驚恐。上

---

103 施之勉：〈董仲舒對策在元光元年考〉，《漢史辨疑》（臺北市：中央文物供應社，
　　1954年7月），頁19。

104 冨谷至：〈「儒教の國教化」と「儒學の官學化」〉，頁617。

105 福井重雅：〈董仲舒の對策の再檢討〉，頁352。

106 即使沒有康居「通貢」的事實，若漢朝認識康居，「夜郎康居，……說德歸誼」一
　　句便能寫得出。「康居文」是讚美皇帝的至德及於方外。根據福井重雅的研究，在
　　漢代「誇耀皇帝的『德威』」時，或武力遍及海外而四夷賓服之際，無論其地域或
　　部族是否實際存在，比起使用抽象性描述，一般更多地用連寫具體的地域名或部
　　族名的筆法」，連實際上不存在的地域名或部族民都提及，既然如此，提及已認識
　　的部族名，即使其部族尚未「說德歸誼」或「重譯請朝」，應是極有可能的。

107 司馬遷：〈西南夷列傳〉，《史記》，卷116，頁2993-2994。

聞之，乃使相如責唐蒙，因喻告巴蜀民以非上意。[108]

根據〈西南夷列傳〉記載，唐蒙（生卒年不可考）於建元六年以後提議在夜郎設官置吏，而得到武帝答應，被任為中郎將，而進入夜郎，與夜郎侯會見，使他約置漢吏。根據〈司馬相如列傳〉記載，唐蒙於此時徵集巴蜀官兵一千人，巴蜀兩郡為此亦徵集運糧人員一萬多人，唐蒙照軍法處刑反抗者的首領，故巴蜀民眾非常驚嚇恐懼。武帝收到此消息，便派遣司馬相如以譴責唐蒙，並向巴蜀民眾告知唐蒙行刑並非自己的意向。〈喻巴蜀檄〉於此時發出，也就是建元六年以後。

那麼，其是在於建元六年，或是翌年以後？第一個關鍵為武帝派司馬相如至巴蜀的發端，即唐蒙徵集巴蜀官兵的時期。因若其是在唐蒙進入夜郎之途上，則有可能〈喻巴蜀檄〉發布於建元六年，但若是在他進入夜郎之後，則幾乎無此可能。從〈喻巴蜀檄〉中以下記載來看，唐蒙於進入夜郎之途上徵集巴蜀官兵，毋庸置疑：

> 夫不順者已誅，而為善者未賞，故遣中郎將往賓之，發巴蜀士民各五百人，以奉幣帛，衛使者不然，……今聞其乃發軍興制，驚懼子弟，憂患長老，郡又擅為轉粟運輸，皆非陛下之意也。[109]

另外，武帝派遣司馬相如以譴責唐蒙，並讓巴蜀民眾理解自己的意向，那麼，在司馬相如掌握情況之前，唐蒙應無法出發前往夜郎。果真如此，〈喻巴蜀檄〉需視為唐蒙進入夜郎以前之作。而且，唐蒙

---

108 司馬遷：〈司馬相如列傳〉，頁3044。
109 同前註，頁3044-3045。

歸還報告後，武帝在夜郎境內開犍為郡，此事亦可認為是在建元六年，[110]因此〈喻巴蜀檄〉即是於建元六年發出的。如以上推論無太大錯誤，則漢朝在建元六年以前就已認識康居。

康居於建元六年以前是否「通貢」，並不知曉。但是，可以確定漢朝至少於建元六年以前就已認識康居。那麼，即使其他記載皆表示《對策》的年代為武帝初年且建元六年以前，「康居歸誼」的記載也並非與其他記載相矛盾。總而言之，既然在建元六年以前就能寫得出「康居歸誼」，「夜郎康居，殊方萬里，說德歸誼」一文，也並不導致時間上的問題。

三 〈對策二〉的真實性

在〈對策二〉的真偽問題中，「康居歸誼」的記載占有較重要的位置，但其他內容也受到質疑。譬如，平井正士將〈對策二〉的以下原文視為問題：[111]

> 孔子作春秋，先正王而繫萬事，見素王之文焉。[112]

平井正士依照以下王先慎（生卒年不詳）之說，以此原文當成後代的附會竄入：

---

110 《漢書・地理志上》注犍為郡云：「武帝建元六年開」。雖從其他相關史料來看，開犍為郡亦可認為是在元光年間，但根據久村因的研究，其認為是在建元六年，仍比較妥當。參照班固：〈地理志上〉，《漢書》，卷28上，頁1599；久村因：〈犍為郡開置の年代について〉，收入中國古代史研究會編：《中國古代史研究》第3（東京都：吉川弘文館，1969年11月），頁323-376。

111 平井正士：〈董仲舒の賢良對策の年次に就いて〉，頁109。

112 班固：〈董仲舒傳〉，頁2509。

> 董子生當西漢，必不以素王為孔子自稱。……自緯書出，遂有
> 孔子自號素王之說，東漢宗之，謬種流傳，誣及董子，緯書作
> 俑也。[113]

　　孔子（西元前552-前479年）以素王——即有王者之德而未居王
位者——的身分撰寫《春秋》，平井正士視為問題的原文確實可如此
理解，然而，此種思想在緯書出現以前就已存在著。《淮南子‧主術
訓》言孔子「成素王」而「成王道」，[114]《說苑‧貴德》則言孔子
「作春秋，明素王之道」。[115]《淮南子》一書由淮南王劉安（西元前
179-前122年）及其幕下學者們編寫，劉安與董仲舒是同時代人；《說
苑》一書則由稍晚於董仲舒的劉向（西元前77-前6年）編纂。換言
之，兩書乃在西漢末期出現緯書以前的典籍，故王先慎之說並不成
立，也就是說，平井正士將該原文視為問題，並當成後代的附會竄
入，並沒有根據。[116]

　　此外，根據福井重雅的研究，〈對策二〉的前半部分在形式與內
容方面都沒有問題，然而，其後半部分雖在文件格式方面沒有問題，
但從中可看出許多不合情理的內容。[117]具體而言，其中散見「揭露鬱
悶的社會狀況之言辭」，並存在著年代上互不相容的兩種內容。

　　上文已論證過，〈對策二〉並非包含年代上互不相容的兩種內
容。此外，〈對策二〉確實有將當世情況視為問題的言辭，但如上文

---

113 王先謙：《漢書補注》，卷56，頁4036。

114 劉文典撰，馮逸、喬華點校：《淮南鴻烈集解》（北京市：中華書局，1989年5
　　月），卷9，頁312-313。

115 向宗魯：《說苑校證》（北京市：中華書局，1987年7月），卷5，頁95。

116 既然孔子以素王的身分撰寫《春秋》的學說存在於同時代，便很難想像《春秋》
　　博士的董仲舒不知道，不僅如此，也十分有可能他在著述中提出此學說。

117 福井重雅：〈董仲舒の對策の再檢討〉，頁349-350。

所述，董仲舒原就是敢諫直言之人，並且這種言辭亦見於〈對策三〉的前半部分，也就是可認定為董仲舒之對策文的地方。既然如此，〈對策二〉中出現「揭露鬱悶的社會狀況之言辭」，並非不合情理。

由以上來看，無論從形式方面與內容方面，皆可將〈對策二〉視為董仲舒所著的對策文。然而，〈制策二〉及〈對策二〉在《漢書‧董仲舒傳》中，為何置於息息相聯的〈制策一〉及〈對策一〉與〈制策三〉及〈對策三〉之間？此排序混亂的原因問題是一個難題，其混亂似乎與《對策》的呈上時間問題相關，不過，應該無法從現存文獻得知確鑿原因。[118]

〈對策二〉在形式方面遵守「條奏」的規則，在內容方面也與〈制策二〉息息相應。「康居歸誼」的記載並不導致年代上的問題，平井正士和福井重雅所視為問題的其他內容亦不成問題。從以上來說，雖在《漢書‧董仲舒傳》中的排序確實有疑義，但〈對策二〉應不必認為是後人的擬作，或是與董仲舒毫無關係的作品。總而言之，我們將其視為董仲舒所著的對策文，較為妥當。

小結

綜上所述，〈對策一〉中有地方不遵守「條奏」的規則，但此事實反而暗示〈對策一〉近乎武帝所閱覽的對策文，〈對策三〉的形式與內容均無問題，〈對策二〉中「康居歸誼」的記載曾被認為導致年代問題，但其實不然，《對策》的記載之間並不存在年代上的衝突。並且，《對策》中也沒有令人費解、不合情理的內容。董仲舒實際向

---

118 下文探討董仲舒呈上《對策》的時間問題，其中試著提出有關《對策》排序混亂之原因的一個觀點。

漢武帝呈上的對策文，當然有可能在收錄至《漢書》前被省略與改寫等，雖然如此，流傳至今的《對策》基本上是董仲舒原著之對策文的可能性很高。

第三章
董仲舒對策的時間

　　董仲舒對策一事始見於《漢書・董仲舒傳》，《史記》並無記載。並且，在其時間相關史料之間有矛盾和混亂，故關於董仲舒對策的時間，自古以來存在著各種不同意見。在探討董仲舒於儒學興盛中的歷史角色上，其對策的時間具有重大意義。因《對策》蘊含著相當完整的思想系統，並提出「推明孔氏，抑黜百家」等具體建議，但若其呈上時間不明，則無法將其思想系統及具體政策定位於漢代儒學興盛的歷程之中。於是，本章將在前人觀點的基礎上重探董仲舒何時對策，以期對此問題提出更合理的解釋。

第一節　《制策》及《對策》的實際順序

　　在第一章已經提過，《制策》及《對策》的實際順序與《漢書・董仲舒傳》的排序並不一致，〈制策一〉與〈制策三〉兩場策試密接相連，〈制策二〉這場策試並非舉行於這兩場之間。如下文所述，《制策》及《對策》的順序問題關係到董仲舒對策的時間問題，故為了探討董仲舒何時對策，在此將先試圖釐清《制策》及《對策》的實際順序。

一　《制策》與《對策》順序相關研究的回顧與反思

　　佐川修、冨谷至、淺野裕一等學者認為，董仲舒首先參加〈制策

二）這場策試而成為「舉首」，接著漢武帝對「舉首」董仲舒發出一篇親策即〈制策一〉，確實有此可能。因〈制策二〉這場並非舉行於其他兩場之間，而且〈制策二〉可視為針對一群特出之士的一般制策。果真如此，不能不放棄關於董仲舒對策時間的一個有力見解，也就是元光元年（西元前134年）五月說。《漢書・武帝紀》載明董仲舒於元光元年五月參加策試而出仕，這即元光元年五月說最重要的論據，然而，紀中所載元光元年五月的制策（〈詔賢良〉）的內容，與〈制策二〉判然不同。[1]

平井正士比佐川修等人更早注意到他們所提倡的觀點可成立，但排除此一可能性。平井正士指出董仲舒在成為「舉首」之前，可能以一般賢良的身分呈上〈對策二〉。然而，他探討〈制策一〉與〈制策三〉兩場策試的時間，得到這兩場舉行於元光元年五月的結論，故對他而言，佐川修等所提倡的觀點並不成立，因倘若如此，董仲舒就是對答〈詔賢良〉的，但〈對策二〉與此完全相異，並〈對策二〉中的言辭難以認為是此時的。[2]

平井正士先排除〈制策二〉這場策試，考證其他兩場策試的時間，然後再處理〈制策二〉這場與其他兩場之間的關聯性問題，此推論過程似乎不甚恰當。他關注到〈對策二〉中「夜郎康居，殊方萬里，說德歸誼」的記載，以此為起點，研究三篇〈制策〉與三篇〈對策〉之間的關係，而發現了〈制策二〉這場策試並非舉行於其他兩場策試之間，這應是在董仲舒研究上不朽的貢獻。然而，〈制策二〉這

---

1 關於這點，狩野直喜、平井正士、史念海等早已指出過。參照狩野直喜：〈董仲舒の對策の年について〉，《兩漢學術考》（東京：筑摩書房，1964年11月），7，頁49-50；平井正士：〈董仲舒の賢良對策の年次に就いて〉，頁105；史念海：〈董仲舒天人三策不作於武帝元光元年辨〉，《史與地》第33期，《天津民國日報》，1947年9月1日。

2 平井正士：〈董仲舒の賢良對策の年次に就いて〉，頁105。

場策試有可能接續至其他兩場策試，這點一旦受證實，便成為判斷董
仲舒對策時間的一個重要材料，亦即不能不由此放棄元光元年五月
說，既然如此，在考據其對策時間時，應先斟酌〈制策二〉這場與其
他兩場之間的接續性。但平井正士相對輕視此問題，應該是因為他更
在意「康居歸誼」的問題。

　　佐川修與冨谷至則認為董仲舒奉答〈制策二〉而成為「舉首」，
接著漢武帝針對「舉首」董仲舒發出〈制策一〉，但他們的推論似乎
不夠嚴謹。他們之所以如此認為，是因〈制策二〉為針對一群特出之
士的一般制策，〈制策一〉則是針對董仲舒個人的制策，也就是針對
「舉首」的親策。[3]但即使有此事實，也不妨認為這兩場策試舉行於
不同時期，因有此事實並不代表兩場策試間有因果關係，換言之，只
是事實如此，不必非得以其事實作為這兩場間有關聯性的證據，尚不
足以判斷〈制策二〉及〈對策二〉直接接續至〈制策一〉及〈對策
一〉。

　　淺野裕一不僅以此事實，而且由《制策》及《對策》的內容，說
明〈制策二〉這場策試直接接續〈制策一〉這場策試。他認為，董仲
舒於〈對策二〉中從一種歷史相對論的觀點，判定過去的治國之道不
適合當世，以保證漢朝改制的正當性，武帝本有親手改革的意欲，故
對此論述特別感到魅力，於是重新再對董仲舒一個人發出一篇親
策——〈制策一〉。[4]淺野裕一以武帝的心理說明〈制策二〉與〈制策
一〉這兩場策試的接續性，其說明比起佐川修與冨谷至稍具說服力。
雖然如此，淺野裕一分析《制策》及《對策》的內容，立刻將其與武
帝的心理結合起來，說明〈對策二〉引發武帝發出〈制策一〉，恐怕

3　佐川修：〈武帝の五經博士と董仲舒の天人三策について〉，頁66；冨谷至：〈「儒教
　の國教化」と「儒學の官學化」〉，頁617。
4　淺野裕一：〈董仲舒・天人三策の再檢討〉，頁664-669。

這種說明還包含不少臆測成分。先進一步對《制策》及《對策》的內容上做深入研究——兩場策試是否有無接續性——應更為踏實。

二 《制策》與《對策》的實際順序

　　為了判定〈制策二〉及〈對策二〉是否接續〈制策一〉及〈對策一〉，查看〈制策一〉的內容是否承接〈制策二〉的內容即可。策試是皇帝所主導的官吏任用考試，皇帝下令高官推舉知識分子，向被推舉的知識分子頒下制策，以詢問自己想問的問題。參加策試的知識分子，須照制策的內容作答，試卷與答卷在內容上相對應，換言之，試卷是否連續就等於答卷是否連續。而且，皇帝常在制策中論及發出該制策的緣起，故某一場策試與另一場策試之間的接續性，應從制策間的關聯性比較容易看出。

　　要判斷〈制策二〉是否接續〈制策一〉，便應斟酌這兩篇與其他現存之武帝制策的內容，進一步說，要判定〈制策二〉直接接續〈制策一〉，應滿足以下二個條件：一，〈制策一〉與〈制策二〉包含很清楚地相互共通、相互對應的內容，以及表示後者先於前者的內容；二，類似的內容僅出現於這兩篇制策中，而不出現於其他武帝制策中。倘若如此，這兩篇中的以下記載值得注意：

　　　　（a）朕獲承至尊休德，傳之亡窮，而施之罔極。任大而守重，是以夙夜不皇康寧。（b）永惟萬事之統，猶懼有闕。故廣延四方之豪俊。（c）郡國諸侯公選賢良修絜博習之士，欲聞大道之要、至論之極。（d）今子大夫褎然為舉首，朕甚嘉之。子大夫其精心致思，朕垂聽而問焉。[5]

5　班固：〈董仲舒傳〉，頁2495。

（a'）烏虖！朕夙寤晨興，惟前帝王之憲，永思所以奉至尊，章洪業，皆在力本任賢。今朕親耕藉田以為農先，勸孝弟，崇有德，使者冠蓋相望，問勤勞，恤孤獨，（b'）盡思極神，功烈休德未始云獲也。今陰陽錯繆，氛氣充塞，群生寡遂，黎民未濟。廉恥貿亂，賢不肖渾殽，未得其真，故詳延特起之士，庶幾乎！（d'）今子大夫待詔百有餘人，……各悉對，著于篇，毋諱有司。[6]

前者為〈制策一〉，後者則是〈制策二〉。兩段原文之間有相互共通或相互對應的內容。首先，（a）強調自己的努力：「夙夜不皇康寧」，（a'）也是如此：「今朕親耕藉田以為農先，……」，是相互共通的內容。其次，（b）與（b'）均承接（a）與（a'），再表反省之意，如「猶懼有闕」、「功烈休德未始云獲」，作為舉行策試而「廣延四方之豪俊」、「詳延特起之士」的理由，兩者的內容相互對應。再者，（c）與〈制策二〉的內容亦相互對應，（c）論及舉行策試的目的：「欲聞大道之要、至論之極」，〈制策二〉則主要問「帝王之道」的相關問題：

（c'）蓋聞虞舜之時，游於巖郎之上，垂拱無為，而天下太平。周文王至於日昃不暇食，而宇內亦治。夫帝王之道，豈不同條共貫與？何逸勞之殊也？蓋儉者不造玄黃旌旗之飾。及至周室，設兩觀，乘大路，朱干玉戚，八佾陳於庭，而頌聲興。夫帝王之道豈異指哉？……[7]

6　同前註，頁2507。

7　同前註，頁2506。

　　元光元年五月的制策中，也有與（a）及（a'）相共通的內容，但強調努力或表達反省之言，為漢武帝在詔書中慣用的修辭，[8]故這一點不成問題。（b）中有「廣延四方之豪俊」之句，（c）中也有「郡國諸侯公選賢良修絜博習之士」之句，這兩句表示（b）與（c）並非說明此次策試的情況，因〈制策一〉是針對「舉首」董仲舒一個人的親策，而不是針對「四方之豪俊」、「郡國諸侯」所「公選」之「賢良修絜博習之士」的一般制策。換言之，（b）與（c）描述對「襃然為舉首」的董仲舒發出這篇親策以前的情況，亦即回顧舉行前次策試的情形與目的。

　　以上事實應表示〈制策二〉直承〈制策一〉。對應（b）的內容只有出現於〈制策二〉，對應（c）的策問也是如此。換句話說，從〈制策一〉與〈制策二〉中，可以看出相互共通、相互對應的內容，以及暗示後者先於前者的內容。再者，比較這兩篇制策之間相互共通、相互對應的內容，（b'）及（c'）比（b）及（c）更詳細，並且（a）以下為〈制策一〉的開頭部分。由以上看來，漢武帝當向「舉首」董仲舒頒下親策時，首先在其親策的開頭總括前次策試的情形。

　　（a）、（b）、（c）是對於〈制策二〉這場策試的總結，那麼（d）與（d'）的內容就表示，武帝向一群「特起之士」頒下一篇公共制策——〈制策二〉，董仲舒奉答這篇而成為「舉首」，結果武帝對他發

8　例如，〈改元大赦詔〉云：「朕以眇眇之身承至尊，兢兢焉懼不任。維德菲薄，不明于禮樂。」（司馬遷：〈封禪書〉，《史記》，卷28，頁1398。）〈議不舉孝廉者罪詔〉云：「朕夙興夜寐，嘉與宇內之士臻於斯路。故旅耆老，復孝敬，選豪俊，講文學，稽參政事，祈進民心，深詔執事，興廉舉孝，庶幾成風，紹休聖緒。」（班固：〈武帝紀〉，《漢書》，卷6，頁166。）〈報公孫弘〉云：「朕夙夜庶幾，獲承至尊，懼不能寧，惟所與共為治者，君宜知之。」（班固：〈公孫弘卜式兒寬傳〉，頁2622。）〈答淮南王安諫伐越詔〉云：「朕奉先帝之休德，夙興夜寐，明不能燭，重以不德，是以比年凶菑害眾。」（班固：〈嚴朱吾丘主父徐嚴終王賈傳上〉，頁2784。）

出一篇親策——〈制策一〉。綜上所述，董仲舒參加的策試，以〈制策二〉一場、〈制策一〉一場、〈制策三〉一場的順序連續舉行三場，換言之，《漢書‧董仲舒傳》所載三對〈制策〉與〈對策〉，用傳中的排序說，實際上以第二、第一、第三的順序連續發出及呈上。

第二節　圍繞董仲舒對策時間的爭論

在探討董仲舒何時對策之前，還需整理及探討前人的相關見解。歷來學者對董仲舒對策的時間問題各自提出不同學說，諸如建元元年（西元前140年）說、建元五年（西元前136年）說、建元六年（西元前135年）六月至九月說、元光元年（西元前134年）二月說、元光元年五月說、元光二年至四年（西元前133-前131年）說、元光五年（西元前130年）說、元朔五年（西元前124年）說等。以下查視此等學說的根據及論點。

一　建元元年說

建元元年說由司馬光（西元1019-1086年）提出，[9]司馬光根據以下（1）與（2）的史料，判定以下（3）的內容有誤，而以「元光元年以前，唯今年舉賢良見於紀」[10]的情形為據，認為董仲舒對策在建元元年十月。

9　〔宋〕司馬光編著，〔元〕胡三省音注，標點資治通鑑小組校點：〈漢紀九：世宗孝武皇帝上之上〉，《資治通鑑》（北京市：中華書局，1956年6月），卷17，頁549-556；〔宋〕司馬光編著，〔元〕胡三省音注：〈漢紀上〉，《資治通鑑考異》，收入《四部叢刊初編縮本》第11冊，臺1版（臺北市：臺灣商務印書館，1965年8月，影上海涵芬樓藏宋刊本），卷1，頁3-4。

10　司馬光：〈漢紀上〉，頁4。

（1）及仲舒對冊，推明孔氏，抑黜百家。立學校之官，州郡舉茂材孝廉，皆自仲舒發之。[11]

（2）元光元年冬十一月，初令郡國舉孝廉各一人。[12]

（3）（元光元年）五月，詔賢良曰：……於是董仲舒、公孫弘等出焉。[13]

（1）及（2）的內容與（3）衝突，因（1）表示舉孝廉以《對策》為契機，並據（2）所言，其從元光元年十一月開始，但（3）則暗示董仲舒對策在元光元年五月。當時以十月為歲首，故若其對策在元光元年五月，則舉孝廉的開始稍早於此，不可能如（1）所說般「自仲舒發之」。司馬光相信（1）的內容而否定（3）的可信性，但建元元年說與《對策》中「今臨政而願治者七十餘歲矣」之語相抵觸，是此說最難解決的問題，將在下文中詳細說明。

歷來不少學者支持建元元年說，如王楙（西元1151-1213年）、[14]馬端臨（西元1254-1323年）、[15]沈欽韓（西元1775-1831年）、[16]沈家本

---

11 班固：〈董仲舒傳〉，頁2525。

12 班固：〈武帝紀〉，頁160。

13 同前註，頁160-161。

14 〔宋〕王楙撰，儲玲玲整理：〈漢舉賢良〉，《野客叢書》，收入上海師範大學古籍整理研究所編：《全宋筆記》第6編第6冊（鄭州市：大象出版社，2013年3月），卷21，頁288。

15 〔宋〕馬端臨著，上海師範大學古籍研究所、華東師範大學古籍研究所點校：《文獻通考》（北京市：中華書局，2011年9月），卷33，頁957-958。

16 〔清〕沈欽韓：《漢書疏證》，收入《漢書疏證（外二種）》（上海市：上海古籍出版社，2006年4月，影光緒二十六年〔1900〕浙江官書局刻本），卷2，頁30-31。

（西元1840-1913年）[17]及蘇輿（西元1874-1914年）[18]等傳統知識分子，近代以後也有重澤俊郎、[19]史念海、[20]錢穆、[21]張大可[22]及潘策[23]等學者。不過，傳統知識分子支持建元元年說的論據受到各種批評，[24]而且在近代以後的論述中，似乎也沒有更具說服力的論據。

二　建元五年說

建元五年說由齊召南（西元1703-1768年）提出，[25]到近代以後，狩野直喜贊同齊召南之說。[26]齊召南根據以下兩個記載，主張董仲舒對策在建元五年：

（4）今臨政而願治七十餘歲矣，不如退而更化。[27]

17　〔清〕沈家本：《漢書瑣言》，收入《叢書集成三編》第95冊（臺北市：新文豐出版，1997年3月，影沈寄簃先生遺書本），卷7，頁194。

18　〔清〕蘇輿撰，鍾哲點校：〈董子年表〉，《春秋繁露義證》（北京市：中華書局，1992年12月），附錄1，頁491-493。

19　重澤俊郎：〈董仲舒研究〉，《周漢思想研究》（東京：弘文堂書房，1943年8月），頁148-150。

20　史念海：〈董仲舒天人三策不作於武帝元光元年辨〉。

21　錢穆：〈西漢之全盛〉，頁76-79

22　張大可：〈董仲舒天人三策應作于建元元年〉，《蘭州大學學報（社會科學版）》1987年4期（1987年12月），頁39-45。

23　潘策：〈漢武帝「罷黜百家，獨尊儒術」〉，趙吉惠、郭厚安、趙馥潔、潘策主編：《中國儒學史》（鄭州市：中州古籍出版社，1991年6月），第2編第2章，頁240-241。

24　尤其平井正士的批評特別周全詳細。參照平井正士：〈董仲舒の賢良對策の年次に就いて〉，頁81-95。

25　〔清〕齊召南：〈前漢書卷五十六考證〉，《前漢書考證》，收入《《漢書》研究文獻輯刊》第8冊（北京市：國家圖書館出版社，2008年8月，影清光緒二十三年〔1897〕陝甘味經刊書處刊本），頁310。

26　狩野直喜：〈董仲舒の對策の年について〉，頁43-50。

27　班固：〈董仲舒傳〉，頁2505。

（5）（建元）五年春，……置五經博士。[28]

（4）為〈對策一〉之句，齊召南認為其中「七十餘歲」乃漢興以後的年數，從漢興算起，建元三年（西元前138年）便是第七十年（筆者按：實際上為第69年），故既然包含「七十餘歲」之語，《對策》必須是在這年以後所著的。並且，將（5）所言「置五經博士」與（1）所言「推明孔氏，抑黜百家」及「立學校之官」等措施視為同一件事，換句話說，將「置五經博士」視為「自仲舒發之」的措施，從而主張董仲舒對策在建元五年。

然而，「置五經博士」與「推明孔氏，抑黜百家」似乎無法視為同一件事。董仲舒於〈對策三〉末尾確實建議「推明孔氏，抑黜百家」，但此建議與「置五經博士」似乎無關，因董仲舒倡導的不是博士官限於儒者，而是所有官僚限於儒者。並且，誠如施之勉所言的，元朔五年（西元前124年）開始「為博士官置弟子」，博士官至此才成為「學校之官」，[29]故「立學校之官」與「置五經博士」不能混為一談。

不過，齊召南依據（4）的內容排除建元元年說，相當妥善。有學者提出（4）的記載中有衍字或誤寫的觀點，[30]但筆者認為此觀點沒有適當的理由。除非有史料作為比（4）更為確切的時間證明，否則不應設想（4）中有衍字或誤寫。

除齊召南之外，福井重雅也主張董仲舒對策在建元五年，但其論

---

28 班固：〈武帝紀〉，頁159。

29 施之勉：〈董仲舒對策在元光元年考〉，頁18-19。

30 譬如，蘇輿：〈董子年表〉，頁492；蘇誠鑒：〈董仲舒對策在元朔五年議〉，《中國史研究》1984年第3期（1984年8月），頁90-91；周桂鈿：〈對策之年〉，《董學探微》（北京市：北京師範大學出版社，1989年1月），頁15-16。

據不與齊召南完全相同。[31]他與齊召南同樣依據（4）的內容排除建元元年說，但不將建元五年「置五經博士」視為事實，故其主張並非以（5）為據，而以《史記》的以下記載：

> （6）今上即位，為江都相。……中廢為中大夫，居舍，著災異之記。是時遼東高廟災，主父偃疾之，取其書奏之天子。天子召諸生示其書，有刺譏。董仲舒弟子呂步舒不知其師書，以為下愚。於是下董仲舒吏，當死，詔赦之。於是董仲舒竟不敢復言災異。[32]

以上原文記錄董仲舒的筆禍事件。此事件的原因——即「遼東高廟災」——發生於建元六年（於下文詳述），福井重雅認為此事件也發生於同一年。董仲舒在此事件後「竟不敢復言災異」，福井重雅關注《對策》大談災異，認為董仲舒於此事件以前對策，由此否定元光元年五月說，而支持建元五年說。不過，沈欽韓與蘇輿等支持建元元年說的學者，亦以與此相同的理路否定元光元年五月說，平井正士嚴厲地批評他們的見解。[33]也就是說，其批評完全適用於福井重雅的主張。

三　建元六年六月至九月說

建元六年六月至九月說由戶田豐三郎提出。[34]他先排除建元元年

---

31 福井重雅：〈儒教成立史上の二三の問題〉，頁13-18。

32 司馬遷：〈儒林列傳〉，頁3128。

33 平井正士：〈董仲舒の賢良對策の年次に就いて〉，頁91-92。

34 戶田豐三郎：〈董仲舒對策の年次について〉，《中京大學文學部紀要》第4卷第2號（1969年11月），頁29-36。

說與建元五年說之後，根據以下記載，推定董仲舒對策在建元六年六月以後，且於該年內：

> （7）至武帝即位，進用英雋，議立明堂，制禮服，以興太平。會竇太后好黃老言，不說儒術，其事又廢。後董仲舒對策言：……[35]

> （8）及竇太后崩，武安侯田蚡為丞相，絀黃老、刑名百家之言，延文學儒者數百人。[36]

戶田豐三郎以（8）所言田蚡（西元前？-前131年）的措施，當成接受董仲舒「推明孔氏，抑黜百家」的建議而實施，又將上引的（3）所言元光元年五月的策試視作田蚡措施的一個環節，亦即排除元光元年五月說。同時考慮厭惡儒家的竇太后（西元前200-前135年）於建元六年五月駕崩這一點，從而主張董仲舒對策在其翌月以後，且於該年內。不過果真如此，上引的（6）與以下記載之間似乎會有齟齬：

> （9）武帝即位，舉賢良文學之士前後百數，而仲舒以賢良對策焉。……對既畢，天子以仲舒為江都相，事易王。[37]

據（6）所言，董仲舒被罷免江都相一職後，再「為中大夫」，照字面上看，「遼東高廟災」之時，即建元六年六月以前，董仲舒已「為中大夫」。但據（9）所言，董仲舒對策後被任為江都相，故若其

---

35 班固：〈禮樂志〉，《漢書》，卷22，頁1031。

36 司馬遷：〈儒林列傳〉，頁3118。

37 班固：〈董仲舒傳〉，頁2495-2523。

對策在建元六年六月以後，則他「為中大夫」的時間點，必然就在建元六年六月以後。總之，假定董仲舒對策在建元六年以後，（6）與（9）之間似乎便會發生時間上的衝突。

其實，這不只是建元六年六月至九月說的問題，亦為所有推定董仲舒對策的時間在建元六年六月以後的見解間共同的問題。不過，將以下記載當作判斷對策時間的材料，代替（6）的記載，便能避開導致此一難題：

> （10）中廢為中大夫。先是遼東高廟、長陵高園殿災，仲舒居家推說其意，中橐未上，主父偃候仲舒，私見，嫉之，竊其書而奏焉。上召視諸儒，仲舒弟子呂步舒不知其師書，以為大愚。於是下仲舒吏，當死，詔赦之。仲舒遂不敢復言災異。[38]

以上記載以（6）為底本，改寫其中一部分而成。從內容上看，將「是時」改為「先是」，是最重大的更改。若以「是時」與「先是」的一般意義來理解，（6）表示「遼東高廟災」發生於董仲舒在任中大夫期間，（10）則表示「遼東高廟災」發生於董仲舒就任中大夫前的某一時。故若不採用（6），而採用（10）來當作董仲舒對策時間的判斷材料，則「遼東高廟災」就可認為於董仲舒就任中大夫以前發生，那麼即使推定對策時間在建元六年六月以後，也在（10）與（9）之間不會發生時間上的衝突。但我們應當作為董仲舒對策時間之判斷材料的不是（10），而是（6），這點將在下文中說明。

---

38 同前註，頁2524。

四　元光元年二月說

元光元年二月說由王益之（生卒年不詳）提出。[39]王益之懷疑班固在上引的（2）與（3）中並未使用元光元年當時之曆——顓頊曆——的年月，而誤用太初曆的年月。顓頊曆以十月為歲首，故太初曆的十一月和五月，亦即第十一個月和第五個月，各相當於顓頊曆的八月和二月。王益之依此認為董仲舒對策在元光元年二月，舉孝廉則開始於同年八月，以試圖解除上引（1）、（2）、（3）的史料之間的矛盾。

筆者認為王益之的立論並不恰當，因他無根據地設想班固使用太初曆的年月，更改（2）與（3）的文字。正如劉國民所指出的，若《漢書》在（2）與（3）中使用太初曆的年月，則《漢書》中所有太初改曆以前的年月可能都是錯誤的。[40]也就是說，王益之為了解除《漢書》中極少一部分的矛盾，致使其他無關記載中的年月都變得可疑。除非有班固使用太初曆之年月的確鑿證據，否則不應如此設想。

五　元光元年五月說

元光元年五月說應是《漢書》一書的見解，因在上引的（3）中有所載明。支持元光元年五月說的學者，有荀悅（西元148-209年）、[41]

---

39 〔宋〕王益之撰，王根林點校：〈武帝〉，《西漢年紀》（鄭州市：中州古籍出版社，1993年8月），卷11，頁203-204。

40 劉國民：〈董仲舒對策之年考辨〉，《董仲舒的經學詮釋及天的哲學》（北京市：中國社會科學出版社，2007年8月），頁69。

41 〔漢〕荀悅著，張烈點校：〈孝武皇帝紀二〉，《漢紀》，收入《兩漢紀》上冊（北京市：中華書局，2002年6月），卷11，頁175-176。

杜佑（西元735-812年）、[42]鄭樵（西元1104-1162年）、[43]洪邁（西元1123-1202年）、[44]周壽昌（西元1814-1884年）、[45]王先謙[46]等傳統知識分子，近代以後也有施之勉、[47]施丁、[48]岳慶平、[49]韋政通、[50]周桂鈿、[51]齋木哲郎、[52]馮樹勳[53]等學者。

　　由於《漢書》中有明載，因此許多學者支持元光元年五月說，但此說難以成立。因如上文所述，《漢書・武帝紀》所載元光元年五月的制策即〈詔賢良〉，與董仲舒首次所奉答的一般制策即〈制策二〉，內容完全不相同。[54]除此而外，以下〈對策二〉的記載似乎也成為否

---

42 〔唐〕杜佑著，王文錦等點校：〈選舉一〉，《通典》（北京市：中華書局，1988年12月），卷13，頁311。

43 〔宋〕鄭樵：《通志》（北京市：中華書局，1987年1月，影商務印書館萬有文庫十通本），卷5下，志83。

44 〔宋〕洪邁撰，孔凡禮整理：〈漢舉賢良〉，《容齋續筆》，收入上海師範大學古籍整理研究所編：《全宋筆記》第5編第5冊（鄭州市：大象出版社，2012年1月），卷6，頁288。

45 〔清〕周壽昌：《漢書注校補》，收入《漢書疏證（外二種）》第2冊（上海市：上海古籍出版社，2006年4月，影光緒十年〔1884〕周氏思益堂刻本），卷39，頁706。

46 王先謙：《漢書補注》，卷56，頁4030-4031。

47 施之勉：〈董仲舒對策在元光元年考〉，頁12-20。

48 施丁：〈董仲舒天人三策作於元光元年辨：兼談董仲舒不是「罷黜百家，獨尊儒術的創始人」〉，《社會科學輯刊》1980年第3期（1980年6月），頁90-99。

49 岳慶平：〈董仲舒對策年代辨〉，《北京大學學報（哲學社會科學版）》1986年第3期（1986年6月），頁114-120。

50 韋政通：〈尊儒運動的背景、真相及其影響〉，頁193。

51 周桂鈿：〈對策之年〉，頁9-19。

52 齋木哲郎：〈董仲舒の生涯・對策の年次、及び儒教國教化の實際について〉，《秦漢儒教の研究》（東京：汲古書院，2004年1月），第3章第1節，頁352-355。

53 馮樹勳：〈董仲舒對策考〉，《陰陽五行的階位秩序：董仲舒的儒學思想》（新竹市：國立清華大學出版社，2011年7月），第1章3，頁36-47。

54 華友根主張董仲舒對策在元光元年十月。他將〈詔賢良〉視同為公孫弘在元光五年所奉答的制策，即《漢書・公孫弘卜式兒寬傳》所載〈元光五年策賢良制〉，並認為〈詔賢良〉於元光五年發出，而主張董仲舒對策在元光元年。不過，即使〈詔賢

定元光元年五月說的證據：

> （11）臣愚以為使諸列侯、郡守、二千石各擇其吏民之賢者，
> 歲貢各二人以給宿衛，且以觀大臣之能；所貢賢者有
> 賞，所貢不肖者有罰。夫如是，諸侯、吏二千石皆盡心
> 於求賢，天下之士可得而官使也。[55]

根據福井重雅的見解，以上原文建議實施酷似舉孝廉的察舉制度。如上引的（2）所明示，舉孝廉開始於元光元年十一月，故若董仲舒對策在此以後，則（11）便建議施行已存在的制度，其建議完全沒有意義。既然如此，元光元年五月說即是「根本難以成立的謬論」。[56]此一觀點不僅適用於元光元年五月說，亦適用於所有推定董仲舒對策的時間為元光元年十一月以後的見解。

六　元光二年至四年說

元光二年至四年說由戴君仁提出。[57]戴君仁否定建元元年說與建元五年說，並關注以下〈對策二〉的記載，探討董仲舒對策的年代：

良〉與〈元光五年策賢良制〉是同一制策，其未必於元光五年發出，因公孫弘對策的時間不能斷定為元光五年，甚至根據久村因與劉國民的考據，公孫弘對策在元光元年五月。參照華友根：〈董仲舒年表中有關年代考釋〉，《董仲舒思想研究》（上海市：上海社會科學院出版社，1992年3月），附錄2，頁201；久村因：〈公孫弘の對策の年について：「犍為郡開置の年代について」の予備的考察〉，《名古屋大學教養部紀要》第11輯（1967年3月），頁1-29；劉國民：〈董仲舒對策之年考辨〉，頁72-76。

55 班固：〈董仲舒傳〉，頁2513。

56 福井重雅：〈董仲舒の對策の再檢討〉，頁355-356。

57 戴君仁：〈漢武帝抑黜百家非發自董仲舒考〉，《梅園論學集》（臺北市：臺灣開明書店，1970年9月），頁335-339。

（12）夜郎康居，殊方萬里，說德歸誼。[58]

戴君仁認為（12）的內容在漢朝與夜郎通好之後才能寫得出，於是探討兩國通好的起始年代，得出是元光二年的結論，由此排除元光元年五月說。戴君仁亦否定董仲舒對策在元光五年以後，從而主張董仲舒自元光二年至四年之間對策。不過，戴君仁就康居忽略不談，並如上文所述，只要漢朝認識夜郎與康居，無論（12）的內容是否為事實，其便能寫出。[59]

七　元光五年說

元光五年說由劉國民提出。[60]劉國民批評建元元年說、建元五年說、元光元年二月說、元光元年五月說及元朔五年說，而認為以下的武帝詔書（〈議不舉孝廉者最詔〉）與《對策》的內容有密切關係，主張董仲舒對策在元光五年：

（13）元朔元年冬十一月，詔曰：「公卿大夫，所使總方略，壹統類，廣教化，美風俗也。……朕夙興夜寐，嘉與宇內之士臻於斯路。故旅耆老，復孝敬，……深詔執事，興廉舉孝，庶幾成風，紹休聖緒。……今或至闔郡而不薦一人，……其與中二千石、禮官、博士議不舉者罪。」[61]

58　班固：〈董仲舒傳〉，頁2511。
59　本書第二章，頁48-51。
60　劉國民：〈董仲舒對策之年考辨〉，頁65-80。
61　班固：〈武帝紀〉，頁166-167。

劉國民認為，〈對策二〉中「今以一郡一國之眾，對亡應書者」之語，[62]與（13）中「今或至闔郡而不薦一人」之語相應，並以上引的（11）中「所貢賢者有賞，所貢不肖者有罰」之語，與（13）中「其與中二千石、禮官、博士議不舉者罪」之語相應，由此認定《對策》與〈議不舉孝廉者最詔〉是前後關係，而主張董仲舒對策的時間便是元光五年。

不過，元光五年說似乎難以成立。首先，關於「對亡應書者」一句，顏師古注云：「書謂舉賢良文學之詔書也」，[63]劉國民應據此立論，但如王先謙補注所言，「亡應書」可能是「不應經義」之旨，[64]未必與「舉賢良文學」相關。此外，（11）與（13）之間應無直接關係，因如上文所述，（11）的內容必須是建立察舉制以前的，但（13）憂慮察舉制度運作不夠完整，換言之，武帝在此指令重振元光元年十一月已開始運作的察舉制。

再者，作為元光五年說的問題，劉國民自己提及董仲舒被任為江都相的時間，但元光五年說有更難解決的問題，即無法說明董仲舒對策後被任為何官職。策試以任用官吏為目的，故其成績優異者，被任命某一官職。如下文所述，董仲舒對策後可能被任命的官職，有江都相與中大夫。若對策時間是元光五年，則無論他對策後被任為哪一官職，都不與上引（6）的內容吻合——董仲舒於武帝初期被任為江都相，並且於建元六年已為中大夫。

---

62 班固：〈董仲舒傳〉，頁2512。

63 同前註。

64 王先謙：《漢書補注》，卷56，頁4039。

八　元朔五年說

　　元朔五年說由蘇誠鑒提出，[65]王葆玹贊同之。[66]蘇誠鑒多考慮《對策》的內容與當時實際情況——如「夜郎康居，殊方萬里，說德歸誼」、「今或至闔郡而不薦一人」、「為博士官置弟子」等——之間的關係，主張董仲舒對策在元朔五年。然而，正如岳慶平與周桂鈿所嚴屬批評，元朔五年說有許多問題，[67]王葆玹也並無解決岳慶平與周桂鈿所指出的問題。

九　非一時對策說

　　有學者認為董仲舒不只參加一次策試而已。平井正士先排除〈對策二〉，探討〈對策一〉與〈對策三〉的時間之後，再考察〈對策二〉的時間，認為前者是元光元年五月，後者則是元光五年。[68]但如上文所述，平井探討的程序有很大的問題。

　　桂思卓則認為董仲舒參加建元元年與元光元年的兩場策試。[69]她從《對策》的內容及其撰寫背景相關的各種資料推論：「董仲舒參加了公元前一四〇年和公元前一三四年的兩場策問，而他在這兩場策問中的議論則同時成為了《漢書》卷五十六所保存之資料的來源。」[70]果真如此，《漢書・董仲舒傳》所載三篇〈對策〉為拼湊董仲舒的兩

65　蘇誠鑒：〈董仲舒對策在元朔五年議〉，頁87-92。

66　王葆玹：〈「罷黜百家，獨尊儒術」與經學史的分期問題〉，頁137-146。

67　岳慶平：〈董仲舒對策年代辨〉，頁114-116；周桂鈿：〈對策之年〉，頁15-16。

68　平井正士：〈董仲舒の賢良對策の年次に就いて〉，頁79-107。

69　Queen, *From Chronicle to Canon*, pp. 249-254; 桂思卓著，朱騰譯：〈《漢書》第五十六卷所載之策論的完成時間〉，《從編年史到經典》，附錄2，頁274-279。

70　同前註，頁279。

篇答卷，即建元元年與元光元年的答卷而成者。然而，三篇〈對策〉的形式和內容基本上對應三篇〈制策〉，桂思卓完全忽略這點。按她的思路推論下去，漢武帝的三篇〈制策〉就是西漢後期至東漢初期被偽造的，但漢人偽造當朝皇帝的書面文件並使其流通，是一件很令人難以想像的事。[71]

另外，孫景壇力主三篇〈對策〉皆不作於元光元年，並寫作年代不一，甚至由此否定《對策》為董仲舒之作，[72]但其論證頗值得商榷。此處舉最顯著的例子，《史記》和《漢書》兩書均將漢史從劉邦當漢王的西元前二〇六年算起，但孫景壇主張漢史必須從劉邦當皇帝的西元前二〇二年算起，而說：

> 至於漢人究竟怎樣計算「漢興」的歷史，《漢書・律曆志》說：「至武帝元封七年，漢興百二歲矣。大中大夫公孫卿……司馬遷等言『歷紀壞廢，宜改正朔。』……於是乃詔御史曰：『……其以七年為元年。』」元封七年，是「漢興」的「百二歲」，即一〇二年。這一年，漢武帝改了律曆，後將該年定為太初元年。太初元年是公元前一〇四年，將該年上推一〇二年，正是劉邦稱帝的公元前二〇二年。[73]

「太初元年是公元前一〇四年，將該年上推一〇二年」，即是劉邦當漢王的西元前二〇六年（-104-102=-206）。孫景壇所引用的原文，便為漢人將漢史從劉邦當漢王算起的一個證據。孫景壇的論述除此而外

---

71 福井重雅說明，漢人擬作漢朝皇帝的詔書是「一件根本無法設想的不可能之事」。參照福井重雅：〈董仲舒の對策の諸問題〉，頁322-323。

72 孫景壇：〈「董仲舒的《天人三策》是班固的偽作」新探〉，頁103-109。

73 同前註，頁104。

還有眾多問題，並無成功論證三篇〈對策〉寫作年代皆不相同。

　　由以上可知，關於董仲舒何時對策有各種不同學說，但沒有一個學說成功說明這項問題。接著就以上探討的基礎上，重新考察董仲舒對策的時間。

第三節　董仲舒對策的時間

　　《漢書》的作者認為董仲舒對策在元光元年五月，這點應該毋庸置疑，因上引的（3）中有明載。然而，如上文所述，《漢書·武帝紀》所載元光元年五月的制策，與董仲舒首次所奉答的〈制策二〉，內容完全不相同，故董仲舒對策的時間難以認定是元光元年五月。由此看來，在《漢書》開始編纂時，董仲舒對策的確切時間很可能已不清楚。[74]

　　因此，本書從考察董仲舒對策的時間中排除（3）的記載。除（3）之外，上引的（2）、（4）、（7）、（11）、（12），以及連接至（1）的以下記載，與董仲舒何時對策直接相關：

　　　　（1'）自武帝初立，魏其、武安侯為相而隆儒矣。及仲舒對
　　　　　　　冊，推明孔氏，抑黜百家。……[75]

---

74 平井正士、福井重雅、蘇誠鑒等學者亦指出，班固不知董仲舒生平事蹟的相關年代就寫了《漢書·董仲舒傳》。參照平井正士：〈董仲舒の賢良對策の年次に就いて〉，頁90-91；福井重雅：〈儒教成立史上の二三の問題〉，頁17；蘇誠鑒：〈董仲舒對策在元朔五年議〉，頁87。《漢書》的作者相信董仲舒對策在元光元年五月，因此可能藉由調整三對〈制策〉與〈對策〉的順序，試圖解決元光元年五月說最大的問題，即董仲舒首次所奉答的一般對策與元光元年五月的制策不相同這一點。

75 班固：〈董仲舒傳〉，頁2525。

　　建元二年（西元前139年），竇太后阻止王臧（西元前？-前139年）與趙綰（西元前？-前139年）等儒生改革朝儀，（7）表示董仲舒對策在該年以後。根據（4）的內容，呈上〈對策一〉即在漢興後第七十一年至第七十九年之間。第七十一年便為建元五年，故董仲舒就對策在建元五年與元朔元年之間。建元六年六月，田蚡就任丞相，（1'）表示董仲舒對策在此時以後。（12）的內容也並不與（4）、（7）及（1'）相矛盾，只要漢朝認識夜郎與康居，（12）的內容便能寫出，並在建元六年，漢朝應都認識夜郎與康居。[76]總之，根據（4）、（7）、（12）、（1'）的記載，董仲舒對策在建元六年六月以後。此外，（11）所言的察舉制草案與（2）所言的舉孝廉極其相似，故元光元年十一月開始舉孝廉以後提出（11）的內容是完全沒有意義的，由此看來，董仲舒應於元光元年十月以前對策。

　　綜合（2）、（4）、（7）、（11）、（12）、（1'）的記載來看，董仲舒就對策在建元六年六月至元光元年十月之間。武帝實施策試常被認為只有兩次，如王楙所言：「武帝即位以來，凡兩開賢良之科。一在建元元年，一在元光元年。」[77]但根據平井正士的研究，武帝其實頻繁實施策試以任用特出之士，[78]既然如此，我們推定董仲舒對策在以上時期，應非無理可據。

　　不過，若董仲舒對策在建元六年六月至元光元年十月之間，則《漢書》中「遼東高廟災」[79]與上述的（6）中「是時，遼東高廟災」的記載之間，似乎仍有時間上的問題。根據（9）的記載，董仲舒在對策後被任為江都相，根據（6）的記載，董仲舒被罷免江都相一職

---

76 本論文第2章，頁48-51。

77 王楙：〈漢舉賢良〉，頁288。

78 平井正士：〈董仲舒の賢良對策の年次に就いて〉，頁95-97。

79 班固：〈武帝紀〉，頁159；班固：〈五行志上〉，《漢書》，卷27上，頁1331。

後再被任為中大夫，於在任中大夫期間「遼東高廟災」。關於「遼東高廟災」的時間有兩種不同記載，〈武帝紀〉言「〔建元〕六年春二月乙未」，[80]〈五行志上〉則言「武帝建元六年六月丁酉」。[81]若在建元六年二月乙未「遼東高廟災」，則董仲舒不可能對策在建元六年六月以後，因根據（9）與（6）的內容，董仲舒對策在「遼東高廟災」以前；在建元六年六月丁酉「遼東高廟災」，董仲舒還是不可能對策在建元六年六月以後，因建元六年六月丁酉為田蚡就任丞相的四日後，[82]（6）與（9）的內容並非僅僅數日之間的事。

　　然而，（6）中「是時，遼東高廟災」的「是時」，未必是「正好此時」的意義。因在《史記》中，「是時」後面的內容有時是從前面內容的時間不甚相遠的過去之事。[83]例如，《史記》云：

> 項王聞淮陰侯已舉河北，破齊、趙，且欲擊楚，乃使龍且往擊之。淮陰侯與戰，騎將灌嬰擊之，大破楚軍，殺龍且。韓信因自立為齊王。項王聞龍且軍破，則恐，使盱臺人武涉往說淮陰侯。淮陰侯弗聽。是時，彭越復反，下梁地，絕楚糧。項王……乃東，行擊陳留、外黃。[84]

> 三月，漢王從臨晉渡，魏王豹將兵從。下河內，虜殷王，置河

80　班固：〈武帝紀〉，頁159。

81　班固：〈五行志上〉，頁1331。

82　根據《史記》記載，田蚡於建元六年六月癸巳就任丞相。參照司馬遷，〈漢興以來將相名臣年表〉，《史記》，卷22，頁1134。

83　岳慶平探討《史記》中「當是之時」與「當是時」的用例，論證（6）中「是時」的意義與「先是」相同，但「當是之時」或「當是時」與「是時」的用法可能不相同，故在此先不從岳慶平的研究。參照岳慶平：〈董仲舒對策年代辨〉，頁119。

84　司馬遷：〈項羽本紀〉，《史記》，卷7，頁329。

內郡。……是時項王北擊齊。田榮與戰城陽。田榮敗，走平
原，平原民殺之。……田榮弟橫立榮子廣為齊王，齊王反楚城
陽。[85]

〈項羽本紀〉中「是時」前面言韓信「殺龍且」而「為齊王」，
後面則言「彭越復反」，根據〈秦楚之際月表〉，前者是在漢四年二
月，[86]根據〈魏豹彭越列傳〉，後者則是在漢三年。[87]〈高祖本紀〉中
「是時」前面言「（劉邦）下河內，虜殷王，置河內郡」，後面則言
「（項羽）擊齊」、「田榮敗，走平原，平原民殺之」，根據〈秦楚之際
月表〉，前者是在漢二年二月至三月，後者則是在同年正月。[88]

由以上可知，在《史記》中「是時」一詞前後的內容未必是同時
期的事。「是時」後面的內容有時是從前面內容的時間較近的過去之
事。如此看來，（6）中「是時，遼東高廟災」的「遼東高廟災」，亦
可解釋為從董仲舒「為中大夫」時不甚相遠的過去之事。也就是說，
董仲舒「為中大夫」後「著災異之記」，其中詮釋「為中大夫」之數
月前發生的「遼東高廟災」。（6）與（9）的內容未必要在「遼東高廟
災」以前，既然如此，《漢書》中「遼東高廟災」與（6）中「是時，
遼東高廟災」的記載之間，便沒有時間上的問題。

綜上所述，三篇〈制策〉與〈對策〉連續發出及呈上的時間，是
在建元六年六月至翌元光元年十月之間。

---

85 司馬遷：〈高祖本紀〉，《史記》，卷8，頁370-371。

86 司馬遷：〈秦楚之際月表〉，《史記》，卷16，頁792-793。

87 司馬遷：〈魏豹彭越列傳〉，《史記》，卷90，頁2592。

88 司馬遷：〈秦楚之際月表〉，頁785-786。

第四節　董仲舒在對策後的官職

　　筆者在上文提過，若判斷董仲舒對策的時間為建元六年六月以後，則會導致（6）與（9）之間時間上的衝突，但（6）的「是時」可解釋為從某時不甚相遠的過去，故本書董仲舒對策在建元六年六月至元光元年十月之間的看法，邏輯上不會導致上述的衝突。雖然如此，（6）與（9）之間仍存在時間上的問題。

　　假定「是時」最長可表示一年前，根據（6）的內容，若在建元六年二月「遼東高廟災」，則董仲舒於元光元年二月以前當中大夫，若在建元六年六月，則於元光元年六月以前。根據（9）的內容，董仲舒對策後被任為江都相。也就是說，董仲舒於建元六年六月至元光元年十月之間對策後「為江都相」，留下「推陰陽所以錯行，……未嘗不得所欲」[89]的治積，「中廢」居家，而元光元年二月或六月以前「為中大夫」。雖邏輯上不是不可能，但在如此短的期間內發生以上一切事情，似乎實際上相當不合常理。

　　代替（6）的記載，採用以（6）為底本的（10）來理解，就可解除此狀況，因（10）將（6）中的「是時」改為「先是」，「先是」可表示比「是時」更早以前。然而，我們仍應採用（6）的記載，因（10）在董仲舒對策在元光元年五月的前提下將「是時」改為「先是」。《漢書》的作者相信，董仲舒於元光元年五月對策後「為江都相」，而「中廢為中大夫」後詮釋「遼東高廟、長陵高園殿災」，「長陵高園殿災」是在建元六年四月壬子，[90]因此判斷要改「是時」為「先是」。但如上文所述，董仲舒並非對策在元光元年五月。（10）在錯誤前提下改「是時」為「先是」，故不應採用來理解上述的事情。

89　司馬遷：〈儒林列傳〉，頁3128。
90　班固：〈武帝紀〉，頁159；班固：〈五行志上〉，頁1331。

　　（6）與（9）之間存在上述時間上的問題，原因應該是因為
（9）的記載有問題。（6）為《史記》的記載，（9）則是《漢書》的
記載。如上文所述，編纂《漢書》很可能在董仲舒對策的時間無法確
認了之後，故關於此時間，在《史記》和《漢書》兩書記載之間有所
衝突時，《史記》的記載應相對較為可信。倘若如此，（9）的內
容——董仲舒對策後被任為江都相——就有問題。若董仲舒對策的時
間已不清楚，則其後所授的官職亦不清楚也並不足為奇，而且，根據
福井重雅的研究，晉升為郡國長官是當時博士官常見的發展傾向，諸
多博士未經策試就拜為地方長官。[91]故即使董仲舒未經策試就獲任為
江都相一職，也不是異乎尋常。

　　由以上看來，董仲舒對策後所授的官職很可能不是江都相。果真
如此，他在對策後拜為中大夫。根據《史記·儒林列傳》與《漢書·
董仲舒傳》記載，董仲舒歷任四個官職，即博士、江都相、中大夫及
膠西相，[92]當博士是在漢景帝時期，遷為膠西相則是在元朔三年至元
狩二年（西元前121年）之間，毋庸置疑。故其對策後可能被任命的
官職，只有江都相和中大夫。策試以任用官吏為目的，成績優異者獲
任官職，既然如此，董仲舒對策後所授的官職，若不是江都相，則必
然就是中大夫。

　　董仲舒應在「中廢」後對策，「襃然為舉首」而「為中大夫」。董
仲舒不可能在任江都相期間參加策試，因諸侯相為有資格察舉人才的
地位，而並非察舉的對象。[93]若董仲舒拜為中大夫乃對策的結果，則

91　福井重雅：〈董仲舒の虛像と實像〉，頁283。

92　劉向於奏章中言董仲舒在筆禍事件後「復為太中大夫」（班固：〈楚元王傳〉，《漢
　　書》，卷36，頁1930。），但根據福井重雅的看法，其中「太中大夫」為錯誤，「中
　　大夫」才正確。參照福井重雅：〈董仲舒の生沒年〉，頁395-396。

93　福井重雅：〈察舉の有資格者と被察者〉，《漢代官吏登用制度の研究》，第2章第2
　　節，頁177-180。

在被免江都相後無官時參加策試，這也並不是聞所未聞。因根據福井重雅的研究，退職或免職後的人物重新選為賢良或方正的例子，並不罕見。[94]

　　假定果真董仲舒對策後拜為中大夫，（6）與（9）之間就不存在時間上的問題。也就是說，漢武帝在即位當初重用儒生，作為其一個環節，提拔《春秋》博士董仲舒為江都相；建元二年，竇太后逼迫武帝最重用的王臧、趙綰等儒生自盡，董仲舒也稍後就「中廢」，後任是「好黃老之言」[95]（《史記》）的鄭當時；[96]建元六年五月，竇太后駕崩，之後在建元六年六月至翌元光元年十月之間，董仲舒以賢良的身分對策並「襃然為舉首」，因此「為中大夫」；嗣後「居舍，著災異之記」，其中詮釋數月前發生的「遼東高廟災」一事。

小結

　　根據以上探討，董仲舒對策在建元六年六月至元光元年十月之間，對策後拜為中大夫一職。依此對策時間，《對策》與建元五年設立的五經博士毫無相關。不過，《對策》與元光元年十一月開始的孝廉制，最長也只相隔未滿半年的時間，故《對策》建議實施察舉制度十分有可能是孝廉制的原因。但《對策》與元朔五年建立的博士弟子制則相隔長達約十年之久，因此，漢武帝下令討論「與博士弟子」（《史記・儒林列傳》）之事，應非以《對策》建議「興太學」為直接的原因。董仲舒對策與孝廉制及博士弟子制的關係，在重探董仲舒的歷史角色中具有重大意義，故將在下文中詳細討論。

---

94 同前註，頁189-193。
95 司馬遷：〈汲鄭列傳〉，《史記》，卷120，頁3112。
96 根據《漢書》記載，鄭當時在建元四年以前就任江都相。參照班固：〈百官公卿表下〉，《漢書》，卷19下，頁768。

第四章
《賢良對策》的思想系統

　　要重探董仲舒在漢代儒學興盛中的實際歷史角色，自然需要把握董仲舒本人的思想。有鑑於此，本章首先將焦點置於《對策》的思想本身，說明《對策》所蘊含的四種理論及其建構脈絡，同時展示四種理論之間緊密的關聯性，亦即重建《對策》的思想系統。接著由《對策》的理論建構脈絡為線索，以探討其思想系統的核心及關懷，而對於探討的結果，從當時的相關情況與董仲舒的具體建言予以證實。

第一節　《對策》的宇宙論

一　宇宙的結構

　　《對策》的內容蘊含一套宇宙論，表示宇宙由自然與萬物組成，並且以「天」為最大因素及終極依歸。〈對策三〉將「天」定位為「羣物之祖」，[1]「羣物之祖」的「天」有兩個層面：一為有規律地變化而化成萬物的自然界，此一層面乃宇宙的最大因素；一為支配自然萬物及人類社會的主宰者，此一層面則是宇宙的終極依歸。[2]

1　班固：〈董仲舒傳〉，頁2515。

2　如何理解董仲舒的「天」？學者之間對此問題頗有爭議，不過，很多學者認為董仲舒的「天」具有自然性與意志性。馮友蘭、徐復觀、金春峰等學者認為董仲舒的「天」有內在的矛盾，唐君毅、池田知久、鄧紅等學者則認為其具有內在統一性。參照馮友蘭：〈董仲舒與今文經學〉，《中國哲學史》，第2篇第2章，頁503；徐復觀：〈先秦儒家思想的轉折及天的哲學的完成〉，頁396-398；金春峰：〈董仲舒思想

「天」以「日月風雨」與「陰陽寒暑」而成就萬物，[3]以當代說法是近似於自然界，亦即人類及其他生物所生活的環境或範圍。「天」有日月、風雨、陰陽、寒暑等因素，其中陰陽尤為重要，如〈對策一〉所言：「天道之大者在陰陽」，[4]因陰陽形成春夏秋冬四時而「成歲」。[5]不過，這種規律變化並非純粹的物理現象。董仲舒也設想「天」有主宰宇宙的意志即「天意」，並且天意反映於自然人事。例如，「天」有以德優越於刑——「任德不任刑」的志向，由此使陰陽運作而「成歲」，[6]亦有「所受大者不得取小」的意向，由此設計萬物的性質，諸如：「予之齒者去其角，傅其翼者兩其足」，[7]又有「仁愛人君而欲止其亂」的「天心」，以自然變異提醒君王反省。[8]

由以上可知，「天」為主宰者與自然界的統一概念，天意主宰自然，透過自然示意。天意使自然運作，自然體現著天意，兩者為一體者，但主宰者在邏輯結構上優先於自然界，誠如池田知久就董仲舒的「天」所言：「作為人格的、宗教的、主宰者的『天』是居上位的，而非人格的、機械的、自然的『天』是從屬的，處於下位的。」[9]不過，主宰者與自然界之間應無時間先後，兩者融為一體的「天」超越

的特點及其歷史地位〉，頁147-157；唐君毅：〈原命中：秦漢魏晉天命思想之發展〉，《中國哲學原論》上冊（香港：人生出版社，1966年3月），第17章，頁550；池田知久：〈中國古代の天人相關論〉，頁30-35；池田知久著，田人隆譯：〈中國古代的天人相關論〉，頁62-67；鄧紅：〈天神と天道と天命〉，頁63-105；鄧紅：〈天神天道天命〉，頁43-77。

3　班固：〈董仲舒傳〉，頁2515。

4　同前註，頁2502。

5　同前註。

6　同前註。

7　同前註，頁2520。

8　同前註，頁2498。

9　池田知久：〈中國古代の天人相關論〉，頁33；池田知久著，田人隆譯：〈中國古代的天人相關論〉，頁65。

時間限制，因《對策》的內容中只有宇宙結構的說明，並未出現宇宙演化論（cosmogony），[10]既然如此，董仲舒的「天」很可能是無始無終、永恆存在者。無論如何，《對策》的思想系統中，「天」設計及化成包括人類在內的萬物。

二　宇宙論的理論建構

關於董仲舒所言的「天」，有學者認為是沿用墨家思想的，有學者認為是發展陰陽家思想的，也有學者認為是結合自然神和祖先神的：

> 儒教的大師董仲舒便是富於宗教心的方士。他的思想很像一個墨教信徒，尊信上帝，主張兼愛非攻。……董仲舒屢說「以人隨君，以君隨天」；「屈民而伸君，屈君而伸天」：這正是墨教「上同於天」的意旨。……漢家建立的儒教乃是墨教的化身。[11]

> 古代天由宗教的意義，演變而為道德價值的意義，或自然的意義，這都不足以構成天的哲學。……到了董仲舒，……更以天

---

10 《春秋繁露》一書中亦無明確的宇宙演化論。只有〈五行相生〉篇開頭的以下內容，可理解為描述宇宙演化：「天地之氣，合而為一，分為陰陽，判為四時，列為五行。」（蘇輿：《春秋繁露義證》，卷13，頁362。）不過，此一文獻未必要理解為描寫宇宙演化，亦可理解為表述宇宙結構。

11 胡適：〈儒教〉，《中國中古思想小史（手稿本）》（臺北市：胡適紀念館，1969年4月），頁35-41。顧頡剛也說：「董仲舒的思想，確是深受墨家的影響的！他的『兼愛』，『非攻』，『尚賢』，『尚同』，『節用』等主義，還可以說是間接的受之孟荀；然而『天志』，『明鬼』的主義，卻無論如何不能說是直接的取之墨家。（董氏的有名的議論：『道之大原出于天，天不變，道亦不變』。這個觀念，也是從墨家的『天志』論來的。）參照顧頡剛：〈董仲舒思想中的墨教成分〉，《文瀾學報》第3卷第1期（1937年3月），頁1753。

貫通一切，構成一個龐大的體系。他這不是直承古代天的觀念
發展下來的，而是直承呂氏春秋十二紀紀首的各套、內容，發
展下來的。[12]

這樣的儒學在向儒教變身之際，給儒學樹立「天神」的理論改
造，即是將「天命」和儒家倫理道德相結合，使「天」和儒教
理念一體化，而改造的深層裡，則是過去分離了的自然神崇拜
和祖先神崇拜的再度結合。董仲舒的「天道論」，顯示了如此
論證過程。[13]

上述三者的見解之間有一個共同點，皆認為董仲舒以「天」為重，將
其作為政治社會的根據或標準，換言之，其思想系統由天人相應的思
想建構而來。[14]而三者的分歧在於如何理解董仲舒之「天」的來源與
本質，追根究柢，或將其看作神祇，或看作自然，而依當時的學術情
況概括地說，即為墨家的「天」或陰陽家的「天」。

　　如上文所述，《對策》的「天」有兩個層面，即主宰者與自然
界。其主宰者的層面近似於墨家的「天」，自然界的層面則近似於陰
陽家的「天」。由此而言，董仲舒很可能二者兼備。不過值得注意的
是，《對策》的「天」之主宰者層面亦具另一個性質，即人之道德的
根源，因《對策》的思想系統中，「天」下令規定人類實踐倫理道

---

12 徐復觀：〈先秦儒家思想的轉折及天的哲學的完成〉，頁371。李澤厚也說：「他的特
　點是，在精神實質上繼承了前述《呂氏春秋》開拓的方向，竭力把人事政治與天道
　運行附會而強力地組合在一起。」參照李澤厚：〈秦漢思想簡議〉，《中國古代思想
　史論》（北京市：人民出版社，1986年3月），頁145。

13 鄧紅：〈天神と天道と天命〉，頁65；鄧紅：〈天神天道天命〉，頁46。

14 在本書的論述中，「天人相應」表示天人之間的性質和規律等相一致，亦可說「天人
　合一」或「天人一道」，與表示某些天象感應人事而出現的「天人感應」有所區別。

德，給予人類以實踐道德的使命（將在下一節詳述）。墨、陰陽兩家的「天」皆無此種性質，以「天」當作人之道德的根源，這可視作屬於儒家所傳承下來的思想。[15]

　　總之，董仲舒在建構思想系統中廣納儒、墨及陰陽等各家學說，而建立了其「天」乃至以此為最大因素及終極依歸的宇宙結構，即其宇宙論。不過，因董仲舒特地論證「天」具有德優於刑的意志，以建立自己的「天」，[16]故《對策》的「天」並不是單純地沿用及結合各家

---

15 此一思想有相當久遠的傳統，《詩經・大雅・烝民》云：「天生烝民，有物有則。民之秉彝，好是懿德。」（〔漢〕毛公傳，〔漢〕鄭玄箋：《毛詩正義》，收入〔清〕阮元校勘：《十三經注疏》第2冊，臺北縣：藝文印書館，1955年4月，影嘉慶二十年〔1815〕江西南昌府學開雕本，卷18，頁674。）孔子似乎對此思想有所繼承，因《論語・述而》記載他言：「天生德於予。」（〔魏〕何晏等注，〔宋〕邢昺疏：《論語注疏》收入〔清〕阮元校勘：《十三經注疏》第8冊，臺北縣：藝文印書館，1955年4月，影嘉慶二十年〔1815〕江西南昌府學開雕本，卷7，頁63。）而《孟子・告子上》記載，孟子言：「仁義禮智，非由外鑠我也，我固有之也，弗思耳矣」，之後引〈烝民〉篇之句，再引孔子對於這句的評語（〔漢〕趙歧注，〔宋〕孫奭疏：《孟子注疏》，收入〔清〕阮元校勘：《十三經注疏》第8冊，卷11上，頁195）。又，《禮記・中庸》云：「天命之謂性，率性之謂道」（〔漢〕鄭玄注，〔唐〕孔穎達等正義：《禮記正義》，收入〔清〕阮元校勘：《十三經注疏》第5冊，臺北縣：藝文印書館，1955年4月，影嘉慶二十年〔1815〕江西南昌府學開雕本，卷52，頁879），韓嬰則於《韓詩外傳》卷6中言：「天之所生，皆有仁義禮智順善之心」（許維遹撰，中華書局編輯部整理：《韓詩外傳集釋》，北京市：中華書局，1980年6月，卷6，頁219。）。可見視「天」為道德根源的觀點，是在儒家學者中傳承下來的。鄧紅以孔孟荀之說為例，說明儒家以「天」為人類社會的秩序與道德之根據。參照鄧紅：〈天思想の發展過程〉，《董仲舒思想の研究》，天道篇第1節，頁51-54；鄧紅：〈天思想的發展過程〉，《董仲舒思想研究》，天道篇第1節，頁35-38。

16 上博楚簡《魯邦大旱》中，孔子與子貢以「政荳（刑）與惠（德）」為「事上天」而消弭「大旱」的正途（馬承源主編：《上海博物館藏戰國楚竹書》（二），上海市：上海古籍出版社，2002年12月，頁202-210），換言之，戰國時期有儒者認為上天希望君王施政適當運用刑與德。楊朝明與王中江等學者將「政刑與德」當成實行「德主刑輔」，果真如此，「上天」就有德優於刑的意志，董仲舒是沿襲先儒之說，再以陰陽思想奠定了其學術基礎。不過，對於《魯邦大旱》中「刑與德」的含意與

之「天」而成的。

董仲舒將有關陰陽的二個前提作為揭示天意的內容。第一前提為「陰陽刑德」的思想，〈對策一〉云：「陽為德，陰為刑；刑主殺而德主生。」[17]董仲舒在《對策》中並無論及「陰陽刑德」的根據，「陰陽刑德」很可能是一個當時知識分子的共識，因其見於漢初盛行於世的黃老思想之中。[18]第二前提則為「陽尊陰卑」的思想，此思想也見於

思想，學者間眾說紛紜。例如，廖名春、谷中信一、黃人二等學者將「刑與德」視為「殺戮」與「慶賞」，林志鵬視為「法制、法度」與「內在的修養」，淺野裕一視為「天刑」與「天賞」，林義正視為「德行」，曹峰認為無法弄清其究竟何意。筆者比較贊同曹峰的意見，以為在相關文獻再次出土以前，無法確定《魯邦大旱》所言「政刑與德」的意義。無論「政刑與德」有何含意，董仲舒是首位以陰陽思想論證「天」欲德優於刑，此乃毋庸置疑。參照馬承源主編：《上海博物館藏戰國楚竹書》（二），頁202-210；楊朝明：〈上博竹書《魯邦大旱》管見〉，《東岳論叢》第23卷第5期（2002年10月），頁115-116；王中江：〈「災害」與「政事」和「祭祀」：從《魯邦大旱》看孔子的刑德觀和祭祀觀〉，《簡帛文明與古代思想世界》（北京市：北京大學出版社，2011年4月），第4章，頁115-125；廖名春：〈上海簡《魯邦大旱》札記〉，收入中國博士後科學基金會編：《2000年中國博士後學術大會論文集》農林與西部發展分冊（北京市：科學出版社，2001年11月），頁623-624；谷中信一：〈上博簡『魯邦大旱』の思想とその成立：「刑德」說を中心に〉，《中國出土資料研究》第9號（2005年3月），頁1-19；黃人二：〈上博藏簡魯邦大旱試探〉，《上海博物館藏戰國楚竹書（二）研究》（臺中縣：高文出版社，2005年11月），頁53-55；林志鵬：〈《魯邦大旱》詮解〉，收入上海大學古代文明研究中心、清華大學思想文化研究所編：《上博館藏戰國楚竹書研究續編》（上海市：上海書店出版社，2004年7月），頁148-149；淺野裕一：〈上博楚簡『魯邦大旱』における刑德論〉，《中國研究集刊》第36號（2004年12月），頁41-54；此文有中譯版，淺野裕一：〈《魯邦大旱》的「刑德」〉，佐藤將之監譯：《戰國楚簡研究》（臺北市：萬卷樓圖書公司，2004年12月），頁129-145；林義正：〈孔子的天人感應觀：以《魯邦大旱》為中心的考察〉，收入李學勤、林慶彰等著：《新出土文獻與先秦思想重構》（臺北市：臺灣書房出版公司，2007年9月），頁33-34；曹峰：〈《魯邦大旱》初探〉，收入《上博館藏戰國楚竹書研究續編》，頁133-136。

17 班固：〈董仲舒傳〉，頁2502。

18 馬王堆漢墓帛書《老子》乙本卷前古佚書（亦稱為《黃帝書》、《黃帝四經》或《黃老帛書》等）《稱》云：「春陽秋陰，夏陽冬陰」（湖南省博物館、復旦大學出土文

黃老思想之中。[19]董仲舒依據陰陽的作用，進一步說明「陽尊陰卑」為
「天意」：「天使陽出布施於上而主歲功，使陰入伏於下而時出佐陽；
陽不得陰之助，亦不能獨成歲。終陽以成歲為名，此天意也。」[20]

由以上二個前提，必然得到「德尊刑卑」的觀點，董仲舒結合以
上二種思想而有邏輯地推到一個結論，即「天之任德不任刑」（同
上）。他既接受墨家有意志的上帝之「天」，又吸收陰陽家無意志的自
然之「天」，但也論證天意天道無論如何皆以德優於刑，換言之，突破
與陰陽家的「天」息息相關的月令思想[21]之框架，[22]並證明「天」具有
與墨家所言不同的意志，欲德優於刑，[23]而明確地建立了一個獨特的

獻與古文字研究中心編纂，裘錫圭主編：《長沙馬王堆漢墓簡帛集成》肆，北京
市：中華書局，2014年6月，頁187），《十六經‧觀》云「春夏為德，秋冬為刑」
（同上書，頁152），《十六經‧姓爭》又云：「刑陰而德陽」（同上書，頁162）。

19 《稱》言「主陽臣陰」、「貴陽賤陰」。（湖南省博物館、復旦大學出土文獻與古文字
研究中心編纂，裘錫圭主編：《長沙馬王堆漢墓簡帛集成》肆，頁187。）

20 班固：〈董仲舒傳〉，頁2502。

21 月令思想乃為一種政治哲學，認為君王應按天道運行——即由陰陽五行形成的自然
四時——施政。這種思想比較完整的系統，見於《管子》之〈幼官〉篇和〈四季〉
篇、《呂氏春秋》十二紀紀首、《淮南子‧時則訓》以及《禮記‧月令》等篇章之
中。有些記載扼要表示其典型模式，例如，《十六經‧觀》云：「不靡不黑，而正之
以刑與德。春夏為德，秋冬為刑。先德後刑以養生。」（湖南省博物館、復旦大學
出土文獻與古文字研究中心編纂，裘錫圭主編：《長沙馬王堆漢墓簡帛集成》肆，
頁152）《鹽鐵論‧論菑》則云：「春夏生長，利以行仁。秋冬殺藏，利以施刑。故
非其時而樹，雖生不成。秋冬行德，是謂逆天道。」（王利器：《鹽鐵論校注（定
本）》，北京市：中華書局，1992年7月，卷9，頁557。）

22 末永高康詳細探討這點。參照末永高康，〈董仲舒陰陽刑德說について〉，《中國思
想史研究》第15號（1992年12月），頁59-88。

23 墨家以「相愛相利」、「兼相愛，交相利」視為「法天」、「順天意」的具體內容。
《墨子‧法儀》云：「然則奚以為治法而可？故曰莫若法天。……天之所欲則為
之，……天必欲人之相愛相利，而不欲人之相惡相賊。」（〔清〕孫詒讓撰，附戶埼
允明考，小柳司氣太校訂：《墨子閒詁》，收入《漢文大系》第14卷，東京：富山
房，1913年1月，卷1，頁21）《墨子‧天志上》又云：「故於富且貴者，當天意而不

「天」——整合具有道德意志之上帝與有規律地變化之自然的「天」。

總而言之，董仲舒吸納墨、陰陽兩家等思想的同時，以儒家的「天」為中心建立了一個獨特的「天」[24]乃至宇宙結構，而在此基礎之上建構出其思想系統。由此看來，《對策》的「天」與以「天」為最終依據的思想系統，並非「墨教的化身」，也不是「直承呂氏春秋十二紀紀首的各套、內容，發展下來的」，而是儒學在對其他思想學派的衝突及接納中千錘百煉出來的系統。

第二節　《對策》的人性論

人類為萬物之一，不過董仲舒認為，人類也居於其他萬物之上，在宇宙中占有極高的地位。他之所以如此定位人類，是因人類具有兩個性質，一為實踐倫理道德的使命，一為控馭其他萬物的智慧：

> 人受命於天，固超然異於群生，入有父子兄弟之親，出有君臣上下之誼，會聚相遇，則有耆老長幼之施；粲然有文以相接，驩然有恩以相愛，此人之所以貴也。生五穀以食之，桑麻以衣之，六畜以養之，服牛乘馬，圈豹檻虎，是其得天之靈，貴於物也。[25]

在此，人類以異於其他萬物的本性，即人性，被定位於其他萬物之上，換句話說，董仲舒在人性論的基礎上判定人類在宇宙中的位

可不順，順天意者，兼相愛，交相利，必得賞。反天意者，別相惡，交相賊，必得罰。」（孫詒讓：《墨子閒詁》，卷7，頁5。）

24 鄧紅說：「董仲舒所說的『天』的整體特性，簡而言之，則是天和儒教理念的一體化。」參照鄧紅：〈天神と天道と天命〉，頁84；鄧紅：〈天神天道天命〉，頁61。

25 班固：〈董仲舒傳〉，頁2516。

置。他於《對策》中較少論及人性，但從中可窺見一套人性論，董仲舒認為人的本性承受天意，人類相應於主宰者的「天」，亦即在宇宙論的基礎上，以天人相應思想解釋人性。亦即《對策》的宇宙論中，主宰者居於自然界之上，天意指向道德並且統御自然，人類則「受命於天」而具有實踐倫理道德的使命，「得天之靈」而具有控馭其他萬物的智慧。

　　《對策》說：「人受命於天」，其「命」乃「人有父子兄弟之親，……雖然有恩以相愛」的倫理道德，而且也是「天」的命令，如董仲舒所云：「命者天之令也」（〈對策一〉）；[26]「天令之謂命」（〈對策三〉）。[27]由此可知，《對策》的思想系統中，倫理道德的實踐便為「天」給予人類的命令，從人類的角度視之，則是一個受之於「天」的使命。

　　儒家在董仲舒以前已有解釋人性的相類模式，董仲舒對此方式有所繼承。人的本性——即德性——本源於「天」的德性，這類思想發源於孟子（西元前372？-前289年），《孟子·盡心上》記載他言：「盡其心者，知其性也。知其性，則知天矣。存其心，養其性，所以事天也。」[28]《中庸》則應繼承及發展孟子之說而提出「天命之謂性，率性之謂道」的命題，[29]清楚地表述「天」的德性內在於人性之中，《易傳·繫辭上》也說明人性與「天」的善性直接相通：「一陰一陽之謂道，繼之者善也，成之者性也。」[30]

26　同前註，頁2501。

27　同前註，頁2515。

28　趙歧注，孫奭疏：《孟子注疏》，卷13上，頁228。

29　鄭玄注，孔穎達等正義：《禮記正義》，卷52，頁879。

30　〔魏〕王弼、〔晉〕韓康伯注，〔唐〕孔穎達等正義：《周易正義》，收入〔清〕阮元校勘：《十三經注疏》第1冊（臺北縣：藝文印書館，1955年4月，影嘉慶二十年〔1815〕江西南昌府學開雕本），卷7，頁148。

　　不過，《對策》與《中庸》、《易傳》之間，在說明人的本性上有所出入。在董仲舒看來，道德使命非聖人[31]不能達成：「命非聖人不行」。[32]因一般人原本無法道德自律。〈對策一〉云：「性者生之質也，情者人之欲也。」[33]〈對策三〉又云：「質樸之謂性，性非教化不成；人欲之謂情，情非度制不節。」[34]此兩句原文表示，一般人具有樸素的資質即「性」，亦具有原始的慾望即「情」，然而他們不受教化便不能使「性」完善，並且不依禮樂制度便不能節制「情」。

　　也就是說，董仲舒與《中庸》皆以「命」的概念解釋人的本性，[35]然董仲舒並無將「性」的概念與「命」結合，這點和《中庸》大相逕庭。並且，《中庸》及《易傳》的「性」可視為本善者，但董仲舒的「性」並非本善者，是人之與生俱來的樸素資質，受到教化才能完成。此種對「性」的理解，卻與不以天人相應解釋人性的荀子（西元前313？-前238？年）更相近，《荀子・正名》云：「性者天之就也。」[36]〈儒效〉篇又云：「性不足以獨立而治。性也者，吾所不能為也，然而可化也。」[37]

　　總之，董仲舒雖對《中庸》與《易傳》等解釋人性的模式有所繼

---

31 《對策》的論述中，「聖人」不僅為「內聖」亦是「外王」，「王者」、「天子」、「聖人」、「聖王」等詞在意義上皆相通。

32 班固：〈董仲舒傳〉，頁2515。

33 同前註，頁2501。

34 同前註，頁2515。

35 郭店楚簡《性自命出》及上博楚簡《性情論》也是如此，這兩篇皆言：「性自命出，命自天降。」參照荊門市博物館編：《郭店楚墓竹簡・性自命出》（北京市：文物出版社，1998年5月），頁68；《性情論》，馬承源主編：《上海博物館藏戰國楚竹書》（一）（上海市：上海古籍出版社，2001年11月），頁222。

36 〔清〕王先謙撰，久保愛增注，豬飼彥博補遺，服部宇之吉校訂：《荀子集解》，收入《漢文大系》第15卷（東京：富山房，1913年4月），卷16，頁22。

37 王先謙：《荀子集解》，卷4，頁35。

承，但主要承襲荀子對「性」的理解而建構了其人性論。他主張一般
人只待聖人教化才能實現受之於「天」的道德使命，[38]這一思想與
《對策》的君主政治論非常相關。

第三節　《對策》的君主政治論

一　《對策》的「道」

　　董仲舒於《對策》中詳述君王施政治國的得失，從其論述可看出
他所建構的君主政治論。他由「道」一詞開展君主政治論，《對策》

---

38 依照《對策》敘述，「命」為人類受之於「天」的道德使命，或為「天」下達於王
　者的統治命令，「性」則是人生而俱來的樸素資質，「性」並非內在於人的「命」。
　唐君毅也說：「故董子之言天命與人性之關係，與中庸天命之謂性之言，及宋儒天
　所賦為命，人受之為性之說，仍不相同。」不過，他依據《春秋繁露》的記載認
　為：「至於董子對人性與天命之關係，亦嘗以人性為人之所受命於天者。……然通
　董子言性命者以觀，則此所謂善善惡惡之性，仍只是一不能自顯之質。而此性亦不
　足以見天命之真。」也有許多學者認為董仲舒「以人性為人之所受命於天者」，然
　而，董仲舒於《對策》中並未表明這種思想，雖他可能設想一個邏輯關係——或許
　是類似「應該蘊含能夠（ought implies can）」的原則，並認為既有道德使命，人類
　必然就有道德素質。唐君毅亦在董仲舒「以人性為人之所受命於天者」的前提下認
　為：「王者之承天意，是王者受命，而忠於所受之一事，而言民之受未能善之性於
　天，則只言受性，而未言此即為受命。……一般人民之性，惟待王者之教化而成，
　待王者之法度而節，即皆不能直受天命矣。」倘若如此，只有王者才「固超然異於
　羣生」，一般人就無「所以貴」，但這一看法根本不符《對策》的內容。唐君毅對董
　仲舒之「命」的理解基本上是合理的，他說：「而董子之言天命，……而只為在人
　之上，而由天志天意，以下降於人，以為人所知所受者，則只當說是一天之上
　命。」但唐君毅掌握錯「命」與「性」之間的關係，此乃因他將兩種不同
　「命」——道德使命與統治命令混為一談，而且雖自己說：「後人以宋儒之言性命
　之說，或中庸天命之說，及其他言命之說，推測董子之意，則皆失之遠矣。」但不
　知不覺中受到宋儒性命之說的影響，以董仲舒的「性」看作「人之所受命於天
　者」。關於唐君毅的相關觀點，參照唐君毅：〈原命中〉，頁552-554。

的「道」概念主要表示君王為政應有的準則，如〈對策一〉所云：
「道者，所繇適於治之路也。」[39]〈對策三〉亦言：「道者萬世亡弊，
弊者道之失也。先王之道必有偏而不起之處。……道之大原出於天，
天不變，道亦不變。……繼治世者其道同，繼亂世者其道變。」[40]
「萬世亡弊」的「道」與「先王之道」，為兩個不同層次的「道」，前
者是普遍的、不變的，永久不會損壞，後者則是個別的、可變的，隨
著時代而變。

　　「先王之道」的衰敗，並非「道」本身的損壞或消亡，而為其在
政治社會中的缺失──「道之失」，是君王不依「道」治國而導致
者，如〈對策一〉所云：「夫周道衰於幽厲，非道亡也，幽厲不繇
也。」[41]〈對策三〉亦言：前一代之「政有眊而不行」，便必須「舉其
偏」而「補其弊」。「三王之道所祖不同」，也就是「夏上忠，殷上
敬，周上文」，即「將以捄溢扶衰，所遭之變然」的結果，「非其相
反」，因而「王者有改制之名，亡變道之實」。[42]總之，「夏禮」、「殷
禮」及「周道」等等，表面上的制度皆不相同，然其中有原則一以貫
之，也就是「萬世亡弊」的「道」。

　　董仲舒於〈對策一〉中說明「道」為「所繇適於治之路」後，緊
接著言：「仁義禮樂皆其具也。故聖王已沒，而子孫長久安寧數百
歲，此皆禮樂教化之功也。」[43]由此可知，「禮樂教化」為「聖王」的
共通作為，「仁義禮樂」為「先王之道」的共通因素，即奠基於仁義
禮樂的教化，便是「萬世亡弊」之「道」的實質內容。[44]

---

39 班固：〈董仲舒傳〉，頁2499。

40 同前註，頁2518-2519。

41 同前註，頁2499。

42 同前註，頁2518。

43 同前註，頁2499。

44 有人解釋董仲舒的「道」為「三綱五常」等倫理道德，例如，馮友蘭說：「他斷

　　《對策》以人性論闡釋教化為君王為政的準則，董仲舒在人性論的基礎上簡潔地敘述王者的任務：「是故王者上謹於承天意，以順命也；下務明教化民，以成性也；正法度之宜，別上下之序，以防欲也：脩此三者，而大本舉矣。」[45]人類從「天」稟受「命」及「靈」，具有異於其他萬物的本性，即使命及智慧。然而，一般人不能自律地「成性」及「防欲」，只待聖王以禮樂制度施行教化，才能為善而達成受之於「天」的使命。故王者順從受之於「天」的使命，以教化陶冶「質樸」即「性」，以禮樂節制「人欲」即「情」。

　　君王運用禮樂制度以施行教化，如此才能平治天下，《對策》的思想系統中，以禮樂制度平治天下是教化的終點，其起點則是君王「行德」即道德修養。〈對策一〉云：「堯舜行德則民仁壽。」[46]亦指出「為政而宜於民」始自王者對於「仁誼禮知信五常之道」的「脩飭」，[47]〈對策二〉又言：「願陛下因用所聞，設誠於內而致行之，則三王何異哉！」[48]

言，君永遠統治著臣，父永遠統治著子，夫永遠統治著婦，這是『道』。『天不變，道亦不變』，這是典型的形而上學的思想。」但是，依據《對策》的內容，表示人之某些原則的「道」幾乎可理解為道德教化，僅有一例可理解為倫理道德：「教化大行，天下和洽，萬民皆安仁樂誼，各得其宜，動作應禮，從容中道。」（同前註，頁2508）此外，周桂鈿以「道」字論述董仲舒的教化思想，他說：「實行統治，主要有兩條路線，一是大道，一是亡道。行大道就是『任德教而不任刑』，行亡道就是『廢德教而任刑罰』，這兩條路線的後果如何呢？歷史有豐富的經驗教訓。」周桂鈿以治國方式之義使用「道」字，但董仲舒則以「道」表示君王為政應有的準則，周桂鈿「道」字的用法與董仲舒本人不同。參照馮友蘭：〈董仲舒公羊學和中國封建社會上層建築〉，頁75；周桂鈿：〈儒宗地位的確立，天人之學的形成：董仲舒哲學〉，《秦漢思想史》（石家莊市：河北人民出版社，2000年1月），第8章，頁190。

45 班固：〈董仲舒傳〉，頁2515-2516。

46 同前註，頁2501。

47 同前註，頁2505。董仲舒所提出的「五常」常被視為維護皇帝專制統治者，但其本為君王應當「脩飭」的德性，亦是君王平治天下的先決條件。

48 同前註，頁2511。

　　董仲舒詮釋《春秋》經文以說明君王的修德與教化一脈相承。《春秋》將魯公即位的第一年寫成「元年」，而不寫成「一年」。董仲舒於〈對策一〉中關注「春秋謂一元之意」，以「一者萬物之所從始也，元者辭之所謂本[49]也」為前提，解釋不用「一年」而寫「元年」的大義：「謂一為元者，視大始而欲正本也。春秋深探其本，而反自貴者始。」之後將「自貴者始」的大義適用於君主政治，主張君王「行德」而「化民」，也就是「正心」而「正萬民」：「故為人君者，正心以正朝廷，正朝廷以正百官，正百官以正萬民，正萬民以正四方。」[50]由此看來，即使董仲舒在理論方面保持「內聖」而「外王」的觀點，[51]似乎也認為實際的「外王」經由「內聖」的功夫才能使天下平治。

　　由《對策》中有關「道」的敘述可得知，董仲舒極力強調君王努力的重要性。此乃因他認為社會治亂及國家安危，皆非不可使其反轉的定命，而為君王是否努力的結果，如〈對策一〉所言：「故治亂廢興在於己，非天降命不可得反，其所操持誖謬失其統也。」[52]

49　「本」原作「大」，據《漢書補注》所引王念孫之說改。參照王先謙：《漢書補注》，卷56，頁4027。

50　班固：〈董仲舒傳〉，頁2502-2503。

51　漢昭帝元鳳三年（西元前78年）正月「泰山有大石自起立，上林有柳樹枯僵自起生」（班固：〈昭帝紀〉，《漢書》，卷7，頁228），是時，董仲舒的再傳弟子眭弘以春秋學詮釋此異象，認為「此當有從匹夫為天子者」，又言：「先師董仲舒有言，雖有繼體守文之君，不害聖人之受命。漢家堯後，有傳國之運。漢帝宜誰差天下，求索賢人，禪以帝位，而退自封百里，如殷周二王後，以承順天命。」（班固：〈眭兩夏侯京翼李傳〉，《漢書》，卷75，頁3145。）由此可知，董仲舒派傳承此一思想：聖人後裔「繼體守文」的君王，若其在位中有聖人出現，則不妨將其位禪讓給那位聖人。不僅如此，學派中甚至有學者直接建議現任皇帝作禪讓，這就代表董仲舒學派很重視「內聖外王」。

52　班固：〈董仲舒傳〉，頁2500。

二 「天」與「道」

　　董仲舒於《對策》中，不僅以人性論與春秋學說明君王為政應當遵循的準則，亦依「謹於承天意」即天人相應的思想更詳細地解釋「道」，例如〈對策三〉言：

> 故聖人法天而立道，亦溥愛而亡私，布德施仁以厚之，設誼立禮以導之。春者天之所以生也，仁者君之所以愛也；夏者天之所以長也，德者君之所以養也；霜者天之所以殺也，刑者君之所以罰也。[53]

　　聖人效法「天」而建立「道」，此處，「天」即指自然界有規律的變化推移及其作用，「道」則是由此引申出來的為政準則，諸如「仁」、「德」、「刑」等。自然界的變化體現著主宰者的意志，故「道」便為承受天意的為政準則。《對策》視「天」為「道」的根源，亦即為政準則的理論依據——「道之大原出於天」。換句話說，聖人將「天」的形式轉翻成人的形式而建立「道」，「天」與「道」一脈相承。
　　君王依「聖人法天而立」之「道」治國，這便為「行道」，「道」與「天」相聯，故「行道」相通於「順天」。君王「行道」而「順天」就能順利統治，大有成就，否則會失去君權，導致滅國。〈對策一〉云：「彊勉行道，則德日起而大有功。」[54]又言：周朝末世「大為亡道，以失天下」，之後秦朝「獨不能改」，由於「其心欲盡滅先王之道」而「立為天子十四歲而國破亡矣」。[55]董仲舒亦於〈對策二〉中以

---

53 同前註，頁2515
54 同前註，頁2498。
55 同前註，頁2504。

殷周革命為例說明這點，即殷紂王因「逆天」而「殘賊百姓」，故「天下去殷而從周」，周文王因「順天」而「愛施兆民」，故「天下歸之」。[56]

　　其實，以「天」為人事之範的思想在當時超越學者或學派，是一個知識分子之間的共識，雖其具體內容在文獻之間有所出入，但相關記載散見於各家典籍之中。[57]董仲舒將「法天」、「順天」的原則——

---

[56] 同前註，頁2509。

[57] 例如，墨家以「法天」為統治準則，如《墨子‧法儀》所言：「天之行廣而無私，其施厚而不德，其明久而不衰，故聖王法之。」（孫詒讓：《墨子閒詁》，卷1，頁21。）墨家認為天有「欲人之相愛相利」之意（同上），並且如〈尚賢中〉篇所說的，亦主張對於順著此「天意」而「為政乎天下」者，「天鬼賞，立為天子，以為民父母」，對於違反者，「天鬼罰之，使身死而為刑戮，子孫離散，室家喪滅，絕無後嗣。」（孫詒讓：《墨子閒詁》，卷2，頁29-30。）莊子學派則將人類社會的尊卑關係——儒家所重視的人倫關係——看作聖人依據天地而建立者，《莊子‧天道》謂：「夫尊卑先後，天地之行也，故聖人取象焉。……夫天地至神，而有尊卑先後之序，而況人道乎！」（〔清〕郭慶藩撰，王孝魚點校：《莊子集釋》，北京市：中華書局，1961年7月，卷5中，頁469。）另外，《呂氏春秋‧序意》云：「蓋聞古之清世，是法天地。凡十二紀者，所以紀治亂存亡也，所以知壽夭吉凶也。」（許維遹撰，梁運華整理：《呂氏春秋集釋》，北京市：中華書局，2009年9月，卷12，頁274。）由此可知，「法天地」便為十二紀的總綱領，亦即陰陽家月令思想的大原則。十二紀紀首顯示，君王依自然運行施政，自然便順利地運行，如「甘雨至三旬」（〈季春紀〉、〈孟夏紀〉，許維遹：《呂氏春秋集釋》，卷3、4，頁65、87）、「白露降三旬」（〈仲秋紀〉，許維遹：《呂氏春秋集釋》，卷8，頁178），否則有天變或國難，如「風雨不時，草木早槁，國乃有恐」（〈正月紀〉，許維遹：《呂氏春秋集釋》，卷1，頁12）。漢初盛行的黃老思想與月令思想密切結合，《老子》乙本卷前帛書《經法‧論約》云：「一立一癈（廢），一生一殺，四時代正，冬（終）而復始，〔人〕事之理也。」（湖南省博物館、復旦大學出土文獻與古文字研究中心編纂，裘錫圭主編：《長沙馬王堆漢墓簡帛集成》肆，頁146。）《十六經‧觀》又云：「夫並時以養民功，先德後刑，順於天。」（同上書，頁152。）《十六經‧觀》亦表示政事不合自然運行，陰陽便失調，進而天變出現。黃老學派進一步認為，國家、部族是否「順於天」，為其興亡盛衰的樞紐，如《十六經‧姓爭》所言：「順天者昌，逆天者亡。毋逆天道，則不失所守。」（同上書，頁161）孔孟荀並無以主宰者或自然界的「天」視為倫理與政治規範的根源，這種思想在《易傳》與《禮記》等文獻

即天人相應思想——與儒家經典結合，以使其儒學化。也就是說透過詮釋《春秋》經文，以經學奠定天人相應的學術基礎。《春秋》開頭有六個文字：「元年春王正月」，董仲舒於〈對策一〉中由此微言，導出「王者欲有所為，宜求其端於天」的大義，就「元年春王正月」的經文作出以下詮釋：「正次王，王次春。春者，天之所為也；正者，王之所為也。其意曰，上承天之所為，而下以正其所為，正王道之端云爾。」[58] 天人相應為當時學術的一種公理，應不需要證明或儒學化，但董仲舒卻進行這項工作，顯示他的學術立場及嚴謹學風。

「行道」而「順天」的具體作為，便是「布德施仁以厚之，設誼立禮以導之」，即仁政與教化。董仲舒說明「仁」、「德」、「刑」各對應於「春」、「夏」、「霜」，進而言之，施仁立禮與用刑處罰皆是以「天」為依據的政治措施。雖然如此，「德」與「刑」兩概念於《對策》的思想系統中並不同等，也就是「德」高於「刑」，[59] 因董仲舒亦清楚地表述，依「刑」治國不能認作「順天」：「為政而任刑，不順於天，故先王莫之肯為也。」[60]

董仲舒以秦朝當作「為政而任刑」的代表，主張秦朝的政治造成

中才出現，例如，《易傳·觀·象》云：「觀天之神道，而四時不忒，聖人以神道設教，而天下服矣。」（王弼、韓康伯注，孔穎達等正義：《周易正義》，卷3，頁60。）《禮記·禮運》則云：「故聖人作則，必以天地為本，以陰陽為端，以四時為柄，以日星為紀。」（鄭玄注，孔穎達等正義：《禮記正義》，卷22，頁435。）同書〈鄉飲酒義〉篇又云：「古之制禮也，經之以天地，紀之以日月，參之以三光，政教之本也。」（同上書，卷61，頁1008。）

58 班固：〈董仲舒傳〉，頁2501-2502。

59 阿巴克爾詳細論述董仲舒的法思想，其中闡述這一觀點。cf. Arbuckle, "Restoring Dong Zhongshu," pp. 175-188. 福井重雅認為董仲舒是「同等重視德教與刑罰的學者」，但此看法並不成立。參照福井重雅：〈董仲舒と法家思想〉，《史滴》第36號（2014年12月），頁2-4。

60 班固：〈董仲舒傳〉，頁2502。

了漢朝「不可善治」的狀態，[61]〈對策二〉即說秦朝「師申商之法，行韓非之說，憎帝王之道」，而導致「刑者甚眾，死者相望，而姦不息」的狀況。[62]不過，董仲舒將「刑」本身定位於教化之下而予以肯定，在〈對策二〉中以「爵祿」與「刑罰」——賞與罰，均看作「養其德」、使「民曉於禮誼」的方法。[63]換言之，以刑罰當成一個教化的手段，此乃「德主刑輔」的思想。

如上文所述，董仲舒詮釋《春秋》經文而導出「王者欲有所為，宜求其端於天」的大義。同時，接受「陰陽刑德」與「陽尊陰卑」等陰陽思想，進而將陰陽思想從月令思想的桎梏中解放，得到「天之任德不任刑」的觀點，之後由這兩個前提結論出：「王者承天意以從事，故任德教而不任刑。」[64]他所言「任德不任刑」乃為「德主刑輔」，「德主刑輔」則是一個儒家的傳統政治學說，誠如俞榮根所言，「禮法並用、德刑相濟，但德禮高於法刑」亦即「德禮為主、法刑為輔的治理模式」，是一個「孔子和儒家的治國主張」。[65]董仲舒亦以賞罰——即法律——為教化的手段，此種思想從戰國時期便有其傳統。[66]

《對策》的思想系統中，「德主刑輔」為一個完全與「天」相符的原則。因刑德與陰陽相應，陽「主歲功」，「以生育養長為事」，[67]德

---

61 同前註，頁2504-2505。

62 同前註，頁2510-2511。

63 同前註，頁2510。

64 同前註，頁2502。

65 俞榮根：〈儒家法思想的特質〉，《儒家法思想通論》（南寧市：廣西人民出版社，1992年5月），第3章，頁145-146。

66 鷲尾祐子：〈前漢の任官登用と社會秩序：孝廉と博士弟子〉，收入立命館東洋史學會中國古代史論叢編集委員會編：《中國古代史論叢》第5集（京都市：立命館東洋史學會，2008年3月），頁32-72。

67 班固：〈董仲舒傳〉，頁2502。

教則致「天下和洽」，[68]乃至「羣生和而萬民殖，五穀孰而草木茂」；[69]
陰「時出佐陽」，「積於空虛不用之處」，[70]刑罰則助使「民曉於禮
誼」，以措而不用——「囹圄空虛」、[71]「天下常亡一人之獄」[72]——
為理想。

　　總之，董仲舒將春秋學與陰陽思想運用自如，給予「法天」、「順
天」即天人相應思想以學術基礎，並以天人相應的模式為前提，透過
解明天意的內容，釐清了君王為政應有的準則乃為「任德教而不任
刑」，進而言之，證明了君王本是依「德教」治國的存在。

三　「古」與「道」

　　董仲舒認為「刑者不可任以治世，猶陰之不可任以成歲」，[73]故言
「為政而任刑，不順於天，故先王莫之肯為也」。此二句也意味著
「先王」之「肯為」是「順於天」者，換言之，「古」之聖人法
「天」而立「道」，並依此「道」治國。「先王之道」或「太古之道」
等詞散見於《對策》之中，此乃因在《對策》的思想系統中，「古」
皆相通於「天」與「道」。亦即「古」便為「行道」而「順天」在過
去政治社會中的具體呈現，其雖隨著時代而變，但也包含永久不會損
壞的「道」，因此也是君王所應借鑑的對象。

　　以古代聖王為典範的態度常見於各家之說，如儒家尊敬堯舜、墨
家推崇夏禹、黃老尊崇黃帝等。毋庸置疑，董仲舒繼承此態度而重視

68　同前註，頁2508。
69　同前註，頁2503。
70　同前註，頁2502。
71　同前註，頁2510、2520。
72　同前註，頁2515。
73　同前註，頁2502。

「先王之道」，《公羊傳》也以「古」為準繩，例如〈宣公十五年〉云：「初稅畝，何以書？譏。何譏爾？譏始履畝而稅也。何譏乎始履畝而稅？古者什一而藉。」[74]

董仲舒又云：「古之所予祿者，不食於力，不動於末」，因居高位享厚祿者從事生產活動，就會剝奪人民的收益，人民愈來愈貧苦，最終都無法避免罪行，這即「刑罰之所以蕃而姦邪不可勝者」。「不與民爭業」而使「民可家足」的政治——仁政，既是「上天之理」又是「太古之道」，亦即「天子之所宜法以為制，大夫之所當循以為行」。[75]統治階層應滿足民生所需，不過，不可放任人民的慾望，「古之王者」也「莫不以教化為大務」，因「萬民之從利也，如水之走下」，不以教化防止慾望橫行，亦會出現「姦邪並出，刑罰不能勝」的狀況。[76]

總而言之，董仲舒主要以「天」、「道」及「古」發揮說明孔子以來「先富後教」的政治主張。他在天人相應的前提之下，以「天」為

---

74 〔漢〕何休注，〔唐〕徐彥疏：《春秋公羊傳注疏》，收入〔清〕阮元校勘：《十三經注疏》第6冊（臺北縣：藝文印書館，1955年4月，影嘉慶二十年〔1815〕江西南昌府學開雕本），卷16，頁207-208。

75 班固：〈董仲舒傳〉，頁2520-2521。

76 同前註，頁2503-2504。董仲舒於〈粵有三仁對〉中言：「夫仁人者，正其誼不謀其利，明其道不計其功。」（班固：〈董仲舒傳〉，頁2524。）此句常被視為個人修養的要義，不過，依照《對策》的內容，亦可理解是說明「仁人」以教化為務。〈對策三〉云：「夫皇皇求財利常恐乏匱者，庶人之意也；皇皇求仁義常恐不能化民者，大夫之意也。」（同上篇，頁2521）大夫應不追求「財利」而追求「仁義」，並且不憂慮「乏匱」而憂慮「不能化民」，也就是說大夫應「正其誼不謀其利」而「明教化民」——「明其道」。〈粵有三仁對〉有不同版本，即《春秋繁露‧對膠西王越大夫不得為仁》，兩者在文字上有些出入，而後者很清楚地表示「仁人」便是使「習俗大化」者：「仁人者正其道不謀其利，修其理不急其功，致無為而習俗大化，可謂仁聖矣。三王是也。」（蘇輿：《春秋繁露義證》，卷9，頁268。）而且根據阿巴克爾考證，《春秋繁露》的版本為《漢書》版本的藍本。cf. Arbuckle, "Restoring Dong Zhongshu," pp. 67-76.

基礎建構出一套以儒家學說為中心的君主政治論,極力推出聖王以教化治國的模型。而此模型與《對策》的天人感應論息息相聯。

第四節 《對策》的天人感應論

一 陰陽之變與災異祥瑞

　　一般認為,天人感應論是董仲舒思想的顯著特色,誠如余治平所言:「在通常印象中,『天人感應』幾乎就是董仲舒哲學的代名詞。」[77]有些天象異變感應人事而出現,是天人感應思想最基本的模式,這種天象異變亦常被視為表示某些神意。董仲舒的確於《對策》中詳細解釋天人感應的機制。[78]

　　董仲舒認為,「天」感應君王「行道」的情況而呈現一些變化乃至異象。「天」所呈現的異變中,最基本的是陰陽狀態的變化,君王是否「行道」,亦即是否以教化治國,將左右陰陽調和與否,進而影響萬民萬物繁榮與否。〈對策一〉言:君王「正萬民」而「四方正」,則「陰陽調而風雨時」,羣生、萬民、五穀、中木等等皆會繁昌,[79]〈對策二〉又言:當世官吏「亡教訓於下」,故「陰陽錯繆,氛氣充塞,羣生寡遂,黎民未濟」。[80]

---

77 余治平:〈無莫無鄰、以類相召的感應思想〉,《唯天為大:建基於信念本體的董仲舒哲學研究》(北京市:商務印書館,2003年12月),第6篇,頁212。

78 池田知久詳細探討《對策》的天人感應論。參照池田知久:〈中國古代の天人相關論〉,頁9-75;池田知久,田人隆譯:〈中國古代的天人相關論〉,頁46-97。阿巴克爾則不僅論及《對策》的天人感應論,而且主要以《漢書‧五行志》為材料,詳細論述董仲舒的天人感應論。cf. Arbuckle, "Restoring Dong Zhongshu," pp. 189-217.

79 班固:〈董仲舒傳〉,頁2502-2503。

80 同前註,頁2512。

　　此外，《對策》的天人感應論中有一個極為著名的內容，即災異說。[81]災異是指火災、洪水、日蝕、彗星等災害或異象，董仲舒於〈對策一〉中將其視為「天」對「將有失道之敗」的君王所發出的一種警告，「天」再三發出災異而警告，若君王仍無反省與改變，「天」即對其降「傷敗」——滅亡之禍。[82]他常以陰陽說明災異，《漢書・五行志》採錄許多董仲舒以陰陽詮釋災異的實例，〈對策一〉則講述「災異所緣而起」的機制：「及至後世，……廢德教而任刑罰。刑罰不中，則生邪氣；邪氣積於下，怨惡畜於上。上下不和，則陰陽繆盭而妖孽生矣。」[83]

　　董仲舒的災異說為天人感應思想的典型，但在董仲舒以前，對災異的性質主要有三種看法，即「咎」、「罰」及「戒」——災禍、懲罰

81　馮友蘭、津田左右吉、徐復觀、金春峰等學者認為，董仲舒的災異說包含目的論與機械論的矛盾。但未必需要如此認為，誠如池田知久所言：「在天人相關論中，『天』對『人君』的『失道之敗』和『不知自省』進行觀察，如以陰陽說加以說明，『人君』的惡以『廢德教而任刑罰』為媒介反映於『陰陽』（筆者按：田人隆在此將原文的「陰陽」翻成「『陰陽』的理論」，但原文的「陰陽」並不表示「『陰陽』的理論」，而代表「『陰陽』之氣」。），其內容便是『刑罰不中，則邪氣生』。而在天人相關論中，『天』降『災害』、『怪異』的現象，如果用陰陽說加以說明，也肯定是『陰陽繆盭而妖孽生』。由此可見，陰陽說將天人相關論中的『天』解說為機械的、自然的『天』，以此清楚地說明了天人相關論的機制（筆者按：田人隆在此將原文的『メカニズム』即"mechanism"翻成『機械論』，但原文的『メカニズム』並不表示機械論，而代表機制、機構。）。……可以說，陰陽說輔助天人相關論，而天人相關論則包容了陰陽說。」池田知久在此所說的天人相關主要是指天人感應。參照馮友蘭：〈董仲舒與今文經學〉，頁205、530-531；津田左右吉：〈災異の解釋〉，《儒教の研究》第2，收入《津田左右吉全集》第17卷（東京：岩波書店，1965年2月），頁238；徐復觀：〈先秦儒家思想發展中的轉折及天的哲學大系統的建立〉，頁396-398；金春峰：〈董仲舒思想的特點及其歷史地位〉，頁167-170；池田知久：〈中國古代の天人相關論〉，頁33-34；池田知久，田人隆譯：〈中國古代的天人相關論〉，頁65-66。

82　班固：〈董仲舒傳〉，頁2498。

83　同前註，頁2500。

及告誡，這點值得注意。《尚書・洪範》認為王者的行為心思影響於自然的狀態，而將其異常當成「咎徵」，[84]《墨子・尚同中》以「疾菑戾疫，飄風苦雨」視為「天之降罰」，[85]《公羊傳・僖公十五年》則詮釋《春秋》中「震夷伯之廟」的經文為「天戒之」。[86]董仲舒言「天」對君王「出災害以譴告之」、「出怪異以警懼之」（〈對策一〉），由此可知，《對策》與《公羊傳》同，以災異視作「天」之「戒」。

再者，《對策》的天人感應論中亦有一個與災異說相表裡的思想，即祥瑞說。根據〈對策三〉論述，祥瑞是指「天」所發出的「鳳皇來集，麒麟來游」等吉利現象，亦即治國無「所失於古之道」、無「所詭於天之理」的佐證。[87]〈對策一〉又說祥瑞在君王「正萬民」而「陰陽調」後才會呈現，是「天地之間被潤澤而大豐美，四海之內聞盛德而皆徠臣」的結果。[88]董仲舒亦於〈對策一〉中向漢武帝說明當世「天地未應而美祥莫至」的理由，其中指出「教化不立而萬民不正」、「教化廢而姦邪並出，刑罰不能勝」——即以武帝治國尚無「行道」——作為原因。[89]

二　受命之符

董仲舒以「命」說明人類具有道德使命，「命」於《對策》的思

---

84 舊題〔漢〕孔安國傳，〔唐〕孔穎達等正義：《尚書正義》，收入〔清〕阮元校勘：《十三經注疏》第1冊（臺北縣：藝文印書館，1955年4月，影嘉慶二十年〔1815〕江西南昌府學開雕本），卷12，頁177。

85 孫詒讓：《墨子閒詁》，卷3，頁11。

86 何休注，徐彥疏：《春秋公羊傳注疏》，卷11，頁138。

87 班固：〈董仲舒傳〉，頁2519-2520。

88 同前註，頁2502-2503。

89 同前註，頁2503。

想系統中另有一個重要涵義，即「天」所下達的統治命令，此一意義之「命」與天人感應論密切相關。〈對策一〉說明王者從「天」承受「命」的狀況：「天」使「積善絫德」、「天下之人同心歸之，若歸父母」的人物當王者，此時出現一些異象，諸如「白魚入于王舟，有火復于王屋，流為烏」，此乃「受命之符」，也就是「應誠而至」的「天瑞」。[90]換句話說，「天」將「行德」的聖人（「內聖」）定為下一任王者（「外王」），並且由發出「天瑞」的異象，即「受命之符」，以昭告天下已有聖人受天之命，是一個與君權的正當性或合法性相關的思想。

這種思想淵源於商周之際的天命思想。商周之際，周人以「天命靡常」（《詩經・文王》）、[91]「天不可信」（《尚書・君奭》）、[92]「惟命不于常」（《尚書・康誥》）[93]等思想，將自己取代商朝一事正當化。周人認為，「天」由不德君王收回天命，而對「明德慎罰」者給予天命，[94]此一思想處理當權者統治權的正當性或合法性問題，是一種政治理論。西周以後，天命思想滲透於知識分子之中，成為了各種天命觀念與思想的根源，原本的政治理論也受到廣泛接受，儒、墨及黃老等各家對此有所承襲。[95]《對策》之說的基本結構，與商周之際的天

---

90 同前註，頁2500。

91 毛公傳，鄭玄箋：《毛詩正義》，卷16，頁536。

92 孔安國傳，孔穎達等正義：《尚書正義》，卷16，頁245。

93 孔安國傳，孔穎達等正義：《尚書正義》，卷14，頁206。

94 同前註，頁201。

95 例如，《孟子・萬章上》中孟子主張「天子不能以天下與人」而「天與之」（趙歧注，孫奭疏：《孟子注疏》，卷9下，頁168），〈梁惠王下〉篇中又承認「湯放桀，武王伐紂」而言：「聞誅一夫紂矣，未聞弒君也」，因桀紂為傷害仁義的「殘賊」，是失去天命的一百姓——「殘賊之人謂之一夫」。（趙歧注，孫奭疏：《孟子注疏》，卷2下，頁42。）此外，《墨子・非攻下》云：「遝至乎夏王桀，天有酷命，……天乃命湯於鑣宮，用受夏之大命：夏德大亂，予既卒其命於天矣，往而誅之，必使汝堪之。」（孫詒讓：《墨子閒詁》，卷5，頁22-23。）《十六經・立命》則云：「吾受命於天，定立（位）於地，成名於人。唯余一人，□乃肥（配）天，乃立王、三公，立

命思想毫無二致。

不過，於周人原本的天命思想中，並無「天瑞」或「受命之符」等因素。「天」認可某人當權便由發出異象來公布的思想，見諸《墨子》、《管子》及《呂氏春秋》等典籍之中，[96]亦是鄒衍（西元前305-前240）五德終始說的重要構成部分，如司馬遷所云：「（鄒衍之語）稱引天地剖判以來，五德轉移，治各有宜，而符應若茲。」[97]王者得到「五德」中的某一德，「天」以對應其德的「符應」告知新王出現，《史記》又記載時人向秦始皇（在世西元前259-前210年，在位西元前247-前210年）言：「昔秦文公出獵，獲黑龍，此其水德之瑞。」[98]董仲舒應吸收先前的思想，而提出「天瑞應誠而至」之說。

此外，該說似乎也以其他先前思想作為前提。《中庸》云：「誠者，天之道也；誠之者，人之道也。誠者不勉而中，不思而得，從容中道，聖人也。」[99]《莊子‧漁父》則云：「同類相從，同聲相應，固天之理也。」[100]董仲舒應在此等思想基礎上認為：「天」本是「誠」者，「聖人」亦是「誠」者，「天」與「聖人」是「同類」的，「同類

國、置君、三卿。」（湖南省博物館、復旦大學出土文獻與古文字研究中心編纂，裘錫圭主編：《長沙馬王堆漢墓簡帛集成》肆，頁151。）

96 《墨子‧非攻下》云：「逮至乎商王紂，天不序其德，祀用失時。……赤鳥銜珪，降周之岐社，曰：『天命周文王伐殷有國。』泰顛來賓，河出綠圖，地出乘黃。」（孫詒讓：《墨子閒詁》，卷5，頁24-25。）《管子‧小匡》云：「夫鳳皇之文，前德義，後日昌，昔人之受命者，龍龜假，河出圖，雒出書，地出乘黃。」（黎翔鳳撰，梁運華整理：《管子校注》，北京市：中華書局，2004年1月，卷8，頁426。）《呂氏春秋‧應同》則云：「凡帝王者之將興也，天必先見祥乎下民。」（許維遹：《呂氏春秋集釋》，卷13，頁284。）〈應同〉篇詳述五行之德的轉移，故常被視為鄒衍的佚文。

97 司馬遷：〈孟子荀卿列傳〉，卷74，頁2344。

98 司馬遷：〈封禪書〉，頁1366。

99 鄭玄注，孔穎達等正義：《禮記正義》，卷53，頁894。

100 郭慶藩：《莊子集釋》，卷10上，頁1027。

相從」，「天」與「聖人」亦「相從」，故「天瑞」感應「聖人」之「誠」而出現。孟荀亦將「誠」作為一個天人之間共通的性質，[101]「同類相從」的原理則戰國時期以來相當普遍。[102]由以上可知，董仲舒以豐富的文化與學術蓄積為背景，說明了「受命之符」。[103]

根據《對策》論述，聖人受命而受命之符出現，這與君主政治論息息相關。受命的新王接承前世，必須「舉其偏」而「補其弊」，也遵循「萬世亡弊」的「道」——「王者有改制之名，亡變道之實」。「道」是以「天」為依據的為政準則，「行道」則以「行德」為基礎，「積善絫德」的聖人才依「道」治國——「法天」而「行道」，故「天」選任聖人為下一任王者，並且「天瑞應誠而至」。

總之，董仲舒一面廣納各家學派的思想資源，一面堅持儒家的立

---

101 《孟子·離婁上》云：「是故誠者，天之道也；思誠者，人之道也。」（趙歧注，孫奭疏：《孟子注疏》，卷7下，頁133。）《荀子·不苟》則云：「天地為大矣，不誠則不能化萬物；聖人為知矣，不誠則不能化萬民；父子為親矣，不誠則疏；君上為尊矣，不誠則卑。夫誠者，君子之所守也，而政事之本也，唯所居以其類至。」（王先謙：《荀子集解》，卷2，頁13。）

102 例如，除《莊子·漁父》之外，《荀子·勸學》云：「物各從其類也。」（王先謙：《荀子集解》，卷1，頁7。）《楚辭·七諫·謬諫》云：「音聲之相和兮，言物類之相感也。」（〔宋〕洪興祖撰，白化文等點校：《楚辭補注》，北京市：中華書局，1983年3月，卷13，頁255。）《呂氏春秋·應同；召類》云：「類固相召，氣同則合，聲比則應。」（許維遹：《呂氏春秋集釋》，卷13、14，頁285、558。）《周易·乾·文言》云：「同聲相應，同氣相求。……則各從其類也。」（王弼、韓康伯注，孔穎達等正義：《周易正義》，卷1，頁15。）《淮南子·覽冥訓》則云：「夫物類之相應，玄妙深微，知不能論，辯不能解。」（劉文典：《淮南鴻烈集解》，卷6，頁194。）

103 以儒家思想為主的《淮南子·泰族訓》中，亦有「天」感應聖人之「誠」而發出異象的思想：「故聖人養心，莫善於誠，至誠而能動化矣」；「故聖人者懷天心，聲然能動化天下者也。故精誠感於內，形氣動於天，則景星見，黃龍下，祥鳳至，醴泉出，嘉穀生，河不滿溢，海不溶波。」（劉文典：《淮南鴻烈集解》，卷20，頁668、664）

場，而論述了有關作為統治命令的「命」。其實，政治社會的情況影響於陰陽是否調和乃至萬物榮枯，進而招致祥瑞或災異，此類思想也在董仲舒以前已相當流行，[104]董仲舒在此背景下說明陰陽、祥瑞及災異。也就是說，董仲舒並無原創天人感應的機制本身，他在當時學術思想的基礎上，將君王是否以教化治國作為天人相感的關鍵，使主要相關因素系統化，而建立了《對策》的天人感應論。

綜上所述，董仲舒基於各家學說建構出天人感應論，但其理論主軸為儒家學說。天人感應在當時是一種政治常識或學術公理，並不需要證明或儒學化，與天人相應的情況相似。但董仲舒在學術上非常謹慎嚴謹，特地以《春秋》為天人感應的理論依據：「臣謹案春秋之中，視前世已行之事，以觀天人相與之際，甚可畏也。」[105]不僅如此，甚至從《春秋》中尋找出天人相感一事本身的學術基礎，進行天

---

104 例如，關於人事與陰陽的相感，《莊子・繕性》云：「古之人在混芒之中，與一世而得澹漠焉。當是時也，陰陽和靜，鬼神不擾，四時得節，萬物不傷，群生不夭，人雖有知，無所用之，此之謂至一。當是時也，莫之為而常自然。」（郭慶藩：《莊子集釋》，卷6上，頁550-551。）《韓詩外傳》卷2則云：「傳曰：國無道則飄風厲疾，暴雨折木，陰陽錯氛，夏寒冬溫，春熱秋榮，日月無光，星辰錯行，民多疾病，國多不祥，群生不壽，而五穀不登。當成周之時，陰陽調，寒暑平，群生遂，萬物寧。」（許維遹：《韓詩外傳集釋》，卷2，頁74。）此外，對於人事與陰陽災異的相感，《墨子・天志中》云：「故古者聖王明知天鬼之所福，而辟天鬼之所憎，以求興天下之利，而除天下之害。是以天之為寒熱也節，四時調，陰陽雨露也時，五穀熟，六畜遂，疾災戾疫凶饑則不至。」（孫詒讓：《墨子閒詁》，卷7，頁12-13。）《管子・七臣七主》則云：「故明主有六務四禁，……四者俱犯，則陰陽不和，風雨不時，……草木夏落而秋榮，蟄蟲不藏。……六畜不蕃，民多夭死，國貧法亂，逆氣下生。」（黎翔鳳：《管子校注》，卷17，頁995。）至於人事與陰陽祥瑞的相感，晁錯〈賢良文學對策〉云：「臣聞五帝神聖，……動靜上配天，下順地，中得人。……然後陰陽調，四時節，日月光，風雨時，膏露降，五穀熟，袄孽滅，賊氣息，民不疾疫，河出圖，洛出書，神龍至，鳳鳥翔，德澤滿天下，靈光施四海。」（班固：〈爰盎晁錯傳〉，頁2293。）

105 班固：〈董仲舒傳〉，頁2498。

人感應的儒學化：

> 孔子作春秋，上揆之天道，下質諸人情，參之於古，考之於
> 今。故春秋之所譏，災害之所加也；春秋之所惡，怪異之所施
> 也。書邦家之過，兼災異之變，以此見人之所為，其美惡之
> 極，乃與天地流通而往來相應，此亦言天之一端也。[106]

　　在《對策》的天人感應論中，君王是否「行德」、「化民」——
「法天」而「行道」，為天人相感的關鍵。教化以君王的道德修養為
基礎，既然如此，君王的行為便是觸動「天」而招致一些變化乃至異
象的根源，如〈對策三〉所云：「言行，治之大者，君子之所以動天
地也。」[107]從天人感應論也可看出，董仲舒很重視君王努力。

第五節　《對策》的理論關懷

　　綜合以上各節所述，《對策》主要包含四種理論，即宇宙論、人
性論、君主政治論及天人感應論，並且這些理論構成非常緊密的結
構，也就是說，《對策》蘊含著一個完整的思想系統。總體而言，以
「天」為終極依歸的宇宙論是其他三種理論的理論基礎：人的本性及
為政準則均本源於「天」；為政準則另以人的本性作依據；天人之間
的交感則奠基於宇宙的結構與為政準則。換言之，董仲舒於天人相應
的大前提之下建構出其思想系統，亦即在宇宙論的基礎上論人性，在
宇宙論與人性論的基礎上論君主政治，在宇宙論與君主政治論的基礎

---

106 同前註，頁2515。
107 同前註，頁2517。

上論天人感應。（參照下圖）

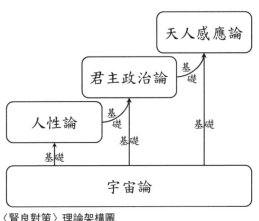

〈賢良對策〉理論架構圖

　　那麼，此思想系統的理論核心及關懷何在？關於此問題，學者之間保持著不同見解。有學者認為是在於天人相應或感應之說，[108]有學者認為是在於道德政治之說，[109]還有學者折中以上兩種觀點。[110]為了探索《對策》思想系統的理論核心與關懷，筆者亟為關切，並作為研究的線索，主要聚焦於董仲舒在建構思想系統中所處理的理論性問

---

108 例如，勞思光說：「董仲舒論『天人相應』特詳，且以此作為儒學之精義」，馮友蘭也說：「天人感應論是董仲舒的哲學體系的核心」。參照勞思光：〈董仲舒與「天人相應」之觀念〉，頁34；馮友蘭：〈董仲舒公羊學和中國封建社會上層建築〉，頁66。

109 例如，徐復觀說：「董氏的天的哲學，實際是為支持他的政治思想而建立的」，周桂鈿也說：「董仲舒所要宣傳的理論核心是儒家的仁義道德」。參照徐復觀：〈先秦儒家思想的轉折及天的哲學的完成〉，頁413；周桂鈿：〈宇宙論〉，《董學探微》，第2章，頁63。

110 例如，韋政通說：「就哲學而言，仲舒的思想是以天人感應論為主，但他終極的關懷，是在政治（外王）」，黃開國也一面說：「天人感應論，是董仲舒哲學思想的核心」，一面說：「天人感應論本質上是一種社會倫理政治哲學」。參照韋政通：〈董仲舒的政治思想〉，《董仲舒》，第7章，頁145；黃開國：〈天人感應論本質上是社會倫理政治哲學〉，《社會科學研究》1988年第1期（1988年3月），頁103。

題，故在此著眼上述的理論建構脈絡進行探討。而得出結論後再從思想與言論環境及董仲舒所提具體建議的方面加以證實。

一 從「基源問題」看理論關懷

勞思光以《對策》為主要資料展示了董仲舒的思想系統，[111]其中說到：「董仲舒所倡『天人相應』之說，實為漢儒之『宇宙論中心思想』之總樞。」[112]他又在別處言：「現在以董仲舒之學為代表的宇宙論中心的哲學，則正要以『天』為價值根源，而人必應合於天。」[113]簡言之，勞思光將天人相應的思想視作「以『天』為價值根源，而人必應合於天」者，也就是「宇宙論中心思想」或「宇宙論中心的哲學」，董仲舒的思想系統為其總樞、代表，因「董仲舒論『天人相應』特詳，且以此作為儒學之精義」。

徐復觀則說：「董氏的天的哲學，實際是為支持他的政治思想而建立的。」此乃因他認為董仲舒「感到有兩大問題，希望加以轉化」。董仲舒感到專制之主的喜怒無常，即「最高政治權力的『權源』」，幾乎不可能「由個人的人格修養來端正或解消」。此外，漢朝繼承秦代的刑法，對於「此種刑法之酷，臣民受害之烈」，董仲舒感到怵目驚心、痛心疾首。於是，他將權源「納入到天的哲學中去，加上形上性的客觀法式」，希望由此將其「納入正軌」，並且將專制機構「拿到『天』的下面去」，「希望把政治的方向，改途易轍，尚德而不尚刑」。[114]

---

111 勞思光：〈董仲舒與「天人相應」之觀念〉，頁33-39。

112 同前註，頁33。

113 勞思光著，劉國英、張燦輝合編：〈漢儒之宇宙論中心哲學〉，《哲學問題源流論》（香港：中文大學出版社，2001年5月），第2章3（5），頁38。

114 徐復觀：〈先秦儒家思想的轉折及天的哲學的完成〉，頁297-298。

　　由以上可知，關於董仲舒思想系統的核心，勞思光認為是天人相應，徐復觀則認為是政治思想。勞思光以「基源問題研究法」[115]從理論結構判定董仲舒以天人相應作為「儒學之精義」，徐復觀則以一種施萊爾馬赫（Friedrich Daniel Ernst Schleiermacher, 1768-1834）式的詮釋學，從心理動機判定董仲舒以其「天的哲學」支持其政治思想。兩者的方法及觀點相當具有代表性。

　　在此為了接近董仲舒思想系統的核心及其理論建構的關懷，暫且採用基源問題研究法的研究進路。也就是說，從文本所呈現的理論問題切入其思想系統的理論關懷。

　　依據上文所分析，《對策》的思想系統主要由四個理論所構成，即宇宙論、人性論、君主政治論及天人感應論。人類從宇宙之終極依歸的「天」稟受「命」（道德使命），有此使命即為人的本性，君王為政之應有準則的「道」以人性與「天」為依據，「天」對應於君王治國的情況──是否「行道」而「順天」──賜予或收回「命」（統治命令），並且發出陰陽的異變乃至祥瑞或災異。

　　《對策》的思想系統中，宇宙論所界定的「天」既是人倫道德的來源，又是政治措施的標準。由此而言，其思想系統便為「以『天』為價值根源，而人必應合於天」的「『天人相應』之說」，在此意義上是一個「宇宙論中心思想」或「宇宙論中心的哲學」，誠如勞思光所言。不過，勞思光在董仲舒思想的討論上，並未嚴格地運用其基源問題研究法。據他所說，先發現某一思想理論的「根本意向」，而後才可以表述其「基源問題」，[116]但他並無注意董仲舒思想的「根本意

---

115 勞思光在以下地方詳述研究方法：勞思光著，關子尹編：〈緒言〉，《康德知識論要義新編》（香港：中文大學出版社，2001年5月），第1章，頁3-9；勞思光：〈論中國哲學史之方法：中國哲學史序言〉，《新編中國哲學史》（一）（臺北市：三民書局，1981年1月），頁4-17。

116 勞思光：〈論中國哲學史之方法〉，頁14-15。

向」，只從「正要以『天』為價值根源，而人必應合於天」的理論架構認為：「董仲舒的基本觀念為：『以人應天』」，[117]並斷定：「據此以宇宙論為中心而論人事之哲學立場說，漢儒學說之基源問題應即是：『如何以人合天』？」[118]

勞思光說：「『基源問題』即一體系的理論範圍的決定者」，[119]又說：「基源問題既是一體系的整個理論範圍的決定者，當然必有一共同因子存於所關的體系各部中，與之相應」。[120]那麼，《對策》思想系統各部的「共同因子」為何？依據上文所分析，宇宙論、人性論、君主政治論及天人感應論有二個共同因子，即價值根源的「天」與「任德不任刑」的命題：宇宙論解釋「天」以「任德不任刑」的意志形成自然界，並化育萬物；人性論說明人受命於「天」，具有實踐倫理道德的使命，但一般人既能為善又能作惡，只待聖人「德教」才能達成其道德使命；君主政治論解說君王應「順天」而「行道」，亦即應以「德教」治國，而不應以「刑罰」治國；天人感應論則表示「天」感應君王的為政而呈現變化乃至異象，其關鍵在於君王是否「順天」而「行道」，即以「德教」治國或是以「刑罰」。

審察《對策》的思想系統及其理論建構脈絡，其思想系統的各部都有《春秋》、陰陽思想等學術或理論依據，大部分皆將既有思想進一步系統化及精緻化。依筆者之見，董仲舒只有兩個創建，兩者均對應於上述的共同因子：一為「天」的重構與開展；二為「任德教而不任刑」之原則的理論化。[121]既然如此，這兩者與《對策》思想系統的

---

117 勞思光：〈董仲舒與「天人相應」之觀念〉，頁37。
118 勞思光：〈漢儒之宇宙論中心哲學〉，頁38。
119 勞思光：〈緒言〉，頁4。
120 同前註，頁6。
121 有學者認為董仲舒是首位提出「天人同類」之說，依據「天人同類」與「同類相從」之理，論證了天人可以相感。例如，周桂鈿說：「經過一番牽強附會，董仲舒

「根本意向」及「基源問題」，也就是董仲舒理論設計的關懷，理應有密切關係。

從理論結構的邏輯關係看，先有「天」而後有「任德教而不任刑」的準則。然而筆者認為，建構理論的程序卻相反，董仲舒先有「任德教而不任刑」的信念而後建立了「天」，並非先純粹探究宇宙論問題，再推導君主政治的為政準則。因如上文所述，他很謹慎地從《春秋》這部儒家經典中尋找當時的一種常識——即「法天」、「順天」——的學術根據，並且以先儒們的「天」為中心建立獨特的「天」，而在此基礎上證明了君王為政應有的準則是「任德教而不任刑」，也就是孔子以來儒家一貫秉持的為政準則。[122]換言之，董仲舒對儒家的傳統政治學說給予宇宙論與宗教依據，亦即一種形上基礎。

既然如此，《對策》思想系統的「根本意向」是：由天人相應的模式以將儒家政治學說予以系統化，董仲舒所處理的最主要的理論性

首先證明了天和人是同類的。根據同類相應的道理，天人就可以互相感應。」（周桂鈿：〈宇宙論〉，頁64）但是，董仲舒是首位論證天人可以相感的主張似乎沒有理由。周桂鈿所說的「牽強附會」，便為「人體有小骨節三百六十六，跟一年日數相副，人有大骨節十二個，跟一年月數相副，沒有數的，按類也相副」（同上）之類的思想，然而，此種思想並非由董仲舒是首位提出，其亦見於《淮南子》之〈精神訓〉、〈天文訓〉等篇章中。而且，同書〈天文訓〉、〈墬形訓〉、〈覽冥訓〉、〈泰族訓〉等篇章亦論及「同類相從」之理。只要有「同類相從」與「天人同類」的前提，便能得出天人相應的結論，而且並無特別的理由阻礙導出此一結論，不同於「陰陽刑德」與「陽尊陰卑」思想與月令思想息息相關，難以突破其模式框架。

122 為了確切掌握《對策》思想系統的「根本意向」及「基源問題」，筆者在此運用昆丁・斯金納（Quentin Skinner）的思想史研究法來輔助基源問題研究法。扼要而言，斯金納構思理解作者意圖的如下程序：一，釐清某一言說的意涵以限定該言說的目標範圍；二，按照產生某一言說時使用語言的慣例（conventions）以及背景（context）推導該言說的意圖；三，透過探討作者的信念（belief）而證實推導出的意圖。cf. Quentin Skinner, "A Reply to My Critics," in *Meaning and Context: Quentin Skinner and His Critics*, ed. and intr. James Tully (Cambridge: Polity Press, 1988), pp. 231-288.

問題——《對策》思想系統的「基源問題」應非「如何以人合天？」的問題。「以人合天」或「以人應天」即天人相應確為「董仲舒的基本觀念」，但也並非董仲舒所特別強調，因那是當時知識分子的共識。《對策》思想系統的「基源問題」應是「如何以天合人」的問題，誠如徐復觀所說：「董氏的重點，是由人推向天；……董氏的基本立足點，依然是人而不是天。」[123]換句話說，就是「如何藉『天』推『任德不任刑』」的問題。進而言之，董仲舒在理論設計中的關懷在於：將「任德不任刑」的儒家政治學說與「天」結合而「以天合人」，之後在「以人合天」即天人相應的學術前提下提出「任德教而不任刑」的為政準則，以期皇帝接受此一為政準則，進而實現儒家的治國藍圖，建立道德與文化的秩序。

二　理論建構的思想與言論環境

　　《對策》的思想系統以「如何藉『天』推『任德不任刑』」為「基源問題」，這點也從當時的思想與言論環境可證實。

　　首先，董仲舒當建構思想系統時，除了由「法天」或「順天」等形式——天人相應思想——進行這項工作，事實上並無其他選擇。如上文所述，以「天」為人事的準據是當時知識分子之間共通的基本假設。既然如此，講述君主政治須要據此假設，否則於學術上的說服力略顯不足。董仲舒本有「任德教而不任刑」的信念，為了在「法天」、「順天」的制約中提倡此說，需要「天之任德不任刑」的前提，換句話說，他須要建立具有「任德不任刑」之意志的「天」，以證明

---

123 徐復觀：〈先秦儒家思想的轉折及天的哲學的完成〉，頁391。徐復觀關注董仲舒的心理動機得出此一觀點，但本書則從《對策》的理論結構及其理論建構脈絡方面切入，而得到相同的結論。

「任德教而不任刑」為可從「天」推導出來的為政準則。

其次，漢朝皇帝極度在意天人感應的思想，要求知識分子揭露天人相感的奧秘。《漢書‧董仲舒傳》收錄漢武帝的三篇制策，〈制策三〉中有「朕垂問乎天人之應」之言。[124]武帝所言「天人之應」主要表示天人感應，而不是「法天」或「順天」之義的天人相應。因他深信政治影響於天象，某些天象異變感應政治而出現，在此前提之下，屢問知識分子這兩者相感的機制：

> 蓋聞上古至治，畫衣冠，異章服，而民不犯；陰陽和，五穀登，六畜蕃，甘露降，風雨時，嘉禾興，朱中生，山不童，澤不涸；麟鳳在郊藪，龜龍游於沼，河洛出圖書。……問子大夫：天人之道，何所本始？吉凶之效，安所期焉？禹湯水旱，厥咎何由？……屬統垂業，物鬼變化，天命之符，廢興何如？[125]

> 三代受命，其符安在？災異之變，何緣而起？……伊欲風流而令行，刑輕而姦改，百姓和樂，政事宣昭，何脩何飭而膏露降，百穀登，德潤四海，澤臻屮木，三光全，寒暑平，受天之祐，享鬼神之靈，德澤洋溢，施虖方外，延及群生？[126]

由此可知，武帝希望有知識分子闡明天人相感的樞紐——能夠使受命之符到來、陰陽調和、災異熄滅及祥瑞出現的政治方式。不過，董仲舒是在漢景帝時當《春秋》博士，並且如上文所述，其天人感應論以《春秋》的經文為據。既然如是，在武帝即位以前，董仲舒便已

---

124 班固：〈董仲舒傳〉，頁2513。
125 班固：〈公孫弘卜式兒寬傳〉，頁2613-2614。
126 班固：〈董仲舒傳〉，頁2496-2497。

開始研究「天人相與之際」，並且建構《對策》之中的天人感應論。
這不僅是董仲舒個人興趣喜好的問題，並且在武帝即位以前，已有讓
知識分子去研究天人相感的思想環境。

這種思想環境與漢文帝相關。《史記・孝文本紀》所載〈日食求
言詔〉云：「人主不德，布政不均，則天示之以菑，以誡不治。乃十
一月晦，日有食之，適見于天，菑孰大焉！……朕下不能理育羣生，
上以累三光之明，其不德大矣。」[127]此乃典型的天人感應思想，此段
顯示文帝極其在乎政治與天象之間的相互關係。且，《漢書・文帝
紀》所載〈求言詔〉則言：

> 間者數年比不登，又有水旱疾疫之災，朕甚憂之。愚而不明，
> 未達其咎。意者朕之政有所失而行有過與？乃天道有不順，地
> 利或不得，人事多失和，鬼神廢不享與？何以致此？將百官之
> 奉養或費，無用之事或多與？何其民食之寡乏也！夫度田非益
> 寡，而計民未加益，以口量地，其於古猶有餘，而食之甚不足
> 者，其咎安在？無乃百姓之從事於末以害農者蕃，為酒醪以靡
> 穀者多，六畜之食焉者眾與？細大之義，吾未能得其中。其與
> 丞相列侯吏二千石博士議之，有可以佐百姓者，率意遠思，無
> 有所隱。[128]

照字面上看，文帝難以判斷「間者數年比不登，又有水旱疾疫之
災」乃至「食之甚不足」的原因。他懷疑「天道」、「地利」、「人
事」、「鬼神」等方面的問題，皆因於「朕之政有所失而行有過」。文
帝在此也設想，君主政治與道德影響於「天道」、「地利」等自然及其

---

127 司馬遷：〈孝文本紀〉，《史記》，卷10，頁422。
128 班固：〈文帝紀〉，《漢書》，卷4，頁128。

作用，與〈日食求言詔〉相同。他又懷疑，不適宜的官方政策或民間的消費方式導致「民食之寡乏」。總之，文帝自己無法確定歉收、災害及糧食缺乏等原因，於是，下令丞相、列侯、吏二千石、博士等進行相關問題之討論。

不過，文帝雖於這篇詔書中使用疑問的語氣，卻將歉收與災害的原因歸咎於自己的失政與不德，這點可從〈日食求言詔〉的內容引證，而且《史記·封禪書》所載〈增神祠制〉又斷定：「間者比年登，朕之不德。」[129]他亦認為糧食缺乏的另因在於國庫的浪費及不從事農業的人民——商人，〈日食求言詔〉云：「因各飭其任職，務省繇費以便民。」[130]二年九月〈勸農詔〉則云：「農，天下之大本也，民所恃以生也，而民或不務本而事末，故生不遂。」[131]由此可知，文帝實際上以〈求言詔〉命令討論以下二個議題：一，使天地順或鬼神享的方法；二，阻止浪費國庫與振興農業的政策。

文帝與武帝均關注君主政治與道德影響於天象的思想，但也不甚明白何種政治才能夠使天地順利地運行，故要求知識分子闡明天人相感的樞紐。在如此的情況之下，有學者或學派一旦成功地將其政治主張與天人感應思想結合起來，皇帝採納其學說的機會就大大提升。結合自家政治學說與天人感應思想這樣一個課題，亦與「法天」或「順天」等學術形式息息相關，因能夠使天地順利地運行的政治措施，必定是一個與天道或天意相符的舉措。

顯而易見，這種情況強烈地促使知識分子注意「如何以天合人」的問題，並且將其當作研究課題。董仲舒在此環境之下，從儒家的立場處理「如何藉『天』推『任德不任刑』」的理論問題，而建構出《對策》的思想系統。

129　司馬遷：〈封禪書〉，頁1381。

130　司馬遷：〈孝文本紀〉，頁422。

131　班固：〈文帝紀〉，頁118。

三　向漢武帝所提的具體建議

　　文帝與武帝皆極為關注天人如何相感，極為在乎何種舉措能夠使陰陽調和，乃至能夠滅熄災異、招徠祥瑞。《對策》的天人感應論說明「任德教而不任刑」就能得到如是的效果，「廢德教而任刑罰」則是相反，換言之，董仲舒藉由天人感應思想來證成其君主政治論的有效性。與此同時，他將其君主政治論具體落實到政治實踐上，於《對策》中提出一些皆與教化相關的具體建議，此乃一個董仲舒理論關懷所在的旁證。

　　董仲舒主張「萬世亡弊」之「道」以仁義禮樂的教化為實質內容，教化從君王「行德」即道德修養開始。不過，他亦認為教化並非只由聖王之德而實現。〈對策三〉言：「皇皇求仁義常恐不能化民者，大夫之意也。」[132]又言：「天子大夫者，下民之所視效。」[133]不僅君王對教化有重大責任，甚至大夫——在漢代則為高官——也是如此，高官無能從事教化，君王如何有德也無法實行及實現教化，如〈對策二〉所言：「今之郡守、縣令，民之師帥，所使承流而宣化也；故師帥不賢，則主德不宣，恩澤不流。」[134]並且這即「陰陽錯繆，氛氣充塞，羣生寡遂，黎民未濟」的原因。[135]

　　因而，董仲舒建議「興太學」，說明太學為「賢士之所關」、「教化之本原」。太學為一個與《對策》的思想系統非常相關的具體措施，董仲舒構想在太學「養天下之士」，以「考問」選用「英俊」，使其當「民之師帥」，並且推動「承流而宣化」。[136]此外，董仲舒亦應認

132　班固：〈董仲舒傳〉，頁2521。

133　同前註。

134　同前註，頁2512。

135　同前註。

136　同前註。

為選用「英俊」此一措施本身即具有教化的效用，誠如上文所述，他將授予「爵祿」視為一個教化的手段。既然如此，董仲舒在〈對策二〉中所提出察舉的新制度，即「使諸列侯、郡守、二千石各擇其吏民之賢者，歲貢各二人以給宿衛」，[137]亦便為「養其德」、「使承流而宣化」及使「民曉於禮誼」的具體措施，與太學相同。

再者，董仲舒於《對策》末尾提出一個家喻戶曉的建議：「諸不在六藝之科孔子之術者，皆絕其道，勿使並進。」不少學者認為漢武帝採納此一建議而禁絕儒學以外的各家之學，但其建議未必要求禁絕「諸不在六藝之科孔子之術者」。[138]劉桂生說明董仲舒建議的內容「就是要堵絕非儒諸家的學途、仕途」，[139]董仲舒於《對策》末尾提此建議，是與其他具體建議非常吻合的，因任用儒者為具體確切地「行道」即教化的方式。只有儒者才能擔任「民之師帥」，並「使承流而宣化」，換言之，只有任用儒者才能「行道」而「大有功」、「順天」而「天下歸之」，進而「諸福之物，可致之祥，莫不畢至，而王道終矣」。[140]

董仲舒建議「諸不在六藝之科孔氏之術者，皆絕其道，勿使並進」，是希望「邪辟之說滅息」。[141]其建議似乎以《荀子・非十二子》之說為其底圖：「今夫仁人也，將何務哉？上則法舜禹之制，下則法

137 同前註，頁2513。

138 關於這點，參照徐復觀：〈漢代專制政治下的封建問題〉，頁191-194；李定一：〈中華世界的確立與發展〉，《中華史綱》（臺北市：傳記文學出版社，1986年8月），第6章，頁117-119；金春峰：〈董仲舒思想的特點及其歷史地位〉，頁202-206；劉桂生：〈近代學人對「罷黜百家、獨尊儒術」的誤解及其成因〉，收入北京大學中國傳統文化研究中心編：《北京大學百年國學文粹》史學卷（北京市：北京大學出版社，1998年4月），頁515-518等。

139 劉桂生：〈近代學人對「罷黜百家、獨尊儒術」的誤解及其成因〉，頁516。

140 班固：〈董仲舒傳〉，頁2503。

141 同前註，頁2523。

仲尼子弓之義，以務息十二子之說。如是則天下之害除，仁人之事畢，聖王之跡著矣。」[142]荀子雖言「務息十二子之說」，但並無主張禁絕「十二子之說」，因同篇亦言若有人使方略完整、言行完善、大綱與細目一致，集合「天下之英傑」，以「大古」與「至順」為標準施行教化，便促成「聖王之文章具」、「平世之俗起」，如是「則六說者不能入也，十二子者不能親也」。[143]也就是說，透過教化實現「聖王之文章具」、「平世之俗起」，「六說」、「十二子」就不能發揮影響，自然而然化解消滅──「六說者立息，十二子者遷化」。[144]

由上而言，董仲舒於此論點上，繼承及發展上述荀子之說而來，那麼，他就在《對策》中並非要求禁絕儒家以外的百家，而是建議君王效法「六藝之科孔氏之術」，藉由太學與察舉等制度的運作促成「教化行而習俗美」，以期實現「邪辟之說滅息」。董仲舒的建議以「春秋大一統」為據，[145]換言之，董仲舒以春秋公羊學奠定教化政策的學術基礎。

綜上所述，《對策》的思想系統及其歷史背景，與其中向武帝所提的具體建議，無不指明董仲舒的理論關懷在於推動儒家的社會政治學說，尤其「任德教而不任刑」的政治。

小結

總而言之，《對策》所蘊含的思想系統由四個理論組成，即宇宙論、人性論、君主政治論及天人感應論，且其思想系統以君主政治論

---

142 王先謙：《荀子集解》，卷3，頁30。
143 同前註，頁28-29。
144 同前註，頁30。
145 班固：〈董仲舒傳〉，頁2523。

為理論重心。宇宙論與人性論皆為君主政治論提供理論基礎，君主政治論推導出承受天意、符合人性的為政準則——「任德教而不任刑」。董仲舒亦論證「任德教而不任刑」為天人感應的關鍵，「任德教而不任刑」實行與否，便直接左右天象的變化。董仲舒憑藉策試的機會向關注「天人之應」的漢武帝提交《對策》，其中大談「任德教而不任刑」的政治才稱天意，能滅熄災異、調和陰陽甚至招徠祥瑞，並建議察舉制、太學及「推明孔氏，抑黜百家」等具體措施以推行「德教」。換言之，董仲舒透過天人感應的模式論證「任德教而不任刑」的規範性與實效性，以期皇帝接受儒家的政治學說及治國藍圖。

第五章
天人感應論的性質與目的

　　漢文帝與漢武帝特別關注為政與天象之間的關係，董仲舒在此情況下建構出《對策》的思想系統，其中包含有關「天」與君王間相互交感的理論，即天人感應論。依筆者之見，董仲舒將「德教」作為兩者相感的關鍵，透過天人感應的模式論證「任德教而不任刑」──儒家一貫重視的為政準則──的規範性及實效性，以期皇帝採納此一準則。因後來漢廷奉儒學為朝政的指導思想，倘若如此，董仲舒的天人感應論就有可能對「儒學的主流化」起到某些積極作用。不過到目前為止，其天人感應論的性質與目的，學界存在著數種不同見解，[1]為了闡明天人感應論對漢朝皇帝及其政治所發揮的作用，值得我們進一步深入探究。於是，本章梳理及探討相關見解，同時考察《對策》中所說明「天」與君王之間的相互交感，以釐清天人感應論的性質與目的。

第一節　引導君權行使的方向

一　君權抑制說

　　董仲舒的災異說尤為著名，其為天人感應論的重要構成因素，亦

1　池田知久指出有三種相關見解，即「『天子』權力抑制論」、「君權神授論」及「『天子』的主體性論」。本書接受池田知久的意見，以下將三種見解各稱之為「君權抑制說」、「君權神授說」及「君主主導說」。關於池田的總結，參照池田知久：〈中國古代の天人相關論〉，頁39-40；池田知久著，田人隆譯：〈中國古代的天人相關論〉，頁70。

與天人感應論的理論性質息息相關。災異思想並非由董仲舒首次提出，在此之前就見於儒、墨及陰陽等各家思想中，其基本模式是：君王有倫理或政治上的過失，便發生火災、洪水等災害，或出現日蝕、彗星等異象。董仲舒則於〈對策一〉中將「災害」與「怪異」界定為「天」對君王的「譴告」：

> 國家將有失道之敗，而天乃先出災害以譴告之，不知自省，又出怪異以警懼之，尚不知變，而傷敗乃至。[2]

自古以來便有學者認為，董仲舒的災異說是以限制君王恣意行動為目的。[3]重澤俊郎繼承及發展此一看法而說明：君權強大為當時的現實，其強化則是時代要求，雖然如此，身為儒者，董仲舒不同意如法家般無條件地肯定強大的君權，而主張強大的君權行使，只有以「大一統」為目標時才具恰當性；亦以「元」的思想證明「君權具有受限制的性質」，作為「抑制君權的實際方法」設立災異說，董仲舒災異說的主旨是：若君王的行為違背天意，則天降災出異以示警告，君王應由此察覺自己的錯誤而改變治國方式。[4]

根據以上的論述，行使強大君權應以「大一統」為目的，這一點根據宇宙最高原理的「元」，亦一致於天意。重澤俊郎並無講明「元」與天意的關係，但從其論述內容可推測，他認為「天」指向及

---

2 班固：〈董仲舒傳〉，頁2498。

3 例如，〔宋〕趙彥衛撰，朱旭強整理：《雲麓漫鈔》，收入上海師範大學古籍整理研究所編：《全宋筆記》第6編第4冊（鄭州市：大象出版社，2013年3月），卷14，頁285；〔清〕皮錫瑞著，周予同注釋：〈經學極盛時代〉，《經學歷史》（北京市：中華書局，1959年12月），4，頁106。

4 重澤俊郎：〈董仲舒研究〉，《周漢思想研究》，頁180-191。

體現宇宙最高原理的「元」。無論如何，在重澤俊郎看來，董仲舒企圖在儒家思想的基礎上，以「天」的權威將君權行使抑制至限定的範圍內，並且此即其災異說的特性，此種見解為典型的「君權抑制說」。

此外，韋政通認為，董仲舒的天人感應論以「對享有最大權力的君主，加以宗教性的限制」為「基本要求」。董仲舒從現實狀況中必須肯定「君主『獨制於天下而無所制』的優勢地位」，「因在專制體制裡，這已是歷史的事實，這一點如不獲肯定，其他的改革理想根本談不上」。然而，董仲舒不同於法家，「深知這種體制帶來的危險性」，故「就天人相與之際想出一套辦法來約束君權」。韋政通所說的天人感應論是以災異說為中心，如他所言：「仲舒言災異感應的主要作用，……也就是以災異為手段，達到道德的目的。」韋政通視災異說為將君權「限制」或「約束」至儒家立場的手段，其見解基本上與重澤俊郎相同。[5]

二　「抑制」的涵義

池田知久指出君權抑制說為當今最有力的見解，但同時批評此說。[6]他認為強調天人感應論而抑制天子權力的性質是不恰當的，理由如下：諸多與董仲舒同時代或稍早於他的墨、道、法等各家學者，試圖建立「天」或「道」等主宰世界的根源者以強化君王的支配權力，在此種政治思想中，「天」或「道」的作用並非抑制君權，而是將君主統治的方式引導到學者所抱持之思想的方向；董仲舒生活的時代與那些學者同時或稍晚，故其天人感應論應吸收並與各家思想抗

5　韋政通：〈天人感應的理論結構〉，《董仲舒》，第4章，頁91-99。

6　池田知久：〈中國古代の天人相關論〉，頁39-64；池田知久著，田人隆譯：〈中國古代的天人相關論〉，頁70-88。

衡，既然如此，其中「天」的作用大致與各家的「天」或「道」相同，這一點毫無疑問。[7]

池田知久認為董仲舒的天人感應論承襲墨家天志論的許多成分，因此特別詳細探討墨家思想，[8]其中指出在《墨子》中，「『天子』的權力是得到有人格的主宰神『天』的支持的，而不是受『天』抑制的」，[9]又說：

> 如果站在實行墨家以兼愛論為中心的特有思想的立場上來看，以世界的「天」的作用為樣板，人類社會「天子」的地位越強大，在全世界實行兼愛論的可能性就越大。正因為如此，《墨子》的作者力圖強化「天子」的權力，根本談不上對「天子」的權力實行什麼抑制。[10]

池田知久將抑制君權與「天」對君權的「支持」或「強化」作對比，由此反對君權抑制說。據此，他似乎將「抑制」一詞理解為「壓制」或「遏止」等意義。果真如此，他所理解「抑制」的意義，與重澤俊郎等所使用「抑制」及其相類詞語相當不同。

重澤俊郎認為，董仲舒發現抑制君權的理論在「否定君王的自主性」的前提下成立，故作為「抑制君權的實際方法」而建構出災異說，以使君王反省自己的行為是否符合神意。[11]這樣的論述容易給我們的印象是：重澤俊郎主張以「天」的權威「壓制」或「遏止」君

---

7 同前註，頁43-53；頁72-80。

8 同前註，頁46-52；頁75-80。

9 同前註，頁50；頁78。

10 同前註，頁51-52；頁79。

11 重澤俊郎：〈董仲舒研究〉，頁187-191。

權，是董仲舒災異說的特性。然而，此種理解似乎並不正確。因他亦言，強化君權既是現實情況，又是時代要求，董仲舒對此很敏感，並承認君權強大。[12]

　　重澤俊郎說「君權具有受限制的性質」、「抑制君權」、「否定君主的自主性」等，以此等說法表示的本意應是：君權強大為當時的現實，故對董仲舒而言，肯定君權強大從一開始便是無可避免的課題，不過，董仲舒身為儒家不允許如法家般無條件地肯定強大的君權，主張強大的君權只有以「大一統」為目標行使時才具恰當性。[13]換言之，董仲舒不得不肯定實際存在的強大君權，但並非無條件地肯定，而試圖對其恰當性附加一個條件，即「建設世界帝國」，也就是「大一統」的完成，設立此一目標以將君權行使限制於其範圍內。[14]重澤俊郎說「君權具有受限制的性質」、「抑制君權」、「否定君主的自主性」等便是此意。

　　池田知久似乎誤解君權抑制說中「抑制」的內容。他認為在《墨子》的思想中，「『天子』的權力沒有受到『天』的抑制，作者不過是以『天』為媒介，由自己的思想引導其行使的方向」，董仲舒的「天」也並無抑制君權，其作用則是「將『天子』對『萬民』的統治引導到自己所信奉的倫理思想、政治思想，也就是春秋公羊學的儒教的方向」。[15]然而，池田知久所說將「『天子』對萬民的統治」引導到「春秋公羊學的儒教的方向」一事，與重澤俊郎所說「抑制君權」或「否定君主的自主性」幾乎相同，因重澤俊郎言明，董仲舒限制君權

12　同前註，頁187。

13　同前註，頁180-181。

14　同前註，頁181-187。

15　池田知久：〈中國古代の天人相關論〉，頁51-53；池田知久著，田人隆譯：〈中國古代的天人相關論〉，頁79-80。

行使的方向，以使其趨向於「大一統」的完成。[16]

重澤俊郎所說的「抑制君權」與字面形象稍有出入，但並不代表「壓制」或「遏止」君權，其意義實是：在肯定強大君權的前提下將其行使限制於完成「大一統」此一目標的範圍內。此外，韋政通所說的「限制」與「約束」君權，亦以肯定「君主『獨制於天下而無所制』的優勢地位」為前提。也就是說一面肯定君權強大，一面「限制」與「約束」君權，以期「達到道德的目的」，這與池田知久所說「將君王的統治引導到儒教的方向」幾乎相同，難以理解為「壓制」或「遏止」君權。

由以上可知，君權抑制說並非將「壓制」或「遏止」君權視為董仲舒災異說的特性。根據重澤俊郎和韋政通等持君權抑制說的學者所言，董仲舒災異說的特性是：在肯定強大君權的前提下，以「天」的權威約束君權，將其行使限制於儒家思想的範圍，或者引導到儒家思想的方向。

三　君權抑制說的缺陷

董仲舒的災異說確實有肯定強大君權與引導君權行使的性質。其災異說認為，君王的態度與行為決定國家興衰存亡，由此看來，董仲舒似乎肯定君權是當然存在的，而且將其視為極其強大，甚至左右國家興衰存亡。不過同時認為，國家一旦「失道」，君權便面臨「傷敗」，換言之，君權存續以「非大亡道」為前提。〈對策一〉又言：「夫人君莫不欲安存而惡危亡。」[17]故依照災異說，君王便不得不採

---

16 重澤俊郎：〈董仲舒研究〉，頁181。

17 班固：〈董仲舒傳〉，頁2499。

取「非大亡道」的行為，以避免「危亡」也就是「傷敗」，意即董仲舒的災異說具有將君王的行為引導至「道」的方向之性質。

如本書第四章所述，《對策》所言的「道」為君王應有的為政準則，具體而言便是「任德教而不任刑」的原則，亦即儒家一貫重視的政治理念。因此，重澤俊郎與韋政通的君權抑制說，在相當程度上是妥善的。而且，災異說為董仲舒天人感應論的重要構成因素，故其天人感應論必然包含以「天」引導君權行使的方向之性質。然而，董仲舒天人感應論的構成因素，除災異說之外，還包括與天命、陰陽及祥瑞等相關的思想。君權抑制說只關注災異說，並非說明天人感應論的整體性質，此為其重大缺陷。

第二節　擁護君權及使其正當化

一　君權神授說

君權抑制說認為，董仲舒的災異說以「天」的權威將君權行使引導至儒家政治思想的方向，或者限制於其思想的範圍。對此，有學者持「君權神授說」，主張災異說以「天」的權威將君權正當化，並強化及擁護。例如，北京大學哲學系中國哲學教研室《中國哲學史》一書便採用此見解，以擁護君權作為董仲舒災異說的特性：「譴告說」即災異說似乎「對人君的『失道』加以限制」，但其實不然，其「體現天對人君的一種愛護」，也是「從另一角度論證君權神授的」。[18]

侯外廬等人的說明為具有大陸學界代表性的君權神授說。侯外廬

---

18 北京大學哲學系中國哲學教研室：〈董仲舒〉，《中國哲學史》，2版（北京市：北京大學出版社，2003年11月），頁125。

等人認為：「自然界的變異，在董仲舒看來，正是天的有目的的、而且很有分寸的仁慈的措施」，此種思想為「西漢神學思想中重要的構成部分」，即「譴告論」。「著名的天人三策」所「大談」的「作為天人感應的譴告與祥瑞」，是「神權的最高證件」、「皇權的最高護符」。因「天的降祥」可以使人民與豪族地主「幻想最高統治者人君的『專制』是怎樣地合理的『合法』」，「天的降威」也可以使他們「幻想這種『專制』又是怎樣地不合理的『合法』」，亦即「合理的和不合理的存在，在絕對皇權那裡都是合法的」。[19]

此外，雖岩本憲司並無使用「君權神授」一詞，但其見解亦可視為君權神授說。岩本憲司反對重澤俊郎的君權抑制說，認為董仲舒的災異說以君權的強化（神秘化）為目的，並從三個方面說明這點：第一方面為「天寵愛君主」，災異正是天寵，由於天寵愛君王，因此使君權強化、神秘化；第二方面為「天譴」，「譴告」不能簡單地視同為「抑制」；第三方面為「董仲舒的巫師層面」，但岩本並未詳論此一問題。[20]

二　君權的正當化及擁護

在上文引用的〈對策一〉原文中，董仲舒說明在「國家將有失道之敗」時，「天」發出「災害」與「怪異」以「譴告」君王而使其「警懼」，若君王不思改過，「傷敗」便到來，即滅身亡國。〈對策一〉緊接著言：

---

19 侯外廬、趙紀彬、杜國庠、邱漢生：〈董仲舒公羊春秋學的中世紀神學正宗思想〉，《中國思想通史》第2卷（北京市：人民出版社，1957年3月），第3章，頁101-103。
20 岩本憲司：〈災異說の構造解析：董仲舒の場合〉，《東洋の思想と宗教》第13號（1996年3月），頁56。

以此見天心之仁愛人君而欲止其亂也。自非大亡道之世者，天
盡欲扶持而全安之，事在彊勉而已矣。[21]

根據〈對策一〉所言，「天」具有「仁愛人君」的「天心」，欲「扶
持」君王而「全安之」，因而發出災異來「譴告」君王。由此來看，
董仲舒的災異說確實有以「天」擁護君權的性質，即藉由「天」所發
出的災異給君王反省改過自新的機會，以使其維持君權。此為池田知
久反對君權抑制說的理由之一，他說：「這種『天心的仁愛』，從基本
面來說，是為了保護『人君』，使他不至於因為『亂』而失去『天
子』的地位」。[22]

此外，侯外廬等人以「作為天人感應的譴告與祥瑞」為「皇權的
最高護符」，除「譴告」即災異之外，作為將君權正當化的因素舉出
「祥瑞」。侯外廬等人所說的「祥瑞」是指「受命之符」，也就是董仲
舒天人感應論的重要因素。董仲舒認為，「天」選定下一任王者並授
予天命，以異象即「受命之符」告知新王受命：

臣聞天之所大奉使之王者，必有非人力所能致而自至者，此受
命之符也。天下之人同心歸之，若歸父母，故天瑞應誠而至。
書曰「白魚入于王舟，有火復于王屋，流為烏」，此蓋受命之
符也。周公曰「復哉復哉」，孔子曰「德不孤，必有鄰」，皆積
善絫德之效也。[23]

---

21 班固：〈董仲舒傳〉，頁2498。

22 池田知久：〈中國古代の天人相關論〉，頁53；池田知久著，田人隆譯：〈中國古代
　的天人相關論〉，頁80-81。

23 班固：〈董仲舒傳〉，頁2500。

　　天命思想大概形成於殷周之際，金文及《尚書》等資料保存原始的天命思想。例如，《尚書・康誥》云：「惟乃丕顯考文王，克明德慎罰。……天乃大命文王，殪戎殷，誕受厥命。」[24]〈酒誥〉篇又云：「辜在商邑，越殷國滅，無罹。弗惟德馨香祀，登聞于天，誕惟民怨。……故天降喪于殷，……。」[25]周人認為，殷朝無「德」，引起民怨，「天」因而「降喪于殷」，令有「德」的文王「殪戎殷」，以使周國統治人民。很顯然的，天命思想具有以「天」的權威將周朝君權正當化的作用。

　　然而，周人亦認為，天命轉移並非適用於殷周革命此一特殊的、一次性的情況而已，凡無德之王被剝奪天命，天命轉移到愛惜人民的有德者。《尚書・康誥》中有記載直截了當地表示：「惟命不于常」，[26]〈君奭〉亦言：「天不可信」。[27]換言之，天命思想乃為使君權正當化的一般理論。儒家繼承天命思想，戰國中期的孟子及西漢初期的轅固生（生卒年不詳）都主張，可從民心所趨得知「天」選定天子。[28]董仲舒也繼承天命思想，亦重視民心的動向，但認為「天」不以民心的動向，而以異象來告知其決定。上引的〈對策一〉說，「白魚入于王舟，有火復于王屋，流為烏」的異象——受命之符，感應「天下之人同心歸之，若歸父母」者的「誠」而出現。無論如何，此種「天瑞」無疑具有保證君權正當性的作用。

　　綜合以上災異與天命的觀點，董仲舒應持有如下的思想：「天」對至德的聖人授予天命，呈現「受命之符」來告知，至此聖人成為正

24　孔安國傳，孔穎達等正義：《尚書正義》，卷14，頁201。

25　同前註，頁210。

26　同前註，頁206。

27　孔安國傳，孔穎達等正義：《尚書正義》，卷16，頁245。

28　趙歧注，孫奭疏：《孟子注疏》，卷9下，頁168；司馬遷：〈儒林列傳〉，頁422；班固：〈儒林傳〉，《漢書》，卷88，頁3612。

當的君王；正當的君王有倫理或政治上的過失，「天」便發出災異以
「譴告」，君王反省改過，就能維持天命；否則「天」最終剝奪天
命，降下「傷敗」，同時對另一至德的聖人授予天命，並以「受命之
符」通知。由此可知，董仲舒有關天命的思想與災異說相同，涉及到
「天」和君王之間的相互關係，故可視為天人感應論的一個重要環
節。以上災異與天命的思想中兼具擁護君權及保證君權正當性的層
面，那麼，董仲舒的天人感應論則應具有以「天」的權威擁護君權及
使其正當化的性質。

三　君權神授說的謬誤

在董仲舒的天人感應論中，受命之符將君權正當化，災異說擁護
君權，然而，此思想並不與歐洲君權神授、王權神授的思想相同。因
在後者，王權為上帝無條件地賜予君王的恩寵，但災異與受命之符對
君權的擁護及正當化，並非「天」無條件地授予者。開創王朝的君王
即「受命之君」，因其至高的德行而獲得君權的正當性，第二代以後
即「繼體之君」，則因第一代的遺德餘烈而確保君權的正當性，如
〈對策一〉所云：「故聖王已沒，而子孫長久安寧數百歲，此皆禮樂
教化之功也。」[29]此外，君王只有維持「非大亡道之世」，才有資格受
到擁護君權的「譴告」，否則「傷敗乃至」，也就是失去君權。由此看
來，董仲舒的天人感應論只有在一定的前提條件——如「積善絫
德」、「非大亡道」等——之下，才以「天」的權威擁護君權及將其正
當化。

總之，（包括受命之君候選人的、廣義的）君王的行為在一定的

---

29 班固：〈董仲舒傳〉，頁2499。

範圍內，其君權便能由受命之符與災異獲得正當性及擁護，否則不能，最終滅身亡國。由董仲舒的天命、災異思想與以下〈對策二〉的記載視之，君王行為的範圍以「天」為準據：「至於殷紂，逆天暴物，……天下耗亂，萬民不安，故天下去殷而從周。文王順天理物，……愛施兆民，天下歸之。」[30]君王「順天」，其德性與行為均相符於天意，「天」便將君權正當化；君王「非大亡道」，其為政尚未完全相悖於天意，「天」便擁護君權；君王「逆天」，其德性與行動相悖於天意，「天」便剝奪君權。

進而言之，董仲舒的天人感應論包含正反兩面的性質，即肯定有德的君王及否定無德的君王之性質。[31]天人感應論在君王「順天」或「非大亡道」的情況下發揮肯定君權的作用，在君王「逆天」的情況下則發揮批評君權的作用。既然如此，「怎麼樣地不合理的『合法』」的「專制」，或不「對人君的『失道』加以限制」的「愛護」，與董仲舒的天人感應論毫無關係。君權神授說只強調天人感應論擁護君權及使其正當化的性質，其觀點甚為片面，因此並不恰當。

---

30 同前註，頁2509。

31 澤田多喜男、宇佐美一博、任繼愈、馮友蘭、周桂鈿、馬勇等學者，於作為董仲舒天人感應論的性質中，指出擁護君權和批評君權兩種。參照澤田多喜男：〈董仲舒天譴說の形成と性格〉，《文化》第31卷第3號（1968年1月），頁485-508；宇佐美一博：〈董仲舒の政治思想：君主權の強化と抑制をめぐって〉，《日本中國學會報》第31集（1979年10月），頁59-73；任繼愈等：〈董仲舒的天人感應神學體系〉，任繼愈主編：《中國哲學發展史（秦漢）》（北京市：人民出版社，1985年2月），頁324；馮友蘭：〈董仲舒公羊學和中國封建社會上層建築〉，頁68-70；周桂鈿：〈宇宙論〉，頁68；馬勇：〈「明天人之故」：董仲舒思想的總綱領〉，《董仲舒》（香港：中華書局，2001年），頁66-70。

第三節　強調君王對「天」的主導性

一　君主主導說

　　內山俊彥說明，在董仲舒的天人感應論中，君王的政治行為影響到天地陰陽的運動，並藉此對整個自然現象起作用，「天」並非單向地支配君王，反之，君王具有對「天」發揮作用的獨自性、主導性。[32]此種見解為「君主主導說」的典型例子，其作為天人感應論的理論性質，強調君王並非被「天」單向地支配的存在，而具有較大的力量，即對天命、陰陽、祥瑞、災異等「天」之現象的主導性。

　　內山俊彥在以上說明的基礎上主張，天人感應論設想君王對「天」具有獨自性、主導性，以對皇權給予積極意義，並在君王與人民之間的關係方面，將皇權絕對化。[33]他認為董仲舒的「天」不是神或超自然性的存在，而在最根本的意義上，是一個自然性（物理性）的存在，[34]故並無採取君權神授說的觀點，雖說「君主的獨自性、主導性」有「將皇權絕對化」的作用，卻沒有說明天人感應論以「天」的權威擁護君權及將其正當化。

　　然而，支持君主主導說的學者中，有與內山持不同意見者，將董仲舒的「天」視為有意志的主宰者，故同時支持君權神授說的觀點。例如，金春峰說：「以董仲舒為代表的天人感應思想」，「一方面是承認『天』的至高無上的權威，以便論證皇權的神聖；一方面卻又認為人占有和天平等的地位，……從而人對於自己命運的掌握亦有了積極的能動的作用」。[35]此外，池田知久一面認為與君權抑制說恰恰相反的

32　內山俊彥：〈董仲舒〉，頁284-288。

33　同前註，頁292。

34　同前註，頁277。

35　金春峰：〈董仲舒思想的特點及其歷史地位〉，頁173。

君權神授說才是正確的見解，一面從多方面詳細討論君主的「主導性、能動性」而得出董仲舒天人感應論的結論：「高唱『天子』或『天子』所支配和代表的全體人類的主導性、能動性」的思想。[36]

在池田知久的論述中，常出現「主導的、能動的」、「主導性、能動性」等說法，內山俊彥與金春峰也使用類似的說法，即「獨自性、主導性」與「能動的作用」等。他們所使用「主導」、「能動」、「獨自」等詞語，皆指君王不被「天」單向地支配的、主動地對「天」起作用的性質。筆者在以下探討中，作為表示此種意義的詞語使用「主導」、「主導性」。[37]

二　君王對「天」的主導性

周代的天命思想承認君主對天命的主導性。殷人信仰最高、至上之神的「帝」，以占卜請示祂的意志。然殷周革命之後，「天」取代「帝」，周人將「天」奉為最高、至上之神，認為「天」與「帝」同樣具有意志。然而，「天意」不同於「帝意」，並非透過神秘的方式——占卜——而可從一種歷史經驗得知其有好「德」的傾向，[38]故《尚書・召誥》云：「王其德之用，祈天永命。」[39]〈酒誥〉篇又說明

---

36 池田知久：〈中國古代の天人相關論〉，頁58-68；池田知久著，田人隆譯：〈中國古代的天人相關論〉，頁84-92。

37 近藤則之批評君主主導說，他將董仲舒的「天」視為上帝，認為其並無自然義的層面，而不承認董仲舒天人感應論中的君主對「天」具有主導性，雖承認有能動性。不過，筆者認為董仲舒的「天」有自然義的層面；而且近藤則之並不清楚地界定「主導性」與「能動性」的意義並進行說明，故本書不採近藤則之的意見。關於近藤則之的看法，參照近藤則之：〈董仲舒における天と君主：君主主體性論の再吟味〉，《中國哲學論集》第28、29號（2003年10月），頁1-26。

38 周文王因「克明德慎罰」而「誕受厥命」，「德馨香」無「聞于天」而「天降喪于殷」，由種種情形可推測天有好「德」的傾向。

39 孔安國傳，孔穎達等正義：《尚書正義》，卷15，頁223。

殷朝的滅亡：「天非虐，惟民自速辜。」[40]授予及剝奪「命」的當然是「天」，但周人相信，王者可以理解天意的傾向，並由「德之用」以維持天命。

董仲舒繼承周代的天命思想，對此附加受命之符此一新因素，是「天」藉以告知授命的異象，受命之符感應人之「誠」或「積善絫德」而出現。也即是說，有人因至高德性與德行而受命於「天」，受命之符由此出現，故在董仲舒思想中，天命的歸趨是受到人之內在品德與行為舉措所影響的。

不過，董仲舒似乎認為，能否受命於「天」需由情況或地位等決定，未必能主動地招徠天命。因他於〈對策一〉中言：「孔子曰：『鳳鳥不至，河不出圖，吾已矣夫！』自悲可致此物，而身卑賤不得致也。」[41]但在董仲舒的天人感應論中，受命於「天」的君王則具有維持天命的主導性。董仲舒認為君王可由自己的努力左右天命的傾向或趨向，如〈對策一〉所云：「故治亂廢興在於己，非天降命不可得反。」[42]

此外，董仲舒說明天命的傾向不由民眾的動向，而由異象表示，由此可窺見，他相當強調「天」的自然層面，與周人不同，故除天命之外，陰陽、災異與祥瑞也在其天人感應論中占有重要位置。而且，董仲舒認為，君主不僅對天命，也對這些現象具有主導性。以下〈對策一〉的記載表示這點：

> 故為人君者，正心以正朝廷，正朝廷以正百官，正百官以正萬民，正萬民以正四方。四方正，遠近莫敢不壹於正，而亡有邪

---

40 孔安國傳，孔穎達等正義：《尚書正義》，卷14，頁210。

41 班固：〈董仲舒傳〉，頁2503。

42 同前註，頁2500。

氣奸其間者。是以陰陽調而風雨時，群生和而萬民殖，五穀孰而屮木茂，天地之間被潤澤而大豐美，四海之內聞盛德而皆徠臣，諸福之物，可致之祥，莫不畢至，而王道終矣。[43]

及至後世，淫佚衰微，不能統理群生，諸侯背畔，殘賊良民以爭壤土，廢德教而任刑罰。刑罰不中，則生邪氣；邪氣積於下，怨惡畜於上。上下不和，則陰陽繆盭而妖孽生矣。此災異所緣而起也。[44]

根據以上兩段原文，君王以「正心」的道德實踐為起點，進而「正萬民以正四方」，便會出現「陰陽調」甚至「諸福之物，可致之祥，莫不畢至」的局面。反之，君王「廢德教而任刑罰」，便會引起「陰陽繆盭而妖孽生」，最後導致「災異」發生。總之，董仲舒的天人感應論說明，君王實行否「德教」——即教化，並以能否由此「正萬民」，影響到陰陽的狀態以及祥瑞與災異的發生。

董仲舒認為，君王是否實行教化而端正人民，與治亂息息相關，治亂便是祥瑞與災異的原因。〈對策一〉云：「更化則可善治，善治則災害日去，福祿日來。」[45]從前後文脈看，「更化」一詞可解釋為兩種意義：一，重新教化敗壞了的人民；二，改革統治方式，具體而言，將依法治國改為以教化治國。無論如何，董仲舒主張以教化治國就能「善治」，亦能滅熄災異，進而招徠祥瑞。並且他認為「治亂興廢在於己」，故其天人感應論中的君王是：能夠主動從事教化而實現治世，甚至使「天」之陰陽調和、祥瑞出現的存在。換言之，君王具有

---

43 同前註，頁2502-2503。

44 同前註，頁2500。

45 同前註，頁2505。

透過政治行為影響「天」之自然層面的性質與能力，也就是對「天」的主導性。

　　綜上所述，董仲舒的天人感應論承認君王對「天」具有一定的主導性。周代的天命思想中，人的行為絕不影響到「天」本身，雖能決定天命的歸趨。[46]但董仲舒的天人感應論中，君王不僅能左右天命的傾向或趨向，而且影響「天」之陰陽、祥瑞及災異。換言之，君王甚至具有影響到「天」的能力，由此看來，比起過去思想，天人感應論將君王或人類的位置相對提高，這點毋庸置疑。

三　君主主導說的偏差

　　金春峰與池田知久等持君主主導說的學者，因董仲舒天人感應論中的君王對「天」具有主導性，而認為其「占有和天平等的地位」，或者「與作為有人格的宗教的主宰者的『天』有了對等甚至優於『天』的立場」。[47]此外，徐復觀也說：「董氏的天，是與人互相影響，天人居於平等的地位」。[48]

　　然而，根據天人感應論，只有其行為在符合天意，君王才能調和陰陽、滅熄災異、維持天命乃至招徠祥瑞，否則被「天」滅亡。既然如此，君主並不對「天」具有君主主導說所言如此甚大的力量，並

---

46 徐復觀說：「周以前，人的禍福，完全是由帝、天的人格神所決定，而人完全處於被決定的地位。即使由周初開始，天、帝的人格神對人的禍福，退居於監督的地位，把決定權讓給各人自己的行為；但人類行為的好壞，只有人類自己領受應有的結果，斷不能影響到人格神的自身。」參照徐復觀：〈先秦儒家思想的轉折及天的哲學的完成〉，頁397。

47 金春峰：〈董仲舒思想的特點及其歷史地位〉，頁173；池田知久：〈中國古代の天人相關論〉，頁64；池田知久著，田人隆譯：〈中國古代的天人相關論〉，頁89。

48 徐復觀：〈先秦儒家思想的轉折及天的哲學的完成〉，頁397。

且，不能以君王的行為影響天命及天象這一點，即認定君主的地位對等於或者優越於「天」。

天人感應論所說君王對「天」的主導性，以（包含受命之君候選人的、廣義的）君王的德性與行為相符於天意之多寡為前提條件，與君權的正當化及擁護相同。持有天命的君王才能對「天」具有主導性，德性與行為相符於天意的人物才能受命於「天」，即便為政尚未完全相悖於天意的君王亦能維持天命。也就是說，其德性與行為必得或多或少相符於天意，君王才能持有天命並擁有對「天」的主導性。

董仲舒言：「治亂廢興在於己，非天降命不可得反」，又言「善治則災害日去，福祿日來」，是強調君王對「天」的主導性之積極作用，即能夠調和陰陽、滅熄災異、維持天命甚至招徠祥瑞。持有天命的君王，理論上能故意「逆天暴物」而「大亡道」，以錯亂陰陽而引起災異，由此使「天」剝奪其所持有的天命。但董仲舒認為君主皆「欲安存而惡危亡」，因而並無設想此種狀況。

如上文所述，君主對「天」的主導性之積極作用，在天人感應論中以實行教化為先決條件。並且，〈對策一〉以《春秋》經文與陰陽刑德思想為據，邏輯地推導「王者承天意以從事，故任德教而不任刑」的命題，從此命題來看，君主以教化治國，等同於進行符合天意的統治。

以教化治國便是符合天意的統治，符合天意的統治則是君權在符合天意的範圍內的行使，故以教化治國即為符合天意的君權行使。既然如此，君王對「天」的主導性，只有君權行使相符於天意時才會有積極的意義。換句話說，只有滿足由「天」的權威引導君權行使的方向此一條件時，君王對「天」的主導性才發揮積極的作用。[49]

---

49 板野長八強調，在董仲舒思想中，君王對「天」有能動性，並能對「天」起作用，甚至招徠祥瑞，故池田知久將其學說歸類於君主主導說。但板野長八也注意到，招

君王能夠主動將君權行使限於符合天意的範圍內而以教化治國，由此對「天」起了積極作用。反之，若君王「逆天」而「失道」，則不僅陰陽錯亂而災異發生，甚至由「天」降下決定性的毀滅——亡國。在董仲舒的天人感應論中，「天」具有毀滅君主的力量，但君主則當然不具毀滅「天」的力量，甚至左右天意傾向的力量也沒有。君王能夠自覺地維持天命，並且對「天」之陰陽、祥瑞與災異起作用，故並非單向地受「天」支配，但也不能不尊奉天意而努力教化以完成王道，如若不然則被「天」滅亡。如此一來，君王並無「占有和天平等的地位」，或者具有「優於『天』的立場」。

總而言之，君王對「天」的自然層面具有很大的影響力，也能由順從天意以左右天命的趨向，但對位於自然界之上的主宰者層面，則並不具如此甚大的影響力。[50]筆者認為，君主主導說過高評估董仲舒天人感應論中君王對「天」的主導性，其觀點與君權神授說同樣相當片面，並不恰當。

第四節　天人感應論的理論性質

依據上文的分析，董仲舒的天人感應論包含以下三個性質：第一性質是由災異引導君權行使的方向；第二個是由受命之符與災異擁護君權及使其正當化；第三個是強調君主對「天」具有主導性。君權抑

徐祥瑞有一個條件，即君王「承天意」施行「德教」而完成王道。參照板野長八：〈董仲舒〉，《中國古代における人間觀の展開》（東京：岩波書店，1972年7月），第14章，頁371-398。

50 桂思卓說：「『交感性宇宙觀』強調，盡管人的行為能夠影響宇宙的自然因素，……這並不必然排斥宇宙規範的優越性。」cf. Queen, *From Chronicle to Canon*, p. 206; 桂思卓著，朱騰譯：〈經典、宇宙觀與朝廷支持〉，《從編年史到經典》，第9章，頁227-228。

制說以第一、君權神授說以第二、君主主導說則以第三，當成天人感應論的理論性質。然而，如上文所述，君權神授說與君主主導說並不恰當，君權抑制說則較為妥當，但並未涉及到天人感應論的整體內容，而只說明一部分。那麼，我們應該如何理解董仲舒天人感應論的理論性質？

在董仲舒的天人感應論中，（包含受命之君候選人的、廣義的）君王的德性及行為影響天命的傾向與陰陽、災異及祥瑞等現象，即所有構成天人感應論的因素，但君王對「天」具有主導性並享有其積極作用，以德性及行為相符於天意的多寡為前提條件。只有能「行道」的人物，即「積善絫德」的聖人，才有資格受命於「天」，以其「誠」招致「天瑞」；只有尚未完全「逆天」而「失道」的君王，才能受「天」的擁護，並對「天」具有主導性，調和陰陽、滅息災異、維持天命、招徠祥瑞。總之，在董仲舒看來，君權能否由「天」獲得正當化及擁護、君王能否對「天」具有主導性，皆與君權行使的方向密切相關。

如第四章所述，天意以「任德不任刑」為實質內容。「任德不任刑」便是孔子以來儒家一貫抱持的信念，也就是董仲舒所說的「道」，[51]故天人感應論的基本內容是：「天」將能「行道」的聖人選定為王者，授予天命，發出受命之符以保證其君權的正當性；君王行使君權的方向相符於儒家的理念，便能維持天命，其君權受「天」的擁護，並對「天」發揮積極作用；若君權行使的方向與儒家的理念嚴重相悖，則不能維持天命，最終由「天」降下「傷敗」，即滅身亡國之禍。

---

51 杜保瑞說明董仲舒「政治哲學進路的儒學建構」時說：「至於理論上的構作則是藉由將君權劃歸為天授，從而取得能由天意志來約束君權的理論效果，天意志的內涵又即等同於儒家價值」。參照杜保瑞，〈董仲舒政治哲學與宇宙論進路的儒學建構〉，《哲學與文化》第30卷第9期（2003年9月），頁28。

　　漢文帝與漢武帝高度關注「天」與君王舉措之間的互相交感，董仲舒在此情況下建構出其天人感應論，說明君王能否維持天命、調和陰陽、滅息災害及招徠祥瑞的關鍵，都在於君王的德性及行為是否與儒家的理念相符合。從以上理論結構及其建構背景來看，董仲舒天人感應論的性質與目的應是，由「天」的權威引導君權行使的方向，即引導君王的德性及行為，以使其符合於儒家的理念。

小結

　　綜上所述，董仲舒以儒家的理念為核心價值，藉由天人感應的形式建構引導君主「設誠於內而致行之」的理論。既然如此，董仲舒的思想學說並非「為漢王朝封建專制統治創立理論上的根據」的御用學術，[52]誠如余英時所言：

> 這種文化統一的努力當然有助於政治統一，因此才獲得漢廷的積極支持。但是我們又不能把它簡單地看作是專為便於皇帝專制而設計的制度。即使皇帝的動機是基於政治利益的考慮，我們也不應據此而否定儒家理論別有超越政治之上的更深涵義。[53]

---

52 北京大學哲學系中國哲學教研室：〈董仲舒〉，頁121。林聰舜也說：「統治階級需要國家（帝國）意識形態的幫助，以穩定其統治；而帝國意識形態也終究是要最能服務統治階級的。但帝國意識形態的推動不是憑藉赤裸裸的暴力，而是依靠說服的方式，讓人民心悅誠服遵循統治階級的領導。董仲舒的儒學，就具有帝國意識形態應具備的主要功能。」參照林聰舜，〈帝國意識形態的建立〉，頁176。

53 余英時：〈漢代循吏與文化傳播〉，《中國思想傳統的現代詮釋》（臺北市：聯經出版事業公司，1987年3月），頁174。

　　董仲舒從儒家的立場完成天人感應論，由此強調「治亂廢興在於己」，君王若未「失道」便能維持天命、滅息災異，甚至招徠祥瑞，以期勉勵皇帝「行德」、「行道」，進而建立道德與文化的秩序。

第六章
「儒學的主流化」的理解

　　「董仲舒在儒學興盛中扮演何種角色」的問題，與「儒學何時且如何取得了主流地位」的問題密切相關。目前學界對「儒學的主流化」之原委與時期的見解莫衷一是，隨之對董仲舒歷史角色的定位與評價相當分歧。本章將主要整理及反思中日學界圍繞「儒學的主流化」的爭論之相關觀點，其中特別關注學者間對「儒學的主流化」之原委與時期的意見分歧之因。乃因似乎主要在於討論「儒學的主流化」的架構不恰當，故試著探索更具可行性的架構，以期作為董仲舒在儒學興盛中歷史角色的前識。

第一節　「漢武帝時期主流化」說

　　歷來有許多學者將漢代儒學興盛，視為漢武帝採納董仲舒的建議而定儒學於一尊。在此，將此一觀點稱為「漢武帝時期主流化」說，並探討此說的源流及盛行過程。

一　「漢武帝時期主流化」說的源流

　　首先釐清「漢武帝時期主流化」說的源流。「漢武帝採納董仲舒的建議而定儒學於一尊」的觀點有其文獻根據，並根植於傳統知識分子的觀念中。此種觀點主要以《漢書》的評斷為文獻根據。根據《史記》與《漢書》兩書記載，漢武帝施行了一系列的儒家優遇制度，諸

如「置五經博士」、[1]「舉孝廉」[2]、「為博士官置弟子」[3]等，《漢書‧武帝紀贊》由此讚美：「孝武初立，卓然罷黜百家，表章六經。」[4]「漢武帝定儒學於一尊」的觀點主要以此為據。此外，〈對策三〉中有「諸不在六藝之科孔子之術者，皆絕其道，勿使並進」的建議，[5]並且《漢書‧董仲舒傳》斷定：「及仲舒對冊，推明孔氏，抑黜百家，立學校之官，州郡舉茂才孝廉，皆自仲舒發之。」[6]「漢武帝採納董仲舒的建議」的觀點則主要淵源於此一評斷。

　　傳統知識分子皆依《漢書》的評斷來理解漢代儒學的情況，肯定漢武帝「罷黜百家，表章六經」為歷史事實，並將此尊儒措施與董仲舒的建議聯結起來，而堅信在這兩件事之間有因果關係。依筆者之見，「漢武帝時期主流化」說的觀點在清末以前的傳統知識分子之間已相當普遍。[7]不過另一方面，也有不少學者雖承認武帝於即位初期「罷黜百家，表章六經」，但以其並無重用董仲舒、後來迷信神仙方術等理由，認為武帝尚未尊崇儒學。[8]

1　班固：〈武帝紀〉，頁159。

2　同前註，頁160。

3　司馬遷：〈儒林列傳〉，頁3119；班固：〈儒林傳〉，頁3594。

4　班固：〈武帝紀〉，頁212。

5　班固：〈董仲舒傳〉，頁2523。

6　同前註，頁2525。

7　例如，王禕（1321-1372）、吳訥（1372-1457）、丘濬（1421-1495）等言論中出現這個觀點。參照〔明〕王禕：〈孔子廟庭從祀議〉，〔明〕劉傑、劉同編：《王忠文集》，收入《景印文淵閣四庫全書》第1226冊（臺北市：臺灣商務印書館，1983年7月），卷15，頁306-309；〔明〕吳訥：《文章辯題序》，載於〔明〕程敏政編：〈雜著〉，《明文衡》，收入《景印文淵閣四庫全書》第1374冊，卷56，頁338-339；〔明〕丘濬：〈一道德以同俗〉，《大學衍義補‧治國平天下之要‧崇教化》，收入《景印文淵閣四庫全書》第712冊，卷78，頁884-885。

8　例如，朱熹（1130-1200）、王應麟（1223-1296）、齊召南等如此主張。參照〔宋〕朱熹：《御批資治通鑑綱目》，收入《景印文淵閣四庫全書》第689冊，卷4上，頁273-276；〔宋〕王應麟：《通鑑答問》，收入《景印文淵閣四庫全書》第686冊，卷

二 「漢武帝時期主流化」說的盛行

中國清末民初與日本明治時期的學者，開始以近代的學術方法論述中國歷史、思想、哲學等。至此，諸多學者，如藤田豐八、[9]梁啟超、[10]中內義一、[11]久保得二（天隨）、[12]遠藤隆吉、[13]鄧實、[14]高瀨武次郎、[15]孫德謙、[16]易白沙、[17]胡適[18]等，均根據上述《漢書》的評斷而理解漢代儒學興盛一事，即認為漢武帝與董仲舒兩人促成儒學興盛。此種看法反覆被提及而受到廣泛地接受，故「漢武帝時期主流化」說廣傳於世。

為了表示漢朝定儒學於一尊，儒學成為國家的正統教義學說，中

4，頁680-681；〔清〕蔣溥等編：《御覽經史講義》，收入《景印文淵閣四庫全書》第723冊，卷27，頁668-670。

9　藤田豐八：〈武帝の內政：文學大に興る〉，《東洋史》卷1（東京：文學社，1897年），中世史第1篇第6章，頁34-35。

10　梁啟超：〈論中國與歐洲國體異同〉，頁440-447；梁啟超：〈論中國學術思想變遷之大勢〉，頁49-68。

11　中內義一：〈漢代の思想界〉，《支那哲學史》（東京：博文館，1903年2月），第2編第1章，頁160-162。

12　久保得二：〈儒教の表章〉，第2篇第17章，頁672-678

13　遠藤隆吉：〈學問の勃興〉，《支那思想發達史》（東京：冨山房，1904年1月），第3篇第2章，頁282。

14　鄧實：〈古學復興論〉，《國粹學報・社說》第1卷第9期（1905年10月），頁2。

15　高瀨武次郎：〈董仲舒〉，《支那哲學史》（東京：文盛堂書店，1910年10月），第2編第1篇乙第4章，頁415-417。

16　孫德謙：〈孔教大一統論〉，收入經世文社編：《民國經世文編・宗教》（上海市：經世文社，1914年6月），頁11。

17　易白沙：〈孔子評議上〉，《青年雜誌》第1卷第6號（1916年2月），頁1-2；易白沙：〈孔子評議下〉，《新青年》第2卷第1號（1916年9月），頁1。

18　胡適〈墨學結論〉，《中國哲學史大綱》上卷（上海市：商務印書館，1919年2月），第8篇第6章，頁251。

文學界慣用「罷黜百家，獨尊儒術」一句，日本學界則使用「儒教的國教化」一詞，依筆者管見，易白沙首次用「罷黜百家，獨尊儒術」一句，中內義一與久保得二首次用「國教」一詞，來敘述儒學取得主流地位的局面。以下論述充分代表「漢武帝時期主流化」說的核心內容：

> 漢武帝接受董仲舒的建議，「罷黜百家，獨尊儒術」，置五經博士，設弟子員，並以董仲舒新的儒家思想體系作為專制統治的理論基礎。從此儒家學說定於一尊。[19]

> 中央集權的漢帝國，承認儒家為唯一的正統思想，摒棄諸子百家，只予儒教國家的保護與特權。董仲舒（西元前176？-前104？年）的對策，為直接的契機。……這個意見被採納，並具體地設置五經博士（西元前136年）。之後，欲謀仕途者，限於研修儒學或實踐儒教道德的人。……奠定儒教為國教的地位。[20]

　　此外，梁啟超、中內義一、久保得二、易白沙等學者，亦將漢武帝定儒學於一尊視為禁絕其他各家學派之意，並主張此一局面導致中國學術的沉滯，妨礙中國人文的進步，建議「推明孔氏，抑黜百家」的董仲舒為其禍首。此種觀點尤其流行於一九一〇年代新文化運動開始以後的中文學界。

---

19 潘策：〈漢武帝「罷黜百家，獨尊儒術」〉，頁237。
20 日原利國：〈中世（前期）の思想〉，頁4-5；日原利國著，張昭譯：〈中世的思想〉，頁114-115。

　　歷來有許多學者支持「漢武帝時期主流化」說，故此說相當盛行，在中、日及歐美學界曾經一度成為一個「定見」。然而，到二十世紀中葉以後，各國學者開始對其批判或修正此說。以下將探討中日學者針對「漢武帝時期主流化」說的批判及其所引起的爭論。此文獻探討中，若論者使用表示漢朝定儒學於一尊、儒學成為正統教義學說的用詞，即「罷黜百家，獨尊儒術」、「儒教的國教化」等，則筆者也直接使用其用詞進行說明。

第二節　對「漢武帝時期主流化」說的批判

　　在此將由批判進路梳理對「漢武帝時期主流化」說的批判。依筆者之見，大致有三個進路：第一進路為「質疑董仲舒對武帝時期尊儒措施的影響力」；第二進路為「懷疑武帝時期尊儒措施的實效性或真實性」；第三進路為「釐清漢代學術思想流傳的情形」。

一　對董仲舒影響力的質疑

　　民國初期的柳詒徵批評梁啟超等人對漢武帝禁絕各家學派的見解，其中強調「董仲舒請罷黜百家之後，漢之諸帝，且不任儒」，[21]提出對董仲舒影響力的質疑。此外，如上文所述，《漢書・董仲舒傳》斷定武帝時期的尊儒措施「皆自仲舒發之」，但有學者質疑這是否為歷史事實，進而認為武帝並沒有採納董仲舒的建議，各種尊儒措施皆不屬董仲舒的功勞。例如，平井正士考據《對策》的呈上時間，考定

---

21 柳翼謀（詒徵）：〈論近人講諸子之學者之失〉，《史地學報》第1卷第1期（1921年11月），頁73-78。

〈對策一〉及〈對策三〉的呈上在元光元年（西元前134年）五月，
〈對策二〉的呈上則是在元光五年（西元前130年），之後以此結論為
起點，指出「抑黜百家」和「舉茂才孝廉」都在董仲舒對策以前，「立
學校之官」則是公孫弘的功勞。[22]福井重雅將平井正士的相關討論繼
承及發展，認為《漢書》偽造董仲舒促成「儒教的官學化」一事。[23]
戴君仁亦質疑董仲舒的影響力，其思路與平井正士非常相似。[24]孫景
壇則主張，漢武帝和董仲舒「罷黜百家，獨尊儒術」為作於《漢書》
與《資治通鑑》的「謊言」。[25]

二　對尊儒措施的懷疑

　　平井正士首次懷疑尊儒措施的實效性。他指出武帝實際上並無重
用大批的儒生，尊儒措施尚未得以有效的運作，以此為理由，否定了
武帝定儒學於一尊。平井正士探討武帝時期任用儒生的情形，指出武
帝只有在即位初期比較積極地任用儒生，但也並無特別重用。他亦解
釋「儒教的國教化」即民心趨於以儒學來追求利祿，並由於這種傾向
在武帝時期未占主要地位，故將武帝時期看作「儒教國教化」的「前
階段」。[26]孫景壇[27]與楊生民[28]等學者也指出武帝任用諸多儒生以外的

---

22 平井正士：〈董仲舒の賢良對策の年次に就いて〉，頁79-116。

23 福井重雅：〈儒教成立史上の二三の問題〉，頁11-26。福井後來對董仲舒相關問題予
　以更詳細的探討，進一步發展自己的觀點。參照福井重雅：〈董仲舒の研究〉，《漢代
　儒教の史的研究》，第2篇，頁259-412。

24 戴君仁：〈漢武帝抑黜百家非發自董仲舒考〉，頁335-344。

25 孫景壇：〈漢武帝「罷黜百家，獨尊儒術」子虛烏有：中國近現代儒學反思的一個
　基點性錯誤〉，《南京社會科學》1993年第6期（1993年12月），頁102-112。

26 平井正士：〈漢の武帝時代に於ける儒家任用：儒學國教化の前階として〉，收入東
　京教育大學東洋史學研究室編：《東洋史學論集》第3（東京：不昧堂書店，1954年
　11月），頁291-304。

人才，以否定漢武帝「罷黜百家，獨尊儒術」。

　　此外，福井重雅懷疑「漢武帝時期主流化」說的重要根據之一，即漢武帝「置五經博士」這一事的真實性。這件事見於《漢書》，但《史記》卻無記載，福井重雅從此事實出發，探討漢代五經博士的情況。他推論出漢武帝時期只有《詩》、《書》、《春秋》博士，未有《易》、《禮》博士，並且考據出東漢時期存在漢文帝時期「置五經博士」之說，因此認為漢武帝「置五經博士」難以視為歷史事實，應為《漢書》假託。[29]王葆玹則認為「武帝『置五經博士』僅有『增置』的意思，沒有『獨置』的意思」。他指出，西漢文景時期的博士官有黃老與儒家之經的博士，與經以下的諸子和傳記的博士，並主張「罷黜百家，獨尊儒術」的時間問題即是「何時取消諸子傳記博士的建置的問題」，而關注博士人員的人數，說明武帝並未罷黜諸子傳記博士。[30]

三　學術思想流傳情形的釐清

　　如上文所述，柳詒徵批評梁啟超等學者的見解，其中論證漢代尚未「禁人習此諸家之學說」，並認為「諸子之學之銷沉」發生於東漢末期至五胡十六國時期的動亂之中，故與漢武帝及董仲舒毫無關係。[31]徐復觀與柳詒徵同樣否定漢武帝採納董仲舒的建議而禁絕各家學派的

---

27 孫景壇：〈漢武帝「罷黜百家，獨尊儒術」子虛烏有〉，頁102-112。

28 楊生民：〈漢武帝「罷黜百家，獨尊儒術」新探：兼論漢武帝「尊儒書」與「悉延（引）百端之學」〉，《首都師範大學（社會科學版）》2000年第5期（2000年10月），頁6-11。

29 福井重雅，〈儒教成立史上の二三の問題〉，頁2-11。他後來進一步深入研究漢代五經博士的問題，導出了漢朝到光武帝時期才「置五經博士」的結論。參照福井重雅：〈五經博士の研究〉，《漢代儒教の史的研究》，第1篇，頁109-258。

30 王葆玹：〈「罷黜百家，獨尊儒術」與經學史的分期問題〉，頁127-133。

31 柳翼謀，〈論近人講諸子之學者之失〉，頁73-76。

見解，闡述董仲舒是建議「不為六藝以外的學說立博士」，而非「要禁止諸子百家在社會上的流通」，並且「西漢時學術流通的情形頗為宏富，對學術的態度也頗為公允，並未受建元五年立五經博士的影響」，以批評「一般人認定我國學術的不發達，皆應由董氏將學術定於一尊，負其全責」的狀況。[32]福井重雅則闡明武帝時期的尊儒措施並無導致排除其他思想學說，主張其尊儒措施只不過是即位當初一時的志向。據他所說，在武帝時期，除儒學之外，法術、神仙方術皆受重，黃老思想也仍流通，並且武帝只在即位後十幾年間實行尊儒措施而已。[33]

福井重雅的論文受到日本學界深切關注，其出現後，諸多中國歷史學者在「漢武帝時期主流化」說不能成立的前提之下，進而開始討論「儒教何時且如何取得了主流地位？」的問題，亦即日本學界的所謂「儒教的國教化」爭論發生。在中文學界，孫景壇的見解產生較多反應。以下考察對「漢武帝時期主流化」說的批判所引起的反應。

第三節　對「漢武帝時期主流化」說的批判所引起的反應

對「儒學的主流化」說的批判引起正反兩面反應。有學者拒絕接受其批判，有學者──尤其是日本的中國歷史學者──則接受後，進而開始討論「儒學的主流化」的原委及時期。此處將整理此兩種反應。

---

32 徐復觀：〈漢代專制政治下的封建問題〉，頁191-194；徐復觀：〈先秦儒家思想的轉折及天的哲學的完成〉，頁427-428。

33 福井重雅，〈儒教成立史上の二三の問題〉，頁27-30。

一 「漢武帝時期主流化」說之批判的反駁

在日本學界，福井重雅的論文問世之後，佐川修立刻發表一篇論文，其中專就福井重雅的觀點加以反駁。佐川修再次詮釋相關原文材料，以肯定漢武帝「置五經博士」確有其事。他又認為武帝採納董仲舒的《對策》，理論支持尊儒政策，故《對策》充分達成了「思想史使命」，從思想史的角度主張《對策》在武帝獨尊儒家一事中具有重要意義。[34]富谷至繼承佐川修的見解批評平井正士與福井重雅的觀點，[35]鄧紅則主要從研究方法方面進行批判。[36]

此外，澤田多喜男對福井重雅的論文反應也甚快，並以福井重雅的見解為前提來探討董仲舒思想。[37]然而，許多研究中國思想的日本學者拒絕接受福井重雅的主張，在其主張出現後，也有不少學者仍以「漢武帝時期主流化」說作為前提，討論董仲舒思想及其在「儒學的主流化」中所扮演的角色，諸如宇佐美一博、[38]町田三郎、[39]淺野裕一、[40]鄧紅、[41]齋木哲郎、[42]吉永慎二郎[43]等。

---

34 佐川修：〈武帝の五經博士と董仲舒の天人三策について〉，頁59-69。

35 富谷至：〈「儒教の國教化」と「儒學の官學化」〉，頁615-622。

36 鄧紅：〈董仲舒否定の否定〉，頁163-197；鄧紅：〈日本的董仲舒否定論之批判〉，頁7-18。

37 澤田多喜男：〈董仲舒天譴說の形成と性格〉，頁485-508。

38 宇佐美一博：〈董仲舒の政治思想〉，頁59-73。

39 町田三郎：〈儒教國教化について〉，《秦漢思想史の研究》（東京：創文社，1985年1月），第2章6，頁159-178。

40 淺野裕一：〈董仲舒・天人三策の再檢討〉，頁651-676。

41 鄧紅：〈天神と天道と天命〉，頁63-105；鄧紅：〈天神天道天命〉，頁43-77。

42 齋木哲郎：〈董仲舒の生涯・對策の年次、及び儒教國教化の實際について〉，頁338-361。

43 吉永慎二郎：〈董仲舒對策における「天」と「命」〉，頁247-262。

在中文學界，孫景壇的論文引起較大的爭論，有學者反駁其觀點以肯定漢武帝定儒學於一尊為事實。管懷倫主要從三個方面，即史料釋讀、對「儒學的主流化」一事的理解、「儒學的主流化」的歷史必然性，批評孫景壇的研究。[44]張進則指出孫景壇的研究在許多史實及史料的解讀上都有嚴重疏漏，因此其結論根本不能成立。[45]另外，周桂鈿反對孫景壇與楊生民的意見，認為漢武帝「獨尊儒術」之說只概括表示漢武帝時期的基本傾向，並非代表完全不任用儒家以外的人物，[46]而且認定董仲舒為造成「獨尊儒術的社會風氣」的代表人物。[47]

二 「儒學何時且如何取得了主流地位」的爭論

到二十世紀中晚期以後，愈來愈多學者討論「儒教如何主流化」及「其時間在何時」的問題。不過，大部分的學者為了討論儒學興盛，都將發生某一特定情況或歷史事件作為「儒學的主流化」的標誌，換句話說，他們預設儒學興盛為在短時間內完成的某一事件，並討論其情形。在此討論架構下，學者們各自提出不同的標誌以勾勒漢代儒學的樣貌。到目前，學者所提出的各種標誌，大約可歸納為如下四類：

第一類是「漢朝建立尊儒制度」。這類標誌最主要的具體事例，乃為漢武帝建立儒家優遇制度，亦即「漢武帝時期主流化」說用以說

---

44 管懷倫：〈漢武帝「罷黜百家，獨尊儒術」確有其事：與孫景壇同志商榷〉，《南京社會科學》1994年第6期（1994年6月），頁13-18。

45 晉文（張進）：〈也談「漢武帝尊儒問題」〉，頁41-46。

46 周桂鈿：〈漢武帝是否獨尊儒術？：兼論思想方法諸問題〉，《中國社會科學院研究生院學報》2003年第2期（2003年3月），頁33-38。

47 周桂鈿：〈從《史記》看漢武帝獨尊儒術：兼復楊生民〉，《中國社會科學院研究生院學報》2004年第5期（2004年9月），頁131-133。

明儒學興盛的標誌。另外，渡邊義浩（日文：渡邊義浩）為了描繪
「儒教的國教化」，提出「儒教國家」的概念框架，並設定「儒教國
家」成立的四個指標，探討漢代的哪些歷史現象符合其指標，其中以
「儒教一尊體制的確立」當作指標之一。[48]但他不以漢武帝建立尊儒
制度，而以東漢初期出現的兩個現象——五經博士的確立、以《孝
經》為取士標準的普遍化——當成其具體事例。[49]

　　第二類是「漢朝重用大批儒生」。如上文所述，一系列的儒家優
遇制度確立於漢武帝時期。從此之後，當官的儒生愈發增加，但是，
漢武帝本人並未特別重用儒生，故於此時期，儒生在中央官場尚未擁
有很大的勢力。有學者認為，儒生在中央官場擴大勢力並滲透到公卿
階層，是「儒學的主流化」的重要標誌。以此為前提，平井正士[50]與
楊生民[51]指出如此情況到漢元帝時期才開始呈現，渡邊義浩則主張其
出現於東漢初期。[52]

---

48 渡邊義浩：〈「儒教の國教化」をめぐる議論と本書の方法論〉，《後漢における「儒
　　教國家」の成立》（東京：汲古書院，2009年5月），序論，頁5-30；渡邊義浩著，仙
　　石知子、朱耀輝譯：〈論東漢「儒教國教化」的形成〉，《文史哲》2015年第4期
　　（2015年7月），頁132-135。

49 渡邊義浩：〈兩漢における春秋三傳と國政〉，《後漢における「儒教國家」の成
　　立》，第1章，頁46；渡邊義浩：〈後漢における「儒教國家」の成立〉，《後漢にお
　　ける「儒教國家」の成立》，結論，頁272-273。

50 平井正士，〈漢の武帝時代に於ける儒家任用〉，頁291-304。平井正士後來統計西漢
　　時期的公卿中有多少「儒家官僚」，並算出其百分比。據此研究，「儒家官僚」於設
　　立太學以前在武帝所任用的公卿中占6.1%，於設立太學以後則在其中占1.9%，到元
　　帝時期，在此時期所有公卿中占26.7%。參照平井正士：〈漢代に於ける儒家官僚の
　　公卿層への浸潤〉，收入酒井忠夫先生古稀祝賀記念の會編：《歷史における民眾と
　　文化：酒井忠夫先生古稀祝賀記念論集》（東京：國書刊行會，1982年9月），頁51-
　　65。

51 楊生民：〈論漢武帝是否獨尊儒術：也談思想方法問題〉，《中國社會科學院研究生
　　院學報》2004年第2期（2004年3月），頁127。

52 渡邊義浩：〈官僚〉，《後漢國家の支配と儒教》（東京：雄山閣，1995年2月），第2

第三類是「漢朝以儒家學說改革朝廷制度」。西漢朝廷多次按照儒家學說改革制度，最早在高祖時期，令叔孫通制定朝廷禮儀。到了武帝時期，因施行尊儒制度而當官的儒生大增，其初大部分都受任為地方的下級官僚，但逐漸在朝廷內提升勢力，並在元帝時期以後，依據儒家學說推動各種制度的改革。此改制運動基本上完成於王莽執政時期，並沿用至東漢。有學者著眼於如上的制度改革而論述「儒學的主流化」，應是由於他們認為，漢朝採納儒生的意見改制，暗示著漢朝以儒家學說為政治理念。譬如，西嶋定生[53]與甘懷真[54]關注始自元帝時期的制度改革，並將王莽完成改制一事視為「儒教的國教化」。王葆玹設想「漢承秦制」局面瓦解等同於儒家始有獨尊地位，並指出漢成帝時期實行諸多制度革新，而認定此時期為「獨尊儒術」的起點。[55]山田勝芳以漢明帝（在世西元28-75年，在位57-75年）時期許多制度的完善視作「儒教的國教化」的完成。[56]佐藤將之則重視漢朝接納禮制，認為叔孫通制定禮制一事「註定了西漢要走向儒學『國教化』的命運」。[57]

第四類則是「漢朝開始依儒家經典以保證正當性」。有學者認為，儒學建構出可說明皇帝制度的學說，且其學說受到皇帝容納而使

章，頁99-191。渡邊義浩統計東漢時期的三公九卿中有多少人士比例具備儒家學養，闡明了具備儒家學養的人士，從東漢初期在三公九卿中就大約占70%左右。

53 西嶋定生：〈儒教の國教化と王莽政權の出現〉，頁303-367；西嶋定生著，黃耀能譯：〈儒家思想的確立與王莽政權的出現〉，頁237-285。

54 甘懷真：〈西漢郊祀禮的成立〉，《皇權、禮儀與經典詮釋：中國古代政治史研究》（臺北市：財團法人喜瑪拉雅研究發展基金會，2003年1月），上篇貳，頁33-35；甘懷真：〈「制禮」觀念的探析〉，《皇權、禮儀與經典詮釋》，上篇參，頁83-91。

55 王葆玹：〈「罷黜百家，獨尊儒術」與經學史的分期問題〉，頁103-137。

56 山田勝芳：〈均の理念の展開：王莽から鄭玄へ〉，《東北大學教養部紀要》第43號（1985年12月），頁88-89。

57 佐藤將之：〈結論〉，《荀子禮治思想的淵源與戰國諸子之研究》（臺北市：臺灣大學出版中心，2013年1月），頁261-263。

皇帝制度正當化，「儒學的主流化」至此方告完成。儒家在西漢末期
吸納神秘思想而製造出經典——讖緯，儒學藉此才可說明皇帝制度，
故這些學者皆重視河圖、洛書、七經緯等讖緯。例如，西嶋定生認為
「儒教的國教化」的具體事例，除元帝時期以來的制度改革之外，亦
須關注儒家以讖緯說明「皇帝」存在這一點。[58]板野長八界定的「儒
教的完成」是皇帝和人民均服從於孔子之教體制的完成；並認為，此
體制完成於漢光武帝將（被視為）孔子所作的「圖讖」昭告天下。[59]
冨谷至論證讖緯在白虎觀會議中得到了與經書同等的崇高地位，並主
張「儒教的國教化」至此乃告完成。[60]謝謙則著眼於東漢初期依據儒
家經典與讖緯之學制禮作樂、使禮樂制度正統化，主張儒學作為「國
教」的正統地位完成於東漢光武、明、章之際。[61]

　　在如上的討論架構中預設「主流化」為發生某一特定情況或事
件，則「主流化」必然具有特定的時間點。因而，以此架構來討論的
學者們，將推導出不同時間點以對應於各個標誌事件。

　　不過，有學者不將儒學興盛視為某一特定情況或事件的發生，而
將其當成一段長期的階段性歷程。依筆者管見，德效騫 "The Victory
of Han Confucianism" 一文應是其濫觴，[62]福井重雅在批評上述預設中

---

58 西嶋定生：〈皇帝支配の成立〉，《東アジア世界の形成》（東京：東京大學出版會，
　　1983年1月），第1篇第1章，頁51-92；西嶋定生：〈儒教の國教化と王莽政權の出
　　現〉，頁303-367；西嶋定生著，黃耀能譯：〈儒家思想的確立與王莽政權的出現〉，頁
　　237-285。

59 板野長八：〈圖讖と儒教の成立〉，頁329-401；板野長八：〈儒教の成立〉，頁493-
　　527。

60 冨谷至：〈白虎觀會議前夜：後漢讖緯學の受容と展開〉，《史林》第63卷第6號
　　（1980年11月），頁904-923。

61 謝謙：〈漢代儒學復古運動與郊廟禮樂的正統化〉，《四川師範大學學報（社會科學
　　版）》第23卷第2期（1996年4月），頁49-55。

62 Dubs, *The History of the Former Han Dynasty*, Volume 2 , pp. 341-353.

提出此一討論架構。如上文所述，福井重雅在一九六七年發表的論文中批判「漢武帝時期主流化」說，但其中並未涉及到「儒教何時且如何國教化？」的問題，三十多年後，將儒學興盛視作階段性歷程，試圖在此前提下來闡釋。他不僅批評上述的預設，也反對用「國教化」一詞以討論儒學興盛，故定義了「官學化」這個術語以替代「國教化」一詞，並主張漢元帝時期為儒學的「官學化」歷程中劃時代的時期。[63] 池田知久則為了勾勒漢代儒學興盛，完全將「國教化」視為階段性歷程，並無論及其歷程中劃時代的時期。[64]

此外，渡邊義浩贊同福井重雅所提出的討論架構，藉由提出他所設定的「儒教國家」概念框架，而探討儒學的「國教化」。如上文提到，「儒教國家」的形成有四個指標，據他說明，也就是「儒教的國教化」的完成，其時間是在漢章帝時期召開白虎觀會議。[65] 依筆者之見，渡邊義浩所設定「儒教國家」形成的四個指標，實質上大概是包含上述的第一類、第二類及第四類標誌，第四類標誌（尤其是板野長八的研究）包含「儒教國家」成立的兩個指標，即「作為正統思想的儒教體制的形成」與「儒教統治的形成」。

由以上可知，一批學者圍繞「儒學是否在漢武帝時期主流化」主

---

63 福井重雅：〈問題の所在〉，《漢代儒教の史的研究》，緒言序章，頁5-21；福井重雅：〈儒教の官學化をめぐる諸問題〉，頁97-107。除福井重雅之外，還有學者反對使用「儒教的國教化」此一術語來討論漢代儒學，如關口順、井之口哲也（日文：井ノ口哲也）等。參照關口順：〈「儒教國教化」論への異議〉，《中國哲學》第29號（2000年12月），頁1-24；井之口哲也：〈「儒教」か「儒學」か、「國教」か「官學」か〉第28號（2015年6月），頁9-31。

64 池田知久：〈儒教の國教化と道教・佛教〉，溝口雄三、池田知久、小島毅：《中國思想史》，（東京：東京大學出版會，2007年9月），第1章4，頁60-77。

65 渡邊義浩：〈後漢における「儒教國家」の成立〉；渡邊義浩著，仙石知子、朱耀輝譯：〈論東漢「儒教國教化」的形成〉，頁122-135；渡邊義浩：《後漢國家の支配と儒教》。

題爭論,另一批學者圍繞「儒學何時且如何取得了主流地位」而爭論。總的來說,從二十世紀中後期到目前,「漢代儒學何時且如何取得了主流地位」的問題尚未達成共識。圍繞「儒學的主流化」的爭論似乎暗示,漢代儒學興盛的原委相當複雜,並沒有「漢武帝採納董仲舒的建議而定儒學於一尊」如此地單純。

第四節 「儒學的主流化」爭論反思

在此將反思對「儒學的主流化」的批判,以及「儒學何時且如何取得了主流地位」的爭論,並試著提出更具建設性之討論「儒學的主流化」的架構。

一 對「漢武帝時期主流化」說的批判反思

首先,反思「漢武帝時期主流化」說的批判,也就是探討其是否具合理性。如上文所說,平井正士、福井重雅、戴君仁等學者都質疑董仲舒對武帝時期尊儒措施的影響力,佐川修、冨谷至、鄧紅等學者對此反駁。筆者認為,由歷史考據方面來看,絕不能抹殺平井正士等研究的成果。

《漢書・董仲舒傳》斷定:「及仲舒對冊,推明孔氏,抑黜百家,立學校之官,州郡舉茂才孝廉,皆自仲舒發之。」然而,關於「推明孔氏,抑黜百家」,丞相田蚡應該是最主要的推動者。根據史書記載,田蚡在建元六年六月就任丞相,「絀黃老、刑名百家之言,延文學儒者數百人」,[66]而且,即使《對策》的呈上時間更早於此,田

---

66 司馬遷:〈儒林列傳〉,頁3118;班固:〈儒林傳〉,頁3593。

蚡的措施也應與董仲舒的建議毫無關係，因田蚡獨立任用人才，「薦人或起家至二千石，權移主上」，[67]但董仲舒並非由他提拔，而是由「主上」漢武帝擢升的。此外，正如平井正士、福井重雅、戴君仁所指出，「立學校之官」者在地方是文翁（西元前187？-前110？年），在中央則是公孫弘。至於「州郡舉茂才」者，蘇誠鑒[68]和福井重雅[69]闡明其原因不可能是《對策》，其論點極為確切，似無反駁的餘地。

不過，如本書第三章論及，「舉孝廉」則很可能「自仲舒發之」。「舉孝廉」自元光元年十一月開始，並依筆者的考證，董仲舒呈上《對策》的時間是在建元六年六月以後。[70]〈對策二〉提出的官吏任用制度草案酷似「舉孝廉」，「舉孝廉」開始後才提出此草案是沒有意義的，故如福井重雅所指出，《對策》應該呈上於「舉孝廉」開始以前。[71]當時以十月為歲首，那麼，從《對策》的呈上到「舉孝廉」的開始，最長也只相隔未滿半年的時間。董仲舒參加策試而獲選為「舉首」（榜首），也就是說與「舉孝廉」相仿的制度草案，出現於非常接近開始「舉孝廉」的時期，又在策試如此正式的場合中，由第一名的學者提出。既然有此情況，就很難想像在這兩件事之間毫無任何關係。[72]

---

67 司馬遷：〈魏其武安侯列傳〉，《史記》，卷107，頁2844；班固：〈竇田灌韓傳〉，《漢書》，卷52，頁2380。

68 蘇誠鑒：〈董仲舒對策在元朔五年議〉，頁87-92。

69 福井重雅：〈董仲舒の實像と虛像〉，頁300。

70 本書第三章，頁71-75。

71 福井重雅：〈董仲舒の對策の再檢討〉，頁355-356。

72 有學者可能對此反駁：若果真如此，董仲舒對策後獲任的官職應非地方官的江都相，而為能參與制定其制度的中央官。不過，其官職未必是無法置喙中央政府的政策之江都相，而應是能發揮實質權限的中央官僚之中大夫。中大夫為能參加公卿會議的中央高官，故若董仲舒對策後被任為中大夫，則可參與制定孝廉制。詳見本書第三章。

　　此外，平井正士、孫景壇、楊生民等學者懷疑武帝時期尊儒措施的實效性。正如平井正士所闡明的，漢武帝任用許多具有不同學術背景的人才，也並無特別重用儒生，此乃單純的事實。職是之故，武帝時期以後「欲謀仕途者，限於研修儒學或實踐儒教道德的人」，這種看法根本就不能成立。只要接受如上單純的事實，傳統上武帝時期建立儒家優遇制度視同為「儒學的主流化」，便很難堅持下去。

　　再者，一般認為武帝時期的儒家優遇制度中有「置五經博士」，「漢武帝時期主流化」說以此事當成「主流化」的重要標誌，但福井重雅懷疑漢武帝「置五經博士」一事的真實性，王葆玹則主張漢武帝「置五經博士」是「增置」，而非「獨置」。筆者無意探討有關漢代五經博士的議題，但認為無論漢武帝實際上有無「置五經博士」、無論增置之或是獨置之，在元朔五年「為博士官置弟子」以前，儒家學者似乎已獨占博士官一職，因從公孫弘〈功令〉的內容來看，當時要「置弟子」的博士官已皆是儒學博士。

　　博士官只限於儒學博士，並不會導致排除其他學術傳統。漢武帝甚至鼓勵各家學派復興，如《漢書・藝文志》所云：

> 漢興，改秦之敗，大收篇籍，廣開獻書之路。迄孝武世，書缺簡脫，禮壞樂崩，聖上喟然而稱曰：「朕甚閔焉！」於是建藏書之策，置寫書之官，下及諸子傳說，皆充祕府。[73]

由是觀之，柳詒徵、徐復觀、福井重雅等學者所提出在武帝時期多樣的思想學術流通於世的觀點，是可以肯定的。不過，福井重雅將漢武帝的尊儒措施視為即位當初一時的志向，可能還值得商榷。因漢武帝

---

73 班固：〈藝文志〉，頁1701。

確非只依儒學統治，也積極任用其他學派人士；但另一方面，從武帝時期起博士官只限於儒學博士，運用「舉孝廉」、「為博士官置弟子」等制度，審判時如遇重大案件則從《春秋》中尋找依據，此等制度並未廢除，傳於後代，在漢朝政治中構成傳統。根據以上的事實，似乎也可設想：武帝一直都在相當程度上重視儒學，甚至將儒家定位於其他學派之上。

　　總之，批判「漢武帝時期主流化」說的學者檢驗史書上的相關記載，闡明了此說有不少問題。不過筆者認為，平井正士與福井重雅的批判似乎過度輕視武帝時期尊儒措施的意義。而且，雖如他們所說的，漢代儒學並非只由董仲舒的建議開始興盛，但他們幾乎都不考慮思想層面的觀點，只考慮董仲舒之事蹟，而全盤否定董仲舒與武帝時期的尊儒措施有所關係，這種評價似乎稍嫌偏頗。

　　許多研究中國思想的日本學者拒絕福井重雅之說的原因，應在於其並未充分考慮思想層面就否定董仲舒的影響。而未以思想層面來討論儒學興盛，是日本的中國歷史學者共同的傾向。淺野裕一曾將板野長八的研究評為「忽略儒教的儒教形成史」，[74]指出板野長八將儒學看作一種「御用學術」，忽略儒家學者為追求理想而從事學術活動的可能性。筆者認為，這點在相當程度上可適用於日本的中國歷史研究者及中文學界部分學者的相關研究。

二 「儒學的主流化」的理解問題

　　接著，將反思圍繞「儒學的主流化」之原委與時間的爭論。具體而言，主要探討「對儒學何時且如何主流化的看法為何如此分歧」及

---

74 淺野裕一：〈板野長八著儒教成立史の研究〉，《東洋史研究》第55卷第1號（1996年6月），頁192-200。

「如何理解漢代儒學興盛的問題比較可行」這兩項問題。

　　關於前者的問題，就結論而言，分歧的原因應該在於上文所述的預設前提：「儒學的主流化」是發生某一特定情況或歷史事件。大部分的學者如此預設，在此前提下探討「主流化」的情形，各自提出「主流化」的標誌以討論「主流化」的開始或完成等時間點。在此預設的前提下產生出來的研究成果，彷彿呈現如下狀態：有多少學者研究「儒學的主流化」就有多少「主流化」的界定。[75]換言之，既然預設「主流化」為發生某一特定情況或事件，從不同視角觀察儒學興盛，便導出不同的「主流化」標誌。故而如此預設，將使學者永遠無法得到關於儒學「主流化」的共識，誠如井之口哲也（日文：井ノ口哲也）就日本學界常用的「儒教的國教化」一詞所說：

> 欲要想在研究者之間對關於「儒教國教化」實現期的這一見解上得到共識統一，所有的研究者都必須持有同樣的、毫不動搖的標誌（Merkmal），但是，這一點是不可能實現的。[76]

預設「國教化」為在短時間內完成的某一事件，這不僅導致以上的困難，而且在探討漢代儒學興盛上有根本性的問題。如福井重雅所指出的，無論是漢朝或是新莽，從無正式承認儒學為唯一正統的思想、學術，儒學不知何時實質上成為官方學術，因此，對於這件事情，我們

---

75 保科季子如此形容日本學界「儒家的國教化」爭論的狀況。參照保科季子：〈近年の漢代「儒教の國教化」論爭について〉，《歷史評論》第699期（2008年7月），頁45。

76 井之口哲也：〈完成使命的《儒教國教化》學說：圍繞日本學者的議論〉，《儒學的當代使命：紀念孔子誕辰2560年國際學術研討會論文集》第3冊，「紀念孔子誕辰2560周年國際學術研討會暨國際儒聯第四次會員大會」（北京市、曲阜市：國際儒學聯合會、中國孔子基金會、聯合國教科文組織，2009年9月），頁4；井之口哲也：〈後漢經學研究の視點〉，《後漢經學研究序說》（東京：勉誠出版，2015年2月），序章，頁3。

根本無法只以某一皇帝的治世或某一制度、會議等，就能決定無異議的絕對年代。[77]

　　中文學界慣用的「罷黜百家，獨尊儒術」一句，也一般被預設為發生某一情況或事件，故雖管懷倫說：「『罷黜百家，獨尊儒術』，作為一個理論概括和歷史概念，基本得到史學界的公認。」[78]但其與「儒教的國教化」一詞相同，學者在此使用上並無任何共通標準。

　　例如，以下學者皆將「罷黜百家」或「獨尊儒術」視為漢武帝時期的一次事件，但其界定卻都不相同。周桂鈿說：「漢武帝採納董仲舒的思想大一統的建議，罷黜百家，獨尊儒術，在思想界樹立了儒學的權威，並產生了中國特有的經學亦即經學傳統。」[79]並他將「獨尊儒術」理解為「只是承認尊崇儒家是當時的主流」。李定一重新詮釋「罷黜百家」一句：「漢武帝的尊崇儒術，罷黜百家，只是提倡教育，政府不再用公帑去養不重視教化的學人而已，他決沒有統制思想，壓迫學術自由，董仲舒也從未做過如此之建議！」[80]管懷倫說明武帝時期「罷黜百家，獨尊儒術」，是由六個或八個階段所構成的歷史事件。[81]曾春海則幾乎完全承襲梁啟超等學者的觀點：「獨尊儒術是政治干預學術，將思想大一統於儒學，雖有利於政治及國家的統一，卻造成了學術和政治本身傷害。」[82]

　　以下學者並不將「罷黜百家，獨尊儒術」視為漢武帝時期的事

---

77 福井重雅：〈儒教の官學化をめぐる諸問題〉，頁104。

78 管懷倫：〈漢武帝「罷黜百家，獨尊儒術」確有其事〉，頁13。

79 周桂鈿：〈大一統論〉，《董學探微》，第13章，頁322。

80 李定一：〈中華世界的確立與發展〉，頁118。

81 管懷倫：〈漢武帝「罷黜百家，獨尊儒術」確有其事〉，頁13-18；管懷倫：〈「罷黜百家獨尊儒術」的歷史過程考論〉，《江蘇社會科學》2008年第1期（2008年1月），頁192-195。

82 曾春海：〈董仲舒與西漢經學〉，《中國哲學史綱》（臺北市：五南圖書出版公司，2012年8月），第2篇第3章，頁239。

件，但仍將其看作某一特定事件的發生，故界定都不相同。王賓如與王心恆說明「罷黜」為「用一種成熟的學術思想、學術體系、學術內容，去取代另一種思想、體系、內容」，[83]王葆玹認為「罷黜百家，獨尊儒術」便是「傳記博士」之「撤銷」，[84]孫景壇[85]與楊生民[86]則與梁啟超等學者同樣將其理解為實行思想專制。

　　正如上述許多前人研究所示的，若將儒學興盛視為某一情況或事件的發生，則學者們從不同視角，將不同情況或事件定為儒學興盛的標誌，便不管使用「罷黜百家，獨尊儒術」或「儒教的國教化」或是其他術語，關於漢代儒學興盛都不能達到共識。也就是說無論是何種術語，只要以某一特定情況或歷史事件的發生之義使用之，恐怕就漢代儒學興盛的理解上，無法期望達到最好的效用。

　　那麼，我們應當如何理解漢代儒學取得優位這一現象？筆者贊同上述德效塞、福井重雅及池田知久的理解進路，即將其興盛視作一段較長期的階段性歷程來理解。因漢朝及新莽並未正式宣示過儒學為正統教義，或者禁止過其他學派的學說。儒學是不知何時實質上取得了主流地位的，不同於基督教的國教化有幾個清楚的標誌，相對較難找出明顯標誌，那麼，將之視為徐緩地階段性發展較為妥善。而且，設想儒學興盛為在短時間內完成的某一事件，便容易過度關注儒學與國

83　王賓如、王心恆：〈漢武帝「罷黜百家，獨尊儒術」辨〉，收入《社會科學戰線》編輯部編，《中國古代史論叢》第7輯（福州市：福建人民出版社，1983年10月），頁288。

84　王葆玹：〈「罷黜百家，獨尊儒術」與經學史的分期問題〉，頁106。

85　孫景壇：〈漢武帝「罷黜百家，獨尊儒術」子虛烏有〉，頁102-112；孫景壇：〈中國古代「罷黜百家，獨尊儒術」的始作俑者是漢章帝：駁「古代無『打儒家旗號的思想專制』」說，同劉桂生、劉偉傑、管懷倫、張進等商榷〉，《中共南京市委黨校學報》2010年第3期（2010年6月），頁92-97。

86　楊生民：〈漢武帝「罷黜百家，獨尊儒術」新探〉，頁6-11；楊生民：〈論漢武帝是否獨尊儒術〉，頁124-128。

家結合的場景，並使我們只注意到儒學迎合官方的「御用學術」的層面，忽略掉其精神、理想等不同層面，但若將儒學興盛當成階段性歷程則應可避免如此，從而較易考慮探討思想方面的問題。

不可諱言，過去許多學者各自以不同的標誌繪出儒學興盛的輪廓，應該都有合理的根據。上述的四類標誌皆可謂是漢代儒學興盛的里程碑：「漢朝建立尊儒制度」表示儒學開始為朝廷所尊崇；「漢朝重用大批儒生」及「漢朝以儒家學說改革朝廷制度」則表示儒學滲透於朝廷之內；「漢朝開始依儒家經典來保證正當性」也表示儒學成為國家的正統教義學說。不過這四類標誌，都只代表漢代儒學興盛之歷史脈絡中的某一層面，或部分階段，而無法將其中一個視為整體樣貌。漢代儒學興盛一事應將其視為一段有開始、發展及完成的歷程，既然如此，為了完整地把握其興盛，我們將之理解為階段性歷程最為確切。

因此，在筆者看來，關於概括表示儒學在學術與政治等領域中取得優位的用語，重要的是用法，而非用何術語，只要以階段性歷程之義使用，用「罷黜百家，獨尊儒術」或「儒教的國教化」或其他術語，便相對沒有如此重要。筆者反對在論述漢代儒學時，預設儒學興盛為發生某一特定情況或歷史事件，然而並非否定以往的相關研究，反之，甚至認為那批豐饒的研究成果，皆可當作重新勾勒漢代儒學興盛的基礎。因而轉換視角重新理解漢代儒學興盛為階段性歷程，只要如此，過去學者所提出儒學興盛的各種具體標誌，諸如儒家優遇制度的確立、儒學對社會和政治的滲透、朝廷制度的改革及整備、圖讖革命的發生、白虎觀會議的召開等，均能無例外地在其歷程中獲得一席之地。

小結

　　以上梳理及反思中日學界對於「儒學的主流化」的理解，由此主要得到兩個觀點：一為《漢書・董仲舒傳》所歸功於董仲舒及其《對策》的各種措施，應不全屬於董仲舒的功勞；二為「儒學的主流化」不應視為某一特定情況或事件的發生，而應視為一段較長期的階段性歷程。從此兩個觀點來說，為了釐清董仲舒及其思想的歷史角色，須接受其在武帝時期並無發揮《漢書》所言如此大的影響力，於此前提下，將董仲舒及其思想置於儒學興盛的整體歷程中重新探討。

第七章
結論

　　於本結論中，首先整理以上探討所得到的若干見解，接著綜合以上所有的考察結果，試著重估董仲舒在儒學興盛中的歷史角色與定位。

　　本書在正文中探討的內容大致可分為三個部分：第一部分是「考據董仲舒相關歷史文獻與事件」；第二部分是「探析董仲舒的思想系統與性質」；第三部分是「探索『儒學的主流化』更具建設性的理解」。

　　第一部分探討《賢良對策》這部文獻的可靠性，以及董仲舒呈上《對策》的時間。第二章為「《賢良對策》的真實性」，本章主要關注產生《對策》真偽問題的主要原因，即「文件格式適當與否」及「康居何時歸誼」的問題，論證《對策》基本上可視為董仲舒所著。在開始探討真偽問題之前，論及三篇〈制策〉與〈對策〉的順序問題，繼承平井正士的見解闡明〈制策一〉及〈對策一〉接續至〈制策三〉及〈對策三〉，〈制策二〉及〈對策二〉原非承接〈制策一〉及〈對策一〉。之後探討〈對策一〉的格式與內容，其中確有不合文件格式之處，並恰恰證明這點即表示〈對策一〉是漢武帝所閱覽的對策文。接著探討〈對策三〉的格式，說明其亟符合規則。最後主要探討〈對策二〉所言「康居歸誼」的時間問題，闡述「康居歸誼」的記載與《對策》的其他內容之間並不存在時間上的衝突。

　　第三章為「董仲舒對策的時間」，本章整理及反思關於董仲舒對策時間的各種學說，在此整理及反思的基礎上探討董仲舒何時對策。在開始討論對策時間之前，說明三篇〈制策〉與〈對策〉的實際順序，即用《漢書‧董仲舒傳》的排序說，以第二、第一、第三的順序

連續發出及呈上，據此闡述《漢書‧武帝紀》所載明，因此最多學者所支持的元光元年五月說並不成立。除元光元年五月說之外，其他學說也或多或少包含難以解決的問題，於是，筆者重新考察董仲舒對策的時間，得到其對策在建元元年六月至元光元年十月之間的結論。另外，一般認為董仲舒對策後所授的官職是江都相，但在處理記載之間的時間問題之過程中，於此發現董仲舒對策後拜為中大夫一職，而不是江都相。

第二部分探討《對策》所蘊含的思想系統及其理論關懷，以及天人感應論的性質與目的。第四章為「《賢良對策》的思想系統」，本章首先探討《對策》中所蘊含的四種理論，即宇宙論、人性論、君主政治論及天人感應論，並闡明四種理論之間有緊密的關聯性，系統相當完整。同時察視《對策》的理論建構脈絡，而釐清董仲舒在對其他思想學派的衝突及接納中建構出《對策》的思想系統。接著在此理論建構脈絡的基礎上，以董仲舒在建構思想系統中所處理的理論性問題為線索，探究其思想系統的理論關懷。本章的探討表示，《對策》的理論關懷在於推動孔子以來儒家一貫重視的社會政治學說，也就是推廣「任德教而不任刑」的為政準則，以期皇帝接受此一準則，由「行德」及「行道」以教化人民，在帝國體制中建立道德與文化的秩序。

第五章為「董仲舒天人感應論的性質與目的」。董仲舒的天人感應論為有關「天」與君王間相互交感的理論，本章整理及評述關於其理論性質與目的之三個見解，即「君權抑制說」、「君權神授說」、及「君主主導說」，並考察《對策》所說明「天」與君王之間的相互交感，釐清天人感應論的性質與目的。依筆者之見，君權抑制說認為董仲舒的災異說將君權行使引導到儒家思想的方向，但只說明災異說的性質，並未涉及天人感應論的整體性質；君權神授說認為天人感應論擁護君權及將其正當化，但忽略其批評君權的作用；君主主導說則認

為天人感應論強調君王對「天」的主導性，但似乎過高評估君王的力量，因君王對「天」的主宰者層面毫無主導性。本章考慮天人感應論的理論結構及其建構背景，指出其理論的性質與目的應是由「天」的權威引導君權行使的方向，即引導君王的德性及行為，以使其符合於儒家的理念。

第三部分，即第六章為「『儒學的主流化』的理解」，本章梳理及反思過去學者關於「儒學主流化」一事的各種意見，並探討儒學興盛的討論架構，而在此基礎上探索「儒學主流化」更具建設性的理解。關於漢代儒學興盛的情形，以往「漢武帝採納董仲舒的建議而定儒學於一尊」的觀點占有主流地位，但到二十世紀中晚期，有學者開始批判此一觀點，因而「儒學何時且如何取得主流地位？」的爭論發生。如福井重雅所指出，無論是漢朝或是新莽，皆從未宣示過定儒學於一尊，不可能由某一位皇帝的治世或某一情況或事件決定其時間點，本章據此認為，以往將儒學興盛預設為發生某一情況或事件來討論其興盛的討論架構，不甚恰當，乃主張只有將「儒學的主流化」一事當成較長期的階段性歷程，才能較完整地掌握其整體樣貌。

總而言之，本書主要提出如下四個觀點：

1. 《對策》基本上是董仲舒本人的著作。
2. 董仲舒約在建元六年六月至元光元年十月之間呈上《對策》。
3. 董仲舒於《對策》中力主君王以教化治國的規範性及實效性，以期引導皇帝實現儒家的治國藍圖。
4. 「儒學的主流化」不是某一特定歷史事件，而是階段性的歷程。

　　以下基於這些觀點，試著進一步重新衡量董仲舒在「儒學的主流化」中所扮演的角色與定位。

　　根據《漢書‧武帝紀》記載，漢武帝實行一系列的尊儒措施，於建元五年春「置五經博士」，元光元年十一月「初令郡國舉孝廉各一人」，元朔五年六月「為博士置弟子員」，歷來許多學者認為以上措施均是武帝採納《對策》建言的結果。董仲舒確實於《對策》中提出一些具體政策，於〈對策二〉中建議「興太學，置明師，以養天下之士，數考問以盡其材」、「使諸列侯、郡守、二千石各擇其吏民之賢者，歲貢各二人以給宿衛」，於〈對策三〉中則建議「諸不在六藝之科孔子之術者，皆絕其道，勿使並進」。

　　然而，武帝的尊儒措施似乎無法視為皆來自於《對策》的建言。因如本書第三章所述，董仲舒對策在建元六年六月至翌元光元年十月之間。首先，「皆絕其道，勿使並進」常被視為建議以儒學統一思想，並影響到「置五經博士」的措施，但即使武帝確實於建元五年「置五經博士」，因《對策》呈上於建元六年六月以後，故也不可能是其原因。此外，「興太學」的建言常被視為落實到「為博士置弟子員」的制度，即博士弟子制，但《對策》與設立博士弟子制相隔約十年的時間，故《對策》應非博士弟子制的直接原因。只是，「舉孝廉」的察舉制則很可能是《對策》的結果，這點在本書第六章已詳論。[1]總之，董仲舒於《對策》中所提出的具體政策，似乎只有「歲貢各二人以給宿衛」的建言受到武帝採用，作為孝廉制實施。

　　另，梁啟超等學者將「皆絕其道，勿使並進」視為要求禁絕「諸不在六藝之科孔子之術者」，認為漢武帝採納此一建議而禁絕各家，阻斷以後中國學術及人文的發展，並歸咎於董仲舒及其《對策》。但

1　本書第六章，頁162。

武帝並無禁絕儒家以外各家之學，甚至鼓勵各家之學復興。[2]而且，
「皆絕其道，勿使並進」未必要求禁絕「諸不在六藝之科孔子之術
者」，應只請求不要任用儒生以外的人才、將儒學以外的學說當作官
學。[3]不過，即使「皆絕其道，勿使並進」的實質內容確實如此，武
帝也沒有完全實行此一建議。因於其統治期間任用諸多具有不同學術
背景的人才，也並無特別重用儒生。

　　不過，博士弟子制似乎在董仲舒學術的影響下訂立。首先，公孫
弘於〈功令〉中提出博士弟子制的具體內容，其與〈對策二〉所略述
太學的構想極為相符。更值得關注的是，公孫弘與董仲舒均為春秋學
者這一點。公孫弘「學春秋雜說」，[4]董仲舒即為當時最有成就的春秋
公羊學大師，如司馬遷所言：「漢興至於五世之間，唯董仲舒名為明
於春秋，其傳公羊氏也。」[5]漢初，公羊學在春秋學 —— 甚至整體經
學 —— 中占主導地位，故董仲舒的學術見解應是當時春秋學者所共有
的，由是觀之，公孫弘很可能援用董仲舒關於太學的見解，以建構出
博士弟子制的詳節。

　　董仲舒在以授予爵祿為手段的思考上，提出太學與察舉的制度草
案。[6]並且，漢武帝所施行的孝廉制與博士弟子制之間有共通目的，
即以授予爵祿為手段，以道德教化人民而「移風易俗」。[7]例如，在
《漢書・武帝紀》所載的詔書中，武帝本人論及兩項制度的目的：

2　同前註，頁163。

3　本書第四章，頁121。

4　司馬遷：〈平津侯主父列傳〉，頁2949；班固：〈公孫弘卜式兒寬傳〉，頁2613。

5　司馬遷：〈儒林列傳〉，頁3128。

6　本書第四章，頁120-121。

7　鷲尾祐子詳細探討孝廉制與博士弟子制的目的。參照鷲尾祐子：〈前漢の任官登用
　　と社會秩序〉，頁32-72。

公卿大夫，所使總方略，壹統類，廣教化，美風俗也。夫本仁
祖義，褒德祿賢，勸善刑暴，五帝三王所繇昌也。……興廉舉
孝，庶幾成風，紹休聖緒。[8]

蓋聞導民以禮，風之以樂，今禮壞樂崩，朕甚閔焉。故詳延天
下方聞之士，咸薦諸朝。……太常其議予博士弟子，崇鄉黨之
化，以屬賢材焉。[9]

　　以賞罰──授爵與刑罰──「移風易俗」的思想，從戰國時期便
有其傳統。譬如，商鞅（西元前390？-前338）在人有好利惡害之心
的前提下，主張由法律以利益誘導人民而「移風易俗」，荀子則主張
以禮樂教化人民而「移風易俗」，將賞罰定位為教化的手段。[10]商鞅在
秦國變法，由其學說取得顯著成就，如李斯（西元前？-前208年）
〈諫逐客書〉所言：「孝公用商鞅之法，移風易俗，民以殷盛，國以
富彊，百姓樂用，諸侯親服，獲楚、魏之師，舉地千里，至今治
彊。」[11]到秦王政時期，秦國仍在實際統治中運用其「移風易俗」
說，[12]後來達成統一天下。

---

8 班固：〈武帝紀〉，頁166。

9 同前註，頁171-172。

10 鷲尾祐子：〈前漢の任官登用と社會秩序〉，頁39-60。

11 司馬遷：〈李斯傳〉，《史記》，卷87，頁2542。

12 睡虎地秦簡《語書》，即南郡太守騰於秦王政二十四年（西元前227年）下達於各縣
官吏的公文，非常清楚地表示這點：「古者，民各有鄉俗，其所利及好惡不同，或
不便於民，害於邦。是以聖王作為灋（法）度，以矯端民心，去其邪避（僻），除
其惡俗。灋（法）律未足，民多詐巧，故後有閒令下者。凡灋（法）律令者，以教
道（導）民，去其淫避（僻），除其惡俗，而使之之於為善殹（也）。」參照《語
書》，武漢大學簡帛研究中心、湖北省博物館、湖北省文物考古研究所編，陳偉主
編：《秦簡牘合集》壹（武漢市：武漢大學出版社，2014年12月），頁30。

　　秦朝滅亡之後，經過楚漢相爭，劉邦稱霸天下，漢朝政治基本上繼承秦朝的規章制度，即所謂「漢承秦制」，漢朝到文帝時期仍依法治國。賈誼（西元前200-前168年）在〈治安策〉中很清楚地指出這一點：「夫移風易俗，使天下回心而鄉道，類非俗吏之所能為也。俗吏之所務，在於刀筆筐篋，而不知大禮。陛下又不自憂，竊為陛下惜之。」[13]由此可知，文帝使「俗吏」擔任「移風易俗」，根據周壽昌的解釋，「俗吏」以執法及收稅為務，[14]也就是說，文帝時期由法律「移風易俗」。

　　根據《史記・孝文本紀》與《漢書》中〈文帝紀贊〉、〈景帝紀贊〉及〈賈誼傳贊〉等記載，文景以道德教化人民，但其記述未必反映歷史事實，可能是後世依儒學的價值標準理解文景事蹟的結果。無論如何，到漢武帝時期，漢朝確實轉換統治人民的方針，開始指向以禮樂教化人民而「移風易俗」。因根據《史記》，武帝即「鄉儒術」，[15]而且建元元年四月發出的〈復高年子孫詔〉中言：「古之立教，鄉里以齒，朝廷以爵，扶世導民，莫善於德。」[16]由此可見，武帝從即位初年便指向以教化治國。董仲舒於《對策》中所提出的具體政策極為符合武帝的統治方針，並且《對策》的理論將德教——即武帝欲藉以治國的方法——作為武帝所詢問「天人之應」的關鍵因素，在相當程度上滿足武帝的理論要求，董仲舒的察舉制度草案應由此得到採用。

　　漢武帝直接採用董仲舒的察舉制度草案而建立孝廉制，後來設立以董仲舒的構想為底圖的博士弟子制。然而，武帝似乎並無接受董仲

---

13 班固：〈賈誼傳〉，《漢書》，卷48，頁2245。

14 周壽昌言：「刀筆以治文書，筐篋以貯財幣，言俗吏所務在科條、徵斂也。」（周壽昌：《漢書注校補》，卷35，頁684。）

15 司馬遷：〈孝武本紀〉，《史記》，卷12，頁452；司馬遷：〈封禪書〉，頁1384。

16 班固：〈武帝紀〉，頁156。

舒的思想系統。董仲舒以天人感應的模式論證「任德教而不任刑」的
為政準則之有效性，以期由「天」的宗教性權威引導君王的德性及行
為符合於儒家的理念。但武帝完全忽略董仲舒的教化論對君王所要求
的「行德」，即「正心」、「五常」的「脩飭」等。而且武帝於元鼎年
間採納方士謬忌等人的意見改革郊祀禮，並規定祭「太一」，[17]也就是
說，其尊崇的至上神即是「太一」，並不是「天」。[18]既然如此，董仲
舒的「天」後來對武帝無法發揮任何引導的力量了。

　　不過，以董仲舒的構想為基礎的孝廉制與博士弟子制，持續不斷
地運作。兩項制度開始運作之後，漢朝每年都固定任用一定人數的儒
生，儒家思想便直接或間接擴散普及，漸漸滲透至漢代社會之中，[19]
儒者也在朝政中逐步擴大勢力，逐漸增加對於朝廷的影響力。故漢武
帝採用及施行孝廉制與博士弟子制，毋庸置疑就是「儒學的主流化」
的重要契機。

---

17 司馬遷：〈封禪書〉，頁1386-1395；班固：〈郊祀志上〉，卷25上，頁1218-1230。

18 「太一」應是在「天」的諸神中位階最高的神祇，與「天」有所差別。田天說：
「武帝時的太一，並未表現出《淮南子》中所強調的『道』的本體意義，而是由星
體演化而來的神祇，即『天神最貴者』。」參照田天：〈漢家制度：泰畤一后土祠的
設立〉，《秦漢國家祭祀史稿》（北京市：生活・讀書・新知三聯書店，2015年1
月），第2章第2節，頁130。

19 余英時說：「漢代的循吏無可疑地曾扮演了文化傳播者的角色。」又說：「他們的歷
史使命是建立一個『道之以德、齊之以禮』的文化秩序；其具體的進行程序則是
『先富之而後加教』。」董仲舒的教化論與其所設計的官吏任用制度，為以循吏為
首的漢儒實踐教化、傳播文化，提供理論及制度的基礎。余英時也說：「董仲舒在
他的著名的對策中，一方面攻擊秦代『師申、商之法，行韓非之說』及由此而來的
『好用憯酷之吏』，另一方面則主張設立太學以培養『教化之吏』。這便給循吏的出
現提供了理論的根據。……董仲舒從『教』的觀點出發，所以強調『郡守、縣令，
民之師帥』，即以『師』為地方官的第一功能，『吏』的功能反而居於次要的地位。
他把『教訓於下』列在『用主上之法』之前，這正表示在他的觀念中，文化秩序比
政治秩序更為重要。」參照余英時：〈漢代循吏與文化傳播〉，頁167-258。

　　兩項制度開始運作後約八十年，漢元帝出現於漢朝歷史舞臺。
《漢書‧元帝紀》記載，元帝「柔仁好儒」，在太子時建議父親漢宣
帝：「陛下持刑太深，宜用儒生」，宣帝便發怒說：「漢家自有制度，
本以霸王道雜之，奈何純任[20]德教，用周政乎！」[21]元帝即位之後，
儒者在朝廷中越發擴大勢力，以儒家思想為據，開始推行朝廷制度、
經濟政策與宗廟制度等改革。元帝既認為「陰陽錯謬，風雨不時，朕
之不德」，[22]又認為「災咎」由「俗化陵夷，民寡禮誼，陰陽不調」發
生，[23]並且從《漢書‧元帝紀》所載的詔書可得知，他期望透過仁政
與教化調和陰陽乃至滅熄災異，顯然是接受董仲舒所建構出來的思想
系統。例如：

　　　　間者地數動而未靜，懼於天地之戒，不知所繇。方田作時，朕
　　　　憂蒸庶之失業，臨遣光祿大夫褒等十二人循行天下，存問耆老
　　　　鰥寡孤獨困乏失職之民，延登賢俊，招顯側陋，因覽風俗之
　　　　化。相守二千石誠能正躬勞力，宣明教化，以親萬姓，則六合
　　　　之內和親，庶幾虖無憂矣。[24]

　　　　間者陰陽不調，五行失序，百姓饑饉。惟烝庶之失業，臨遣諫
　　　　大夫博士賞等二十一人循行天下，存問耆老鰥寡孤獨乏困失職
　　　　之人，舉茂材特立之士。相將九卿，其帥意毋怠，使朕獲觀教

---

20 「任」原作「住」，據《漢書補注》所引錢大昭之說改。參照王先謙：《漢書補
　　注》，卷9，頁388。
21 班固：〈元帝紀〉，《漢書》，卷9，頁277。
22 同前註，頁284。
23 班固：〈雋疏于薛平彭傳〉，《漢書》，卷71，頁3045。
24 班固：〈元帝紀〉，頁279。

化之流焉。[25]

　　總而言之，董仲舒因應當時的政治與學術情況，以宇宙架構奠定儒家社會政治學說的理論基礎，也就是處理「如何藉『天』推『任德不任刑』」的理論問題，建構相當完整的思想系統，即帝國體制的儒學理論。漢武帝意欲以禮樂教化「移風易俗」，並極為關注「天人之應」，發現董仲舒的理論符合自己所關切的議題，故直接或間接採取董仲舒所構想實行教化的具體政策，建立孝廉制與博士弟子制。雖武帝後來似乎並無熱衷於儒學，但兩項制度繼續運作，成為儒學取得主流地位的基石。到漢元帝時，儒學的權威接近了漢家的典章制度，引發儒生的改制運動，且，元帝由於「懼於天地之戒」而「宣明教化」，換句話說，其行為由「天」引導至儒家的理念，亦即受限於董仲舒所建立的理論架構。以天人關係將皇帝視為從事教化的至德聖王之觀點，西漢中晚期以後構成了中國政治思想的一個典範，直到二十世紀皇帝制度垮臺。

　　《對策》的建議及思想與「儒學的主流化」的重要標誌，諸如漢武帝推行尊儒措施、儒家思想滲透至漢代社會、儒生在朝政中擴大勢力、「好儒」的皇帝出現於歷史舞臺等，密切相關。既然如此，在漢代「儒學的主流化」的整體歷程中，董仲舒的建議及思想扮演了十分重要的角色。其在漢武帝時期尚未發揮如此大的影響力，但卻在漢代儒學興盛一事的歷史脈絡中起了不可忽略的重要作用。

　　儒學於漢朝時期取得主流地位，將儒學作為正統思想後的漢朝體制，即成為以後約兩千年皇帝制度的基本模型。由是觀之，董仲舒所建構的思想系統，以及於《對策》中所提出的具體政策，影響到中國皇帝制度以儒為宗的命運。

---

25 同前註，頁295。

附錄一
從目錄學的觀點看《春秋繁露》
與董仲舒的關係

引言

　　北宋以來，《春秋繁露》一書的真偽從篇章結構、書名及記載內容等方面被受質疑。[1]《春秋繁露》真偽問題的發生，與目錄學的觀點大有關係。但依筆者管見，從此觀點詳論其真偽問題者甚少。[2]於是，本文主要從目錄學的觀點，考察現行本《春秋繁露》與董仲舒之間的關係。

第一節　現行《春秋繁露》在目錄學上的問題

　　從西漢文獻可得知，董仲舒從事著述活動，並撰寫許多文章。有關董仲舒著述的最早記錄見於《史記》，〈十二諸侯年表〉云：「上大夫董仲舒推春秋義，頗著文焉。」[3]〈儒林列傳〉又云：「中廢為中大夫，居舍，著災異之記。」[4]此外，稍後的劉向《別錄・孫卿書錄》

1　關於《春秋繁露》真偽爭論的概要，參見相原健右：〈『春秋繁露』偽書說に關する一考察〉，《後漢經學研究會論集》第2號（2005年3月），頁59-88。
2　依筆者的管見，只有二階堂善弘的部分論述從此觀點討論之。參照二階堂善弘：〈「春秋繁露」の諸本について〉，《中國古典研究》第38號（1993年12月），頁45-58。
3　司馬遷：〈十二諸侯年表〉，頁510。
4　司馬遷：〈儒林列傳〉，頁3128。

則言：「至漢興，江都相董仲舒亦大儒，作書美孫卿。」[5]不過，只依此等記載難以考察現行《春秋繁露》與董仲舒的關係。

東漢文獻中出現關於董仲舒著述更具體的記載。《漢書・藝文志》著錄「公羊董仲舒治獄十六篇」與「董仲舒百二十三篇」，[6]同書〈董仲舒傳〉則云：「仲舒所著，皆明經術之意，及上疏條教，凡百二十三篇。而說春秋事得失，聞舉、玉杯、蕃露、清明、竹林之屬，復數十篇十餘萬言，皆傳於後世。」[7]如許多學者所指出，見於〈藝文志〉及〈董仲舒傳〉的「百二十三篇」應可視為同一書冊。

王充（西元27-97年？）《論衡》中亦散見論及董仲舒著述的記載，其中〈自紀〉篇言：「按古太公望，近董仲舒，傳作書篇百有餘。」[8]王充曾在太學師事班固之父班彪，故王充看到的「百有餘」篇與《漢書》所言的「公羊董仲舒治獄十六篇」、「董仲舒百二十三篇」及「數十篇十餘萬言」等，可能是相同的。無論如何，由以上記載可知，相傳為董仲舒所著的書冊存在於東漢初期。

根據《漢書》記載，東漢初期相傳為董仲舒所著的書冊中，包含〈蕃露〉、〈玉杯〉及〈竹林〉等篇章。〈蕃露〉篇已散佚而沒有現存，但其篇名後來被用於「春秋繁露」此一書名，另在現行本《春秋繁露》中有〈玉杯〉篇與〈竹林〉篇。

然而，漢代文獻中並非出現名為「春秋繁露」的書籍。在現存文獻中，一般認為成立於六朝時期的《西京雜記》最早提及《春秋繁

5　〔清〕嚴可均輯：《全上古三代秦漢三國六朝文・全漢文》（北京市：中華書局，1958年12月，影廣雅書局本），卷37，頁333。

6　班固：〈藝文志〉，頁1714、1727。

7　同前註，頁2525-2526。

8　黃暉撰：《論衡校釋（附劉盼遂集解）》（北京市：中華書局，1990年8月），卷30，頁1202。

露》：「董仲舒夢蛟龍入懷，乃作春秋繁露詞。」[9]著錄《春秋繁露》
的現存圖書目錄中，時代最早的即為《隋書‧經籍志》，其中云：「春
秋繁露十七卷漢膠西相董仲舒撰」。[10]《隋志》以後的圖書目錄都著錄
《春秋繁露》。

　　以上的情況乃是導致《春秋繁露》真偽問題的重大原因。也就是
說，見於《隋志》的「春秋繁露十七卷」可推定大概成書於魏晉南北
朝時期，但如二階堂善弘所說：「關於形成十七卷的六朝以前的情
況，不明之處甚多」，[11]因此，「春秋繁露十七卷」與見於《漢書》的
「公羊董仲舒治獄十六篇」、「董仲舒百二十三篇」及「數十篇十餘萬
言」等之間的關係，並非清楚。

　　歐陽脩（1007-1072）也在〈書春秋繁露後〉中從此觀點懷疑
《春秋繁露》「失其真」：

　　　　漢書董仲舒傳載仲舒所著書百餘篇，第云清明、竹林、玉杯、
　　　　繁露之書，蓋略舉其篇名。今其書纔四十篇，又總名春秋繁露
　　　　者，失其真也。予在館中校勘群書，見有八十餘篇，然多錯亂
　　　　重複。又有民間應募獻書者，獻三十餘篇，其間數篇在八十篇
　　　　外，乃知董生之書流散而不全矣。[12]

9　〔晉〕葛洪撰，羅根澤、中華書局編輯部整理：《西京雜記》（北京市：中華書局，
　　1985年1月），卷2，頁13。

10　〔唐〕魏徵等撰，汪紹楹、陰法魯點校：〈經籍一〉，《隋書》（北京市：中華書局，
　　1973年8月），卷32，志27，頁930。

11　二階堂善弘：〈「春秋繁露」の諸本について〉，頁46。

12　〔宋〕歐陽脩：〈書春秋繁露後〉，《歐陽文忠公文集》，收入《四部叢刊初編縮本》
　　第49冊，臺1版（臺北市：臺灣商務印書館，1965年8月，影上海涵芬樓藏元刊
　　本），卷73，頁545。

第二節　《春秋繁露》一書的系譜

現行《春秋繁露》以南宋嘉定四年（1211）胡槻江右計臺刻本（北京國家圖書館所藏）為祖本。關於這點，二階堂善弘說：

> 現行本《春秋繁露》可以追溯至宋代。現行本幾乎皆為八十二篇中闕三篇的七十九篇本，故均是基於一個定本的。此定本乃南宋樓鑰的校訂本，也就是其所依據的潘景憲本。[13]

根據樓鑰（1137-1213）〈跋春秋繁露〉，樓鑰使用四種版本校訂《春秋繁露》，即里中寫本、京師印本、故胡槻萍鄉刻本及潘景憲本四種，里中寫本與京師印本的篇數不得而知，但胡槻萍鄉刻本有三十七篇，潘景憲本則有八十二篇，闕三篇。[14]樓鑰以潘景憲本為底本，將之與其他三種版本比對而弄成定本，那麼，潘景憲本與歐陽脩之時的諸本之間有何關係？

關於這項問題，二階堂善弘在總括宋代《春秋繁露》的情況中說：歐陽脩所言的「民間三十餘篇」在南宋以前已散佚，應存在於其中的「在八十篇外」之篇章的內容，並無反映於其他版本，歐陽脩之時存在於京師、少數藏書家所藏的十七卷八十二篇（闕三篇）本，成為樓鑰的定本之基礎。[15]

根據上引〈書春秋繁露後〉的內容，當時最普遍的版本為四十篇

13　二階堂善弘：〈「春秋繁露」の諸本について〉，頁49。

14　〔宋〕樓鑰：〈跋春秋繁露〉，《攻媿集》，收入《四部叢刊初編縮本》第62冊，臺1版（臺北市：臺灣商務印書館，1965年8月，影上海涵芬樓藏武英殿聚珍本），卷77，頁709-710。

15　二階堂善弘：〈「春秋繁露」の諸本について〉，頁51。

本，但歐陽脩在館中從事校勘時看到「八十餘篇」本與「三十餘篇」本。歐陽脩於景祐四年（1037）撰寫〈書春秋繁露後〉，他本人在當時並無校勘《春秋繁露》。但北宋是圖書校對與整理盛行的時代，因此，編纂於慶曆元年（1041）至七年（1047）的《崇文總目》所著錄「春秋繁露十七卷」，[16] 很可能是參校「四十篇」本、「八十餘篇」本及「三十餘篇」本等而成的校訂本。[17]

　　無論如何，樓鑰當作底本的潘景憲本，是基於歐陽脩所見館中八十餘篇本，或《崇文總目》著錄的十七卷八十二篇本。因此，雖其實質上只有七十九篇，但可視為幾乎繼承北宋中期的版本。

　　那麼，樓鑰的校訂本與《隋志》著錄的「春秋繁露十七卷」有何關係？樓鑰的校訂本以潘景憲本為底本，潘景憲本則以館中八十餘篇本或《崇文總目》十七卷八十二篇本為底本。《崇文總目》十七卷八十二篇本的主要底本應是館中八十餘篇本，故館中八十餘篇本可視為潘景憲本最主要的祖本。倘若如此，樓鑰的校訂本與《隋志》著錄的「春秋繁露十七卷」的關係，查明館中八十餘篇本與《隋志》「春秋繁露十七卷」的關係便可闡明。

　　在現存目錄中線索不多，但編纂於《隋志》和〈書春秋繁露後〉之間的《舊唐書‧經籍志》，與《隋志》同樣著錄「春秋繁露十七卷」。[18] 此外，《崇文總目》著錄的《春秋繁露》為十七卷本，由此可

16　〔宋〕王堯臣等編次，錢東垣等輯釋：《崇文總目》，收入《國學基本叢書》，臺1版（臺北市：臺灣商務印書館，1967年3月），卷1，頁23。

17　王應麟《玉海》引《崇文總目》對《春秋繁露》的解題：「其書八十二篇，義引宏博，非出近世。然篇第七舛，無以是正，又即用玉杯竹林題篇，疑後人取而附著云。」（王應麟：〈漢董仲舒書〉，《玉海》，收入《景印文淵閣四庫全書》第944冊，卷55，頁463。）由此可知，《崇文總目》所著「錄春秋繁露十七卷」為八十二篇本。

18　〔後晉〕劉昫等撰，中華書局編輯部點校：〈經籍上〉，《舊唐書》（北京市：中華書局，1975年5月），卷46，志26，頁1979。

推測其底本的館中八十餘篇本亦為十七卷本。從此卷數的一致可推測此等版本均屬於同一系統，若此推測成立，則《春秋繁露》一書雖「多錯亂重複」，但避免散佚，從《隋志》的「春秋繁露十七卷」到樓鑰的校訂本，乃至基於樓鑰本的現行本，構成一個系譜。[19]

第三節　《春秋繁露》與漢代流傳的董仲舒之作

現行《春秋繁露》可追溯至《隋志》的「春秋繁露十七卷」，即使如此，對於現行《春秋繁露》與董仲舒之間的關係，我們只可說兩者似乎並非完全無關。為了深入理解兩者的關係，在此將探究《隋志》的「春秋繁露十七卷」與漢代流傳的董仲舒之作的關係，以及後者的性質。

如上文所述，《隋志》的「春秋繁露十七卷」與見於《漢書》的董仲舒之作──「公羊董仲舒治獄十六篇」、「董仲舒百二十三篇」及「說春秋事得失」之「數十篇十餘萬言」等──的關係，並非清楚。不過，也沒有理由認為它們之間毫無關係。既然「春秋繁露十七卷」相傳為「董仲舒撰」，那麼，設想它們之間有某種繼承關係，應較為妥當。

現行《春秋繁露》，淵源可追溯至《隋志》的「春秋繁露十七卷」，並其中有些內容與《漢書》所說明「百二十三篇」的內容相符，又有些篇章與「數十篇十餘萬言」中的篇章同名。若它們之間有

---

19 阿巴克爾探討《春秋繁露》文本自其出現（西元500年左右）至現存最早版本（嘉定四年胡槻江右計臺刻本）的歷史，乃主張在此期間《春秋繁露》基本上維持同一書冊的樣貌，體裁與內容均無變動。參照Arbuckle, "Restoring Dong Zhongshu," pp. 315-348。

繼承關係，則其繼承方式可設想有兩種可能性：[20]一種可能性是，完整的「百二十三篇」與「數十篇十餘萬言」，在某一時點結合而成《春秋繁露》百餘篇，後散佚而編為十七卷八十二篇；[21]另一種可能性則是，已開始散佚的「百二十三篇」與「數十篇十餘萬言」，在某一時點結合，或經過多次整理而成《春秋繁露》十七卷八十二篇。[22]

　　若是第一種繼承方式，則《春秋繁露》的內容完全繼承「百二十三篇」與「數十篇十餘萬言」；若是第二種，則基本上繼承之，但亦十分有可能竄入其他文章。從現存資料無法確定哪一種為實際的繼承方式，但無論如何，《春秋繁露》的內容可推測基本上由來於「百二十三篇」與「數十篇十餘萬言」。

　　然而，《春秋繁露》基本上為來自於「百二十三篇」與「數十篇十餘萬言」的書冊，這並非等於其基本上為董仲舒本人之作。因「百二十三篇」與「數十篇十餘萬言」皆非董仲舒自編著作的，而是弟子後學蒐集、編纂先師著作的，既然如此，其中有可能混入後人之說。余嘉錫以與董仲舒同時代的司馬相如之列傳為例，而說道：

　　　此亦古人著書不自編次之證也。蓋因事作文，不自收拾，後人取而編輯之，因以人題其書。故漢志諸子詩賦二略，題某人或

---

20 《公羊董仲舒治獄》十六篇，以《春秋決事》或《春秋決事比》等書名著錄於後世的圖書目錄，若干佚文流傳至今，但誠如桂思卓所說的，從內容來看，與《春秋繁露》並無關聯性。cf. Queen, *From Chronicle to Canon*, pp. 45-46; 桂思卓著，朱騰譯：〈董仲舒之著作的流傳史〉，《從編年史到經典》，第3章，頁50-51。

21 徐復觀與齋木哲郎等學者採取此一觀點。參照徐復觀：〈先秦儒家思想的轉折及天的哲學的完成〉，頁306-316；齋木哲郎：〈『春秋繁露』の偽書說について〉，《秦漢儒教の研究》第3章第2節，頁362-374。

22 重澤俊郎與二階堂善弘等學者的看法與此相近。參照重澤俊郎：〈董仲舒研究〉，頁152-153；二階堂善弘，〈「春秋繁露」の諸本について〉，頁46-48。

某官某者，居十之九。[23]

　　《漢志》著錄的「董仲舒百二十三篇」，肯定受過劉向（西元前77-前6年）、劉歆（西元？-23年）父子整理校訂。因《漢志》是節錄《七略》的，《七略》則是劉歆繼承父業而完成的圖書目錄。根據劉向的《別錄》之言，劉向不僅用宮中的藏書，有時亦用官僚私藏的各種異本，進行整理及校訂。[24]雖無確證，但有可能西漢後期存在著數本董仲舒文集，劉向或劉歆將其整理校訂而弄成《董仲舒》百二十三篇的定本。

　　《七略》完成於西漢末期，故其所著錄「百二十三篇」中的篇章，均是存在於董仲舒死後數十年內的，那麼，「百二十三篇」雖經過後人編輯，但可說與董仲舒本人的關係較深。至於「數十篇十餘萬言」與董仲舒本人之間的關係，有更大的疑問。因其不見於《漢志》，換句話說，劉向、劉歆並無見之。這並不就意味著「數十篇十餘萬言」在西漢時期完全不存在，但其與董仲舒本人的關係，無疑比「百二十三篇」的情形更有疑義。

　　現行《春秋繁露》開頭的十七篇為《春秋》經文的詮釋，其中存在著〈玉杯〉與〈竹林〉兩篇。此十七篇可能是「數十篇十餘萬言」的一部分，因根據《漢書‧董仲舒傳》的說明，「數十篇十餘萬言」是「說春秋事得失」的，並其中亦有名為「玉杯」、「竹林」的篇章。即使如此，「數十篇十餘萬言」在董仲舒卒後過了百年以上後才出現於世，故其中混入著後人之說也並不足為奇。

---

23 余嘉錫：〈古書書名之研究〉，《古書通例》，卷1案著錄第1，頁32。

24 劉向：《別錄‧管子書錄；晏子敘錄；列子書錄；鄧析書錄》，收入嚴可均輯：《全漢文》，卷37，頁332-334。

結語

　　以上主要從目錄學的觀點看《春秋繁露》與董仲舒的關係，由此得出的考察結果是：後人編纂與董仲舒相關的著述而形成《春秋繁露》一書，董仲舒本人與其形成完全無相關，但其中或多或少包含董仲舒本人的著述。此考察結果的內容本身以往也被反覆提及，並非新穎，但本文的意義應在於從目錄學的觀點重新論證這一點。

　　過去同樣主張的根據，乃《四庫全書總目》對《春秋繁露》之真偽的如下判定：「今觀其文，雖未必全出仲舒，然中多根極理要之言，非後人所能依託也。」[25]但筆者認為此判定有很大的問題。程大昌（1123-1195）在〈書秘書省繁露後〉中將《春秋繁露》視為偽書，其理由之一是「辭意淺薄」，[26]如此由個人感想論斷一本書的真偽，應無太大意義。「中多根極理要之言」亦為與「辭意淺薄」相差無幾的個人感想，《四庫提要》的判定以此為理由，故學術上似無太大意義。

　　此外，在西漢以前書冊通常由後學或後人編纂，故筆者認為，《春秋繁露》底本的「百二十三篇」與「數十篇十幾萬言」中弟子後學所增益的部分，與其說是偽作，不如說是師說的增補發展及相關資料。正如池田知久所說的，《春秋繁露》視之為「反映董仲舒學派（不

25　〔清〕永瑢、紀昀等：〈春秋繁露十七卷〉，《欽定四庫全書總目》，收入《景印文淵閣四庫全書》第1冊，卷29附錄，頁602。賴炎元與鄧紅等學者，依此判定主張《春秋繁露》大致上可視為董仲舒的著作。參照賴炎元：〈自序〉，《春秋繁露今註今譯》（臺北市：臺灣商務印書館，1984年5月），頁2；鄧紅：〈董仲舒の著作について〉，《董仲舒思想の研究》，前言2，頁11；鄧紅：〈關於董仲舒的著作〉，《董仲舒思想研究》，導論第2節，頁3-4。

26　〔宋〕程大昌：〈書秘書省繁露後〉，《程氏演繁露》，收入《四部叢刊三編》第39冊（臺北市：臺灣商務印書館，1975年9月，影盧江劉氏遠碧樓宋刊本），卷1，頁1。

僅是董仲舒本人，也包括董仲舒的後學和支派）思想的資料」[27]較為妥當，在此前提下將其用於哲學史或思想理論的研究，並不成問題。

不過，較多日本學者都對《春秋繁露》的可靠性持謹慎的態度，如「關於此書，原則上只將與對策等內容相符合的部分，當作資料來使用」，[28]此種態度也有一定的合理性。討論董仲舒在漢代儒學史上的位置，或考察董仲舒及其思想與漢武帝時期的事件之間的關係等，要闡明董仲舒本人的思想時，應先依據漢代的相關文獻——如以《對策》為首見於《史記》或《漢書》的資料——研究，《春秋繁露》各篇與董仲舒本人的關係，需以其研究為標準判斷。[29]

27 池田知久：〈中國古代の天人相關論〉，頁70；池田知久著，田人隆譯：〈中國古代的天人相關論〉，頁94。

28 內山俊郎：〈董仲舒〉，頁274。

29 《春秋繁露》中確實有內容與《對策》等漢代的相關文獻相符，樓鑰以此為理由說：「其為仲舒所著無疑」，黃樸民則繼承此一途徑，列舉諸多與《對策》等文獻一致的內容說：「《春秋繁露》一書絕非後人所依托，而當為董仲舒本人之著述，是董仲舒思想的集中體現者。」然而，《春秋繁露》包含許多不見於《對策》等文獻中的內容。我們不能依此事實斷定整部《春秋繁露》是後人所依托，同樣，《春秋繁露》的部分內容與《對策》等文獻相符，是頂多意味著其部分為董仲舒本人所著，並未代表整部《春秋繁露》是董仲舒本人之著述。參照黃樸民：〈《春秋繁露》傳本的真偽問題〉，《天人合一：董仲舒與兩漢儒學思潮研究》（長沙市：岳麓書社，2013年6月），第3章2，頁61-68。

附錄二
董仲舒相關日文論著目錄
（依出版時間先後為序）

一　註釋翻譯

（一）明德出版社《中國古典新書》

1 日原利國編著　《春秋繁露》　收入《中國古典新書》　東京　明德出版社　1977年12月

（二）東洋大學春秋繁露研究會《春秋繁露註釋稿》

1 岩野忠昭　〈西漢期の郊祭に就いて：付・春秋繁露註釋稿〉《東洋大學大學院紀要》第28集（文學研究科）　1992年2月　頁269-280

2 中下正治、岩野忠昭　〈『春秋繁露』註釋稿（二）〉　《東洋大學大學院紀要》第29集（文學研究科）　1993年2月　頁271-288

3 二階堂善弘　〈『春秋繁露』註釋稿（三）〉　《東洋大學中國哲學文學科紀要》創刊號　1993年3月　頁73-91

4 中下正治、橫內哲夫、岩野忠昭　〈『春秋繁露』註釋稿（四）〉《東洋大學大學院紀要》第30集（文學研究科）　1994年2月　頁351-371

5 川田健　〈『春秋繁露』註釋稿（五）〉　《東洋大學中國哲學文學科紀要》第2號　1994年3月　頁87-102

6 中下正治、岩野忠昭 〈『春秋繁露』註釋稿（六）〉 《東洋大學大學院紀要》第31集（文學研究科） 1995年2月 頁405-422

7 二階堂善弘 〈春秋繁露註釋稿（七）〉 《東洋大學中國哲學文學科紀要》第3號 1995年3月 頁81-102

8 新田幸治、中村聰 〈『春秋繁露』註釋稿（八）〉 《東洋大學大學院紀要》第32集（文學研究科：哲學・佛教學・中國哲學） 1996年2月 頁213-231

9 川田健 〈『春秋繁露』註釋稿（九）〉 《東洋大學中國哲學文學科紀要》第4號 1996年3月 頁77-104

10 新田幸治、岩野忠昭 〈春秋繁露註釋稿（十）〉 《東洋大學大學院紀要》第33集（文學研究科：哲學・佛教學・中國哲學） 1997年2月 頁219-252

11 岩野忠昭、野村英登 〈春秋繁露註釋稿（十一）〉 《東洋大學中國哲學文學科紀要》第6號 1998年3月 頁69-83

12 新田幸治、橫打理奈、遠藤賢 〈春秋繁露註釋稿（十二）〉 《東洋大學大學院紀要》第34集（文學研究科：哲學・佛教學・中國哲學） 1998年2月 頁305-323

13 岩野忠昭 〈『春秋繁露』註釋稿（十三）〉 《東洋大學中國哲學文學科紀要》第7號 1999年3月 頁83-94

14 新田幸治、野村英登 〈『春秋繁露』註釋稿（十四）〉 《東洋大學大學院紀要》第35集（文學研究科：哲學・佛教學・中國哲學） 1999年2月 頁271-288

15 新田幸治、岩野忠昭 〈『春秋繁露』註釋稿（十五）〉 《東洋大學大學院紀要》第36集（文學研究科：哲學・佛教學・中國哲學） 2000年2月 頁241-248

16 田中永、岩野忠昭、野村英登 〈『春秋繁露』註釋稿（十六）〉 《東洋大學中國哲學文學科紀要》第8號 2000年3月 頁79-92

17 岩野忠昭　〈春秋繁露註釋稿（十七）〉　《東洋大學中國學會會
報》第7號　2000年10月　頁24-42

18 新田幸治、遠藤賢、坂本賴之　〈『春秋繁露』註釋稿（十八）〉
《東洋大學大學院紀要》第37集（文學研究科：哲學・佛教學・
中國哲學・英文學・日本史學・教育學）　2001年2月　頁237-258

19 川田健、野村英登　〈春秋繁露註釋稿（十九）〉　《東洋大學中
國哲學文學科紀要》第9號　2001年3月　頁87-108

20 岩野忠昭　〈『春秋繁露』註釋稿（二十）〉　《東洋大學中國學
會會報》第8號　2001年10月　頁34-47

21 新田幸治、菊地知典、遠藤賢　〈『春秋繁露』註釋稿（二十
一）〉　《東洋大學大學院紀要》第38集（文學研究科：哲學・佛
教學・中國哲學・英文學・日本史學・教育學）　2002年2月　頁
167-177

22 高戶聰　〈『春秋繁露』註釋稿（二十二）〉　《東洋大學中國哲
學文學科紀要》第10號　2002年3月　頁51-69

23 橫內哲夫、岩野忠昭　〈春秋繁露註釋稿（二十三）〉　《東洋大
學中國學會會報》第8號　2002年10月　頁150-146

24 新田幸治、高戶聰　〈『春秋繁露』註釋稿（二十四）〉　《東洋
大學大學院紀要》第39集（文學研究科：哲學・佛教學・中國哲
學・英文學・日本史學・教育學）　2003年2月　頁195-212

25 坂本賴之、岩野忠昭　〈春秋繁露註釋稿（二十五）〉　《東洋大
學中國哲學文學科紀要》第11號　2003年3月　頁61-77

26 新田幸治、藤井倫明　〈春秋繁露註釋稿（二十六）〉　《東洋大
學大學院紀要》第40集（文學研究科：哲學・佛教學・中國哲
學・英文學・日本史學・教育學）　2004年2月　頁195-212

27 坂本賴之、岩野忠昭　〈春秋繁露註釋稿（二十七）〉　《東洋大
學中國哲學文學科紀要》第12號　2004年2月　頁273-305

28 藤井倫明 〈春秋繁露註釋稿（二十八）〉 《東洋大學大學院紀要》第41集（文學研究科：哲學・佛教學・中國哲學・英文學・史學・教育學・英語コミュニケーション） 2005年3月 頁304-294

29 野村純代、野村英登、岩野忠昭 〈春秋繁露註釋稿（二十九）〉《東洋大學中國哲學文學科紀要》第13號 2005年3月 頁83-101

30 坂本賴之、岩野忠明 〈春秋繁露註釋稿（三十）〉 《東洋大學大學院紀要》第42集（文學研究科：哲學・佛教學・中國哲學・英文學・史學・教育學・英語コミュニケーション） 2006年3月 頁288-267

31 野村英登、岩野忠昭 〈春秋繁露註釋稿（三十一）〉 《東洋大學中國哲學文學科紀要》第14號 2006年3月，頁75-94

32 岩野忠昭、鈴木雄三 〈春秋繁露註釋稿（三十二）〉 《東洋大學大學院紀要》第43集（文學研究科：哲學・佛教學・中國哲學・英文學・史學・教育學・英語コミュニケーション） 2007年3月 頁182-168

33 岩野忠昭 〈『春秋繁露』註釋稿（三十三）〉 《東洋大學中國哲學文學科紀要》第15號 2007年3月 頁115-131

34 岩野忠昭 〈春秋繁露註釋稿（三十四）〉 《東洋大學大學院紀要》第44集（文學研究科：哲學・佛教學・中國哲學・英文學・史學・教育學・英語コミュニケーション） 2008年3月 頁320-309

35 岩野忠昭、野村英登 〈『春秋繁露』註釋稿（三十五）〉 《東洋大學中國哲學文學科紀要》第16號 2008年3月 頁145-162

36 岩野忠昭 〈春秋繁露註釋稿（三十六）〉 《東洋大學大學院紀要》第45集（文學研究科：哲學・佛教學・中國哲學・英文學・

史學‧教育學‧英語コミュニケーション）　2009年3月　頁322-290

（三）近藤則之《春秋繁露通解並びに義證通讀稿》

1 近藤則之　〈春秋繁露通解並びに義證通讀稿一──（一）：卷一楚莊王篇第一（第一節より第四節まで）〉　《佐賀大國文》第21號　1992年11月　頁51-71

2 近藤則之　〈春秋繁露通解並びに義證通讀稿一──（二）：卷一楚莊王篇第一（第五節）〉　《佐賀大國文》第21號　1992年11月　頁31-43

3 近藤則之　〈春秋繁露通解並びに義證通讀稿二：卷一玉杯篇第二〉　《研究論文集》第41集第1號（Ⅰ）　1993年11號　頁196-161

4 近藤則之　〈春秋繁露通解並びに義證通讀稿三：卷二竹林篇第三〉　《研究論文集》第42集第2號　1995年1月　頁1-30

5 近藤則之　〈春秋繁露通解並びに義證通讀稿四：卷三玉英篇第四〉　《研究論文集》第43集第1號　1995年11月　頁1-24

6 近藤則之　〈春秋繁露通解並びに義證通讀稿五：卷三精華篇第五〉　《佐賀大國文》第24號　1995年11月　頁27-45

7 近藤則之　〈春秋繁露通解並びに義證通讀稿六：卷四王道篇第六〉　《研究論文集》第44集第2號　1996年9月　頁11-47

8 近藤則之　〈春秋繁露通解並びに義證通讀稿七──上：卷五滅國篇上第七‧滅國篇下第八‧隨本消息篇第九〉　《佐賀大國文》第25號　1997年3月　頁89-99

9 近藤則之　〈春秋繁露通解並びに義證通讀稿七──下：卷五盟會要第十‧正貫第十一‧十指第十二‧重政第十三〉　《佐賀大國文》第26號　1998年3月　頁99-112

10 近藤則之　〈春秋繁露通解並びに義證通讀稿八：卷六（全）〉
　　《研究論文集》第2集第1號　1997年10月　頁1-29

11 近藤則之　〈春秋繁露通解並びに義證通讀稿九：卷七（全）〉
　　《研究論文集》第3集第1號　1998年12月　頁392-343

12 近藤則之　〈春秋繁露通解並びに義證通讀稿十——上：卷八度
　　制第二十七・爵國第二十八〉　《佐賀大國文》第27號　1998年
　　11月　頁39-64

13 近藤則之　〈春秋繁露通解並びに義證通讀稿十——下：卷八仁
　　義法第二十九・必仁且智第三十〉　《佐賀大國文》第28號
　　1999年11月　頁35-53

14 近藤則之　〈春秋繁露通解並びに義證通讀稿十一：卷九（全）：
　　身之養重於義第三十一・對膠西王越大夫不得為仁第三十二・觀
　　德第三十三・奉本第三十四〉　《研究論文集》第4集第2號
　　2000年3月　頁210-187

15 近藤則之　〈春秋繁露通解並びに義證通讀稿十二：卷十（全）：
　　深察名號第三十五・實性第三十六・諸侯第三十七・五行對第三
　　十八〉　《研究論文集》第5集第2號　2001年3月　頁189-224

16 近藤則之　〈春秋繁露通解並びに義證通讀稿十三——上：卷十
　　一：為人者天第四十一・五行之義第四十二・陽尊陰卑第四十
　　三〉　《佐賀大國文》第29號　2000年12月　頁50-66

17 近藤則之　〈春秋繁露通解並びに義證通讀稿十三——下：卷十
　　一：王道通三第四十四・天容第四十五・天辨在人第四十六・陰
　　陽位第四十七〉　《佐賀大國文》第30號　2001年12月　頁18-31

18 近藤則之　〈春秋繁露通解並びに義證通讀稿十四：卷十二
　　（全）：陰陽終始第四十八・陰陽義第四十九・陰陽出入上下第五
　　十・天道無二第五十一・暖燠常多第五十二・基義第五十三〉

《佐賀大學文化教育學部研究論文集》第6集第1號　2001年12月
頁388-371

19 近藤則之　〈春秋繁露通解並びに義證通讀稿十五：卷十三
（全）：四時之副第五十五・人副天數第五十六・同類相動第五十
七・五行相生第五十八・五行相勝第五十九・五行順逆第六十・
治水五行第六十一〉　《佐賀大學文化教育學部研究論文集》第7
集第1號　2002年9月　頁226-192

20 近藤則之　〈春秋繁露通解並びに義證通讀稿十六──上：卷十
四：治亂五行第六十二・五行變救第六十三・五行五事第六十
四〉　《佐賀大國文》第31號　2003年3月　頁120-135

21 近藤則之　〈春秋繁露通解並びに義證通讀稿十六──下：卷十
四：郊語第六十五〉　《佐賀大國文》第32號　2003年12月　頁
20-29

22 近藤則之　〈春秋繁露通解並びに義證通讀稿十七：卷十五
（全）：郊義第六十六・郊祭第六十七・四祭第六十八・郊祀第六
十九・順命第七十・郊事對第七十一〉　《佐賀大學文化教育學
部研究論文集》第7集第2號　2003年2月　頁268-249

23 近藤則之　〈春秋繁露通解並びに義證通讀稿十八：卷十六
（全）：執贄第七十二・山川頌第七十三・求雨第七十四・止雨第
七十五・祭義第七十六・循天之道第七十七〉　《佐賀大學文化
教育學部研究論文集》第8集第1號　2003年9月　頁302-259

24 近藤則之　〈春秋繁露通解並びに義證通讀稿十九：卷十七
（全）：天地之行第七十八・威德所生第七十九・如天之為第八
十・天地陰陽第八十一・天道施第八十二〉　《佐賀大學文化教
育學部研究論文集》第8集第2號　2004年3月　頁280-262

（四）坂本具償、財木美樹《『春秋繁露』譯注稿》

1 坂本具償、財木美樹　〈『春秋繁露』譯注稿：五行關係諸篇〉
《高松工業高等專門學校研究紀要》第28號　1993年3月　頁151-174

2 坂本具償、財木美樹　〈『春秋繁露』譯注稿：陰陽關係諸篇〉
《高松工業高等專門學校研究紀要》第29號　1994年3月　頁167-186

3 坂本具償、財木美樹　〈『春秋繁露』譯注稿：王道第六〉　《高松工業高等專門學校研究紀要》第30號　1995年3月　頁152-206

4 坂本具償、財木美樹　〈『春秋繁露』譯注稿：為人者天・王道通三・天容篇〉　《高松工業高等專門學校研究紀要》第31號　1996年3月　頁85-119

5 坂本具償、財木美樹　〈『春秋繁露』譯注稿：天辨在人・天道無二・暖燠常多・基義・人副天數篇〉　《高松工業高等專門學校研究紀要》第32號　1997年3月　頁59-89

6 坂本具償、財木美樹　〈『春秋繁露』譯注稿：四時之副・同類相動篇〉　《高松工業高等專門學校研究紀要》第33號　1998年3月　頁119-131

7 坂本具償、財木美樹　〈『春秋繁露』譯注稿：天地之行・威德所生篇〉　《高松工業高等專門學校研究紀要》第34號　1999年3月　頁74-85

8 坂本具償、財木美樹　〈『春秋繁露』譯注稿：如天之為・天道施篇〉　《高松工業高等專門學校研究紀要》第35號　2000年3月　頁45-56

9 坂本具償、財木美樹　〈『春秋繁露』譯注稿：隨本消息・盟會要

篇〉　《高松工業高等專門學校研究紀要》第36號　2001年3月
頁111-132

10 坂本具償、財木美樹　〈『春秋繁露』譯注稿：重政‧服制像‧二
端‧符瑞篇〉　《高松工業高等專門學校研究紀要》第37號
2002年3月　頁105-126

11 坂本具償、財木美樹　〈『春秋繁露』譯注稿：正貫‧愈序‧離合
根‧立元神‧保位權篇〉　《高松工業高等專門學校研究紀要》
第38號　2003年3月　頁69-104

12 坂本具償、財木美樹　〈『春秋繁露』譯注稿：考功名‧通國身‧
三代改制質文‧官制象天‧堯舜不擅移湯武不專殺‧服制‧度制
篇〉　《高松工業高等專門學校研究紀要》第39號　2004年3月
頁81-151

13 坂本具償、財木美樹　〈『春秋繁露』譯注稿：爵國‧身之養重於
義‧對膠西王越大夫不得為仁‧觀德‧諸侯篇〉　《高松工業高
等專門學校研究紀要》第40號　2005年3月　頁61-114

14 坂本具償、財木美樹　〈『春秋繁露』譯注稿：奉本‧深察名號‧
實性‧郊義‧郊祭‧四祭篇〉　《高松工業高等專門學校研究紀
要》第41號　2006年3月　頁81-132

15 坂本具償、財木美樹　〈『春秋繁露』譯注稿：郊祀‧順命‧郊事
對‧執贄‧山川頌篇〉　《高松工業高等專門學校研究紀要》第
42號　2007年3月　頁33-62

16 坂本具償、財木美樹　〈『春秋繁露』譯注稿：必仁且智‧郊語‧
求雨‧止雨篇〉　《高松工業高等專門學校研究紀要》第43號
2008年3月　頁81-119

17 坂本具償、財木美樹　〈『春秋繁露』譯注稿：仁義法‧祭義篇〉
《高松工業高等專門學校研究紀要》第44號　2009年3月　頁37-56

18 坂本具償、財木美樹　〈『春秋繁露』譯注稿：循天之道篇〉　《香川高等專門學校研究紀要》第1號　2010年6月　頁39-64

19 坂本具償、財木美樹　〈『春秋繁露』譯注稿：楚莊王・玉杯篇〉　《香川高等專門學校研究紀要》第2號　2011年6月　頁33-92

20 坂本具償、財木美樹　〈『春秋繁露』譯注稿：竹林篇〉　《香川高等專門學校研究紀要》第3號　2012年6月　頁1-38

21 坂本具償、財木美樹　〈『春秋繁露』譯注稿：玉英・精華篇〉　《香川高等專門學校研究紀要》第4號　2013年6月　頁1-71

（五）其他

1 財木美樹　〈『春秋繁露』滅國上篇攷〉　《哲學》第46集　1994年10月　頁125-138

2 坂本具償　〈『春秋繁露』滅國下篇攷〉　《哲學》第46集　1994年10月　頁139-149

二　研究專書

1 鄧紅　《董仲舒思想の研究》　東京　人と文化社　1995年4月

三　期刊論文

1 浦川源吾　〈董仲舒學說一班〉　《哲學研究》第4卷第9冊　1919年9月　頁38-58

2 佐佐久　〈漢書食貨志に見ゆる董仲舒の上奏について〉　《文化》第3卷第2號　1936年2月　頁220-223

3 佐川修　〈董仲舒陰陽說に就きて〉　《漢文學會會報》第9號

1939年3月　頁53-73　後收入氏著《春秋學論考》　東京　東方書
店　1984年4月　Ⅲ第3章　頁191-219

4 平井正士　〈董仲舒の賢良對策の年次に就いて〉　《史潮》
第11年第2號　1941年9月　頁79-116

5 倉野武雄　〈董仲舒の三才論〉　《日本大學文學部研究年報》
第8輯　1942年5月　頁223-230

6 鈴木由次郎　〈董仲舒の春秋治獄をめぐりて：支那古代の刑事
判例集〉　《法學新報》第57卷第10號　1951年10月　頁73-81

7 佐中壯　〈董仲舒の性論と教育說〉　《藝林》第2卷第6號
1951年12月　頁58-64

8 原富男　〈董仲舒の思想體系における易姓革命思想の論理〉
《專修大學論集》第1號　1952年1月　頁69-84

9 山田琢　〈董仲舒と春秋學〉　《斯文》第6號　1953年3月　頁9-
22　後收入氏著《春秋學の研究》　1　東京　明德出版社　1987
年12月　頁5-14

10 板野長八　〈孟子の革命說と董仲舒の天譴說〉　《歷史教育》
第2卷第4號　1954年4月　頁12-19

11 佐藤威夫　〈三科九旨に關する董仲舒の見解〉　《岡山縣漢文
學會報》第2號　1957年10月　頁19-27

12 慶松光雄　〈春秋繁露五行諸篇偽作考：董仲舒の陰陽・五行說
との關連に於て〉　《金澤大學法文學部論集・哲學史學編》第6
號　1959年3月　頁25-46

13 伊藤德男　〈漢代の徭役制度について：董仲舒の上言と「漢舊
儀」との解釋をめぐって〉　《古代學》第8卷第2號　1959年7月
頁144-160

14 米田賢次郎　〈伊藤德男著「漢代の徭役制度について：董仲舒

の上言と漢舊儀の解釋について」（古代學八卷二號）〉　《法制史研究》第11號　1961年3月　頁253-254

15 佐川修　〈董仲舒の改制說について〉　《集刊東洋學》第6號　1961年9月　頁79-88　後收入氏著《春秋學論考》　III第1章　頁149-164

16 金子彰男　〈董仲舒の對策年代についての一考〉　《漢文學會會報》第22號　1963年5月　頁19-23

17 久保田剛　〈漢書五行志に見られる董仲舒說と春秋繁露の災異說〉　《哲學》第17集　1965年10月　頁145-158

18 福井重雅　〈儒教成立史上の二三の問題：五經博士の設置と董仲舒の事蹟に關する疑義〉　《史學雜誌》第76編第1號　1967年1月　頁1-34

19 澤田多喜男　〈董仲舒天人相關說試探：特にその陰陽說の構造について〉　《日本文化研究所研究報告》第3集　1967年3月　頁293-313

20 佐川修　〈武帝の五經博士と董仲舒の天人三策について：福井重雅氏「儒教成立史上の二三の問題」に對する疑義〉　《集刊東洋學》第17號　1967年5月　頁59-69　後收入氏著《春秋學論考》　III第4章　頁221-236

21 久保田剛　〈春秋繁露における陰陽五行思想の一側面〉　《哲學》第19集　1967年10月　頁170-191

22 澤田多喜男　〈董仲舒天譴說の形成と性格〉　《文化》第31卷第3號　1968年1月　頁109-132

23 戶田豐三郎　〈董仲舒對策の年次について〉　《中京大學文學部紀要》第4卷第2號　1969年11月　頁29-36

24 田中麻紗巳　〈『春秋繁露』五行諸篇についての一考察〉　《集

刊東洋學》第22號　1969年11月　頁66-81　後收入氏著《兩漢思想の研究》　東京　研文出版　1986年10月　第1章第2節1　頁34-51

25 永田英正　〈漢代の選舉と官僚階級〉　《東方學報（京都）》第41冊　1970年3月　頁157-196　後收入氏著《漢代史研究》　收入《汲古叢書》147　東京　汲古書院　2018年3月　第Ⅰ部第3章　頁65-112

26 佐川修　〈董仲舒の王道說：その陰陽說との關連について〉　《東北大學教養部紀要》第19號　1974年3月　頁82-101　後收入氏著《春秋學論考》　Ⅲ第2章　頁165-189

27 田中麻紗巳　〈漢代の自然觀について：董仲舒の說を中心として〉　《日本中國學會報》第26集　1974年10月　頁81-94　後收入氏著《兩漢思想の研究》　第1章第1節　頁11-33

28 松島隆裕　〈董仲舒春秋學成立の前提〉　《倫理學研究》第22號　1975年3月　頁25-35

29 邊土名朝邦　〈春秋公羊學派の「權說」について：春秋繁露の「權變」を中心に〉　《九州中國學會報》第20號　1975年5月　頁1-10

30 平井正士　〈漢代儒學國教化の定說の再檢討（附五經博士についての一解釋）〉　《杏林大學醫學部教養課程研究報告》第3卷　1976年3月　頁83-104

31 吉田照子　〈董仲舒の感應說〉　《哲學》第29集　1977年10月　頁99-113

32 邊土名朝邦　〈董仲舒における五行說受容の問題性：春秋繁露中の五行關係諸篇の真偽性を考えるための前提的認識〉　《活水日文》第1號　1978年3月　頁38-50

33 伊藤計　〈董仲舒の災異說：高廟園災對という上奏文を中心にして〉　《集刊東洋學》第41號　1979年5月　頁15-28

34 冨谷至　〈「儒教の國教化」と「儒學の官學化」〉　《東洋史研究》第37卷第4號　1979年3月　頁615-622

35 森川重昭　〈董仲舒の《仁義》について〉　《椙山女學園大學研究論集》　第10號第2部　1979年3月　頁93-100

36 宇佐美一博　〈董仲舒の政治思想：君主權の強化と抑制をめぐって〉　《日本中國學會報》第31集　1979年10月　頁59-73

37 馬場英雄　〈董仲舒の人性論に就いて〉　《集刊東洋學》第43號　1980年5月　頁18-30

38 有田穎右　〈董仲舒について：重澤俊郎氏の見解への疑問〉　《千里山文學論集》第23號　1980年5月　頁112-127

39 有田穎右　〈董仲舒の國家哲學〉　《千里山文學論集》第24號　1980年12月　頁47-54

40 清水浩子　〈董仲舒と王充の情性觀について〉　《駒澤大學外國語部論集》第14號　1981年9月　頁185-190

41 北村良和　〈前漢末の改禮について〉　《日本中國學會報》第33集　1981年10月　頁43-57

42 岩本憲司　〈漢代春秋學に關する二、三の問題：『春秋繁露』俞序篇と『史記』太史公自序〉　《跡見學園女子大學紀要》第16號　1983年3月　頁129-139

43 栗原信吾　〈『春秋繁露』と五行說〉　《大東文化大學中國學論集》第5號　1983年3月　頁15-27

44 笠川直樹　〈董仲舒の天人合一論の基礎概念の內容とその展開〉　《學林》第2號　1983年7月　頁16-31

45 宇佐美一博　〈董仲舒小論：匈奴と復讎をめぐって〉　《日本中國學會報》第35集　1983年10月　頁128-139

46 有田穎右　〈董仲舒の國家哲學について〉　《千里山文學論集》第29號　1983年12月　頁19-36

47 濱久雄　〈董仲舒の思想と「春秋繁露」〉　《大東文化大學漢學會誌》第26號　1987年3月　頁26-40　後收入氏著《公羊學の成立とその展開》　東京　國書刊行會　1992年6月　第1部第5章　頁139-172

48 湯淺邦弘　〈鹽鐵論爭に見る管子と董仲舒の思想〉　《日本中國學會報》第39集　1987年10月　頁56-69

49 齋木哲郎　〈董仲舒の春秋學：その解釋法の特質〉　《東方學》第75輯　1988年1月　頁19-33　後收入氏著《秦漢儒教の研究》　東京　汲古書院　2004年1月　第3章第4節　頁394-415

50 有田穎右　〈董仲舒の君主論〉　《千里山文學論集》第35號　1988年8月　頁1-18

51 影山輝國　〈董仲舒に至る災異思想の系譜〉　《實踐國文學》第34號　1988年10月　頁66-76

52 坂本具償　〈漢書五行志の災異說：董仲舒說と劉向說の資料分析〉　《日本中國學會報》第40集　1988年10月　頁47-60

53 有田穎右　〈董仲舒についての論點〉　《千里山文學論集》第37號　1988年12月　頁156-135

54 齋木哲郎　〈『春秋繁露』の偽書說について〉　《汲古》第17號　1990年6月　頁17-22　後收入氏著《秦漢儒教の研究》　第3章第2節　頁362-374

55 坂本具償　〈『春秋繁露』の偽書說に關する私見：陰陽五行說を中心にして〉　《哲學》第43集　1991年10月　頁83-96

56 鄧紅　〈儒學における天思想：董仲舒を中心として〉　《九州中國學會報》第30號　1992年5月　頁21-37

57 邊土名朝邦　〈董仲舒の著作と災異思想〉　《西南學院大學國際文化論集》第7卷第1號　1992年7月　頁113-128

58 齋木哲郎　〈董仲舒と「春秋穀梁傳」：西漢穀梁學の一斷面〉
《日本中國學會報》第44集　1992年10月　頁17-31　後收入氏著
《秦漢儒教の研究》　第3章第5節　頁416-442

59 末永高康　〈董仲舒陰陽刑德說について〉　《中國思想史研
究》第15號　1992年12月　頁59-88

60 齋木哲郎　〈漢の武帝と董仲舒：儒教教義の變容〉　《鳴門教
育大學研究紀要・人文・社會科學編》第8卷　1993年3月　頁1-33
後收入氏著《秦漢儒教の研究》　第3章第6節　頁443-476

61 鄧紅　〈董仲舒の「天人合一」說とその政治的功能について〉
《中國哲學論集》第19號　1993年10月　頁1-17

62 內山俊彥　〈董仲舒における歷史意識の問題〉　《哲學研究》
第559號　1993年10月　頁1-32

63 二階堂善弘　〈「春秋繁露」の諸本について〉　《中國古典研
究》第38號　1993年12月　頁45-58

64 福井重雅　〈前漢對策文書再探：董仲舒の對策の予備的考察〉
《社會文化史學》第34號　1995年8月　頁1-17　後載於氏著《陸
賈『新語』の研究》　收入《汲古選書》29　東京　汲古書院
2002年9月　附節3　頁200-244

65 末永高康　〈董仲舒春秋災異說の再檢討〉　《中國思想史研
究》第18號　1995年12月　頁40-65

66 岩本憲司　〈災異說の構造解析：董仲舒の場合〉　《東洋の思
想と宗教》第13號　1996年3月　頁40-58

67 福井重雅　〈董仲舒の對策の基礎的研究〉　《史學雜誌》第106
編第2號　1997年2月　頁157-204　後載於氏著《漢代儒教の史的
研究：儒教の官學化をめぐる定說の再檢討》　收入《汲古叢
書》　東京　汲古書院　2005年3月　第2篇第3章　頁327-386

68 齋木哲郎　〈董仲舒の生涯・對策の年次及び儒教國教化の實際
　　について〉　《東洋文化》復刊第77號　1996年9月　頁32-47　後
　　收入氏著《秦漢儒教の研究》　第3章第1節　頁338-361

69 近藤則之　〈鄧紅著『董仲舒思想の研究』〉　《中國哲學論集》
　　第22號　1996年12月　頁82-96

70 春秋繁露研究會　〈春秋繁露研究會所藏『春秋繁露』諸本簡
　　介〉　《東洋大學中國哲學文學科紀要》第5號　1997年3月　頁
　　67-111

71 近藤則之　〈「楚莊王篇」三世異辭說と董仲舒の災異說〉　《中
　　國哲學論集》第23號　1997年10月　頁1-15

72 岩野忠昭　〈前漢郊祭考：『春秋繁露』を中心として〉　《東洋
　　文化》復刊第78號　1998年3月　頁2-15

73 鄧紅　〈董仲舒の思想と黃老の學（その二）〉　《中國出土資料
　　研究》第2號　1998年3月　頁100-113

74 齋木哲郎　〈董仲舒と『春秋公羊傳』：漢初における『春秋公羊
　　傳』の流傳形態〉　《東洋古典學研究》第5集　1998年5月　頁
　　15-27　後收入氏著《秦漢儒教の研究》　第3章第3節　頁375-393

75 福井重雅　〈董仲舒の虛像と實像〉　《史觀》第139冊　1998年
　　9月　頁33-47　後收入氏著《漢代儒教の史的研究》　第2篇第1章
　　頁279-307

76 近藤則之　〈董仲舒思想における「元」の意義について〉
　　《日本中國學會報》第50集　1998年10月　頁31-45

77 近藤則之　〈「春秋繁露」の改制說について〉　《九州中國學會
　　報》第37號　1999年5月　頁36-55

78 江俣敦子　〈董仲舒の災と異〉　《實踐國文學》第56號　1999
　　年10月　頁87-101

79 近藤則之　〈董仲舒の五行に關する考察〉　《中國哲學論集》第25號　1999年10月　頁19-35

80 長谷川清貴　〈董仲舒天論小考〉　《國學院中國學會報》第45輯　1999年12月　頁1-10

81 鄧紅　〈董仲舒春秋公羊學における三段式推論について〉《大分縣立藝術文化短期大學研究紀要》第37卷　1999年12月　頁149-162

82 近藤則之　〈董仲舒の四法說、三教說及び質文說について〉《人文學研究》第3輯　2000年3月　頁27-57

83 關口順　〈「儒教國教化」論への異議〉　《中國哲學》第29號　2000年12月　頁1-24

84 鄧紅　〈張之洞の學問（其の二）：「駁『公羊』大義悖謬者十四事」と董仲舒について〉　《大分縣立藝術文化短期大學研究紀要》第38卷　2000年12月　頁1-14

85 二階堂善弘　〈『春秋繁露直解』について〉　《コミュニケーション學科論集》第9號　2001年3月　頁117-127

86 近藤則之　〈董仲舒の求雨・止雨について〉　《人文學研究》第4輯　2001年3月　頁55-87

87 近藤則之　〈董仲舒の郊祀について〉　《佐賀大學文化教育學部研究論文集》第6集第1號　2001年12月　頁402-389

88 福井重雅　〈班固と董仲舒：儒家の國教化という虛構譚の成立〉　《中國：社會と文化》第16號　2001年6月　頁70-85　後收入氏著《漢代儒教の史的研究》　第3篇終章第2節　頁505-519

89 福井重雅　〈董仲舒の生沒年〉　《鴨臺史學》第3號　2002年3月　頁1-26　後收入氏著《漢代儒教の史的研究》　第2篇終章第1節　頁389-404

90 近藤則之　〈董仲舒における天と君主：君主主體性論の再吟味〉　《中國哲學論集》第28、29號　2003年10月　頁1-26

91 村田進　〈董仲舒の養生說：治身と治國及び正心について〉　《學林》第36、37號　2003年3月　頁127-147

92 和田恭人　〈《漢書》五行志に見える災異說の再檢討：董仲舒說について〉　《大東文化大學中國學論集》第20號　2003年3月　頁29-42

93 岩野忠昭　〈前漢後期の郊祭論〉　《東洋大學中國哲學文學科紀要》第12號　2004年2月　頁113-128

94 近藤則之　〈『春秋繁露』の「皇帝」をめぐって〉　《佐賀大國文》第33號　2004年12月　頁1-11

95 永渕正是　〈皇帝の權威と儒家：孔子の位置づけをめぐって〉　《中國思想史研究》第27號　2004年12月　頁79-106

96 相原健右　〈『春秋繁露』偽書說に關する一考察〉　《後漢經學研究會論集》第2號　2005年3月　頁59-88

97 宇佐美一博　〈『穀梁傳』と『繁露』：趙盾と許止をめぐって〉　《愛知大學文學論叢》第133輯　2006年2月　頁1-16

98 吉永慎二郎　〈孔子から墨家そして孟子及び董仲舒へ：中國文明における政教一體システムの形成〉　《學士會會報》第861期　2006年11月　頁119-124

99 近藤則之　〈荀子と董仲舒學派とにおける天人觀の繼承について〉　《九州中國學會報》第45號　2007年5月　頁1-16

100 片倉望　〈『春秋繁露』の自然〉　《論集》第13號　2008年3月　頁101-120

101 渡邊義浩　〈儒教の「國教化」と「儒教國家」の成立〉　《中國：社會と文化》第24號　2009年7月　頁314-324

102 鄧紅　〈王充と董仲舒〉　《大分縣立藝術文化短期大學研究紀要》第47卷　2010年3月　頁45-61

103 深川真樹　〈董仲舒の受命論とその思想背景〉　《東アジア：歷史と文化》第20號　2011年3月　頁1-21

104 田中良明　〈董仲舒以前に於ける災異への對應〉　《大東文化大學漢學會誌》第51號　2012年3月　頁119-140

105 串田久治　〈再考・天變地異〉　《桃山學院大學總合研究所紀要》第37卷第3期　2012年3月　頁113-122

106 小林春樹　〈『漢書』「五行志」における董仲舒の役割〉　《東洋研究》第187號　2013年1月　頁1-18

107 深川真樹　〈董仲舒「賢良對策」の信賴性について〉　《東洋學報》第95卷第1號　2013年6月　頁1-32

108 鄧紅　〈董仲舒否定の否定〉　《北九州市立大學大學院紀要》第27號　2014年1月　頁163-197

109 城山陽宣　〈再論董仲舒對策：第一策・第三策の對策文書の史料性を中心に〉　《研究東洋》第4號　2014年2月　頁67-92

110 深川真樹　〈董仲舒の天人相關論に關する一考察：天と君主の相互關係の特性について〉　《東洋文化研究》第16號　2014年3月　頁59-85

111 福井重雅　〈董仲舒と法家思想〉　《史滴》第36號　2014年12月　頁2-10

112 深川真樹　〈董仲舒の對策の年代について〉　《東洋學報》第96卷第4號　2015年3月　頁337-365

113 章劍　〈『蒙求和歌』における董永董仲舒父子說について：董永故事の變遷を中心に〉　《中國中世文學研究》第66號　2015年9月　頁35-44

114 小林春樹　〈『漢書』における〔董仲舒像〕の一側面：「董仲舒
傳」所引「天人三策」を中心として〉　《東洋研究》第199號
2016年1月　頁1-62

115 深川真樹　〈目錄學の觀點から見る『春秋繁露』と董仲舒の關
係〉　《汲古》第69號　2016年6月　頁47-52

116 吳龍燦著　藤川繭、胡亦名、王源譯　〈董仲舒哲學研究百年史〉
《北九州市立大學大學院紀要》第30號　2017年2月　頁9-27

117 近藤則之　〈荀子と董仲舒の性〉　《佐賀大國語教育》第1號
2017年3月　頁80-70

118 鄧紅　〈董仲舒『春秋繁露』の五行說について〉　《社會シス
テム研究》第16號　2018年3月　頁69-87

四　專書論文

1 鎌田正　〈董仲舒の義利說について〉　收入宇野哲人先生白壽
祝賀記念會編　《宇野哲人先生白壽祝賀記念東洋學論叢》　東
京　宇野哲人先生白壽祝賀記念會　1974年10月　頁377-396

2 伊藤計　〈天數十月論：春秋繁露研究序說〉　收入木村英一博
士頌壽記念事業會編　《中國哲學史の展望と摸索》　東京　創
文社　1976年11月　頁253-271

3 板野長八　〈董仲舒の「對策」〉　收入廣島史學研究會編　《史
學研究五十周年記念論叢》世界編　岡山市　福武書店　1980年
10月　頁35-52　後收入氏著《儒教成立史の研究》　東京　岩波
書店　1995年7月　第5章　頁157-174

4 田中麻紗巳　〈「春秋繁露」離合根等三篇について〉　收入荒木
教授退休記念會編　《中國哲學史研究論集：荒木教授退休記念》

福岡市　葦書房　1981年12月　頁189-202　後收入氏著《兩漢思想の研究》　第1章第2節2　頁52-66

5 平井正士　〈漢代の儒學國教化について〉　收入磯邊武雄編《アジアの教育と社會：多賀秋五郎博士古稀記念論文集》　東京　不昧堂出版　1983年5月　頁15-26

6 宇佐美一博　〈董仲舒研究：氣及び養生の思想からのアプローチ〉　收入《中國古代養生思想の總合的研究》　東京　平河出版社　1988年2月　頁322-341

7 鍾清漢　〈董仲舒の政治理念と教育思想に關する一考察〉　收入多賀秋五郎博士喜壽記念論文集刊行會編　《アジアの教育と文化：多賀秋五郎博士喜壽記念論文集》　東京　巖南堂書店　1989年10月　頁72-87

8 宇佐美一博　〈董仲舒思想の形成と本質的性格について〉　收入山下龍二教授退官記念論集刊行會編　《中國學論集：山下龍二教授退官記念》　東京　研文社　1990年10月　頁236-252

9 淺野裕一　〈董仲舒・天人對策の再檢討：儒學の國教化をめぐって〉　收入片野達郎編　《正統と異端：天皇・天・神》　東京　角川書店　1991年2月　頁251-271　後載於氏著《黃老道の成立と展開》　收入《東洋學叢書》40　東京　創文社　1992年12月　第3部第10章　頁651-676

10 池田知久　〈中國古代の天人相關論：董仲舒の場合〉　載於溝口雄三、平石直昭、濱下武志、宮嶋博史編　《世界像の形成》收入《アジアから考える》7　東京　東京大學出版會　1994年12月　頁9-75

11 鄧紅　〈董仲舒の二つの春秋公羊學〉　收入町田三郎教授退官記念論文集刊行會編　《中國思想史論叢：町田三郎教授退官記

念》上卷　福岡市　中國書店　1995年3月　頁193-218　後收入氏
著《董仲舒思想の研究》　春秋公羊學篇第1節　頁270-290

12 宇佐美一博　〈董仲舒における復讎論〉　載於見城幸雄先生頌
壽記念事業會編　《法制と文化：見城幸雄教授頌壽記念》　收
入《愛知大學文學會叢書》IV　豐橋市　愛知大學文學會　1999
年3月　頁309-323

13 吉永慎二郎　〈董仲舒對策における「天」と「命」：「儒教國教
化」の思想史的構造への一考察〉　收入加地伸行博士古稀記念
論集刊行會編　《中國學の十字路：加地伸行博士古稀記念論
集》　東京　研文出版　2006年4月　頁247-262

五　專書章節

1 藤田豐八　〈董仲舒〉　《支那倫理史（第二篇漢唐之部）：哲學
館第10學年度高等宗教學科講義錄》　東京　哲學館　1898年
第2篇第1期兩漢　頁15-25

2 遠藤隆吉　〈董子〉　《支那哲學史》　東京　金港堂書籍　1900
年5月　第2編第1章2　頁205-212

3 中內義一　〈董仲舒〉　《支那哲學史》　收入《帝國百科全書》
第93編　東京　博文館　1903年2月　中古哲學第1章3　頁160-
162、164-167

4 足立栗園　〈董楊の性善惡說〉　《東洋倫理大綱》　大阪市　積
善館　1903年12月　第10章　頁94-104

5 久保天隨　〈董仲舒〉　《東洋倫理史要》　東京　育成會　1904
年1月　第2期第3章　頁208-217

6 遠藤隆吉　〈董仲舒；董仲舒の社會に及ぼしたる影響〉　《支

那思想發達史》　東京　冨山房　1904年1月　第3編第2章第3節
頁271-283

7 松本文三郎講述　〈董仲舒及ひ楊雄〉　《支那哲學史：早稻田
大學39年度文學教育科第2學年講義錄》　東京　早稻田大學出版
部　1907年　第2章2　頁237-241

8 蜷川龍夫　〈董仲舒〉　《儒教哲學概論》　收入《帝國百科全
書》第171編　東京　博文館　1907年10月　第3編第3章第1節第3
頁246-248

9 高瀨武次郎　〈董仲舒の倫理說如何〉　《支那倫理珠塵：問題
解答》　東京　參天閣　1908年4月　（23）　頁31-32

10 高瀨武次郎　〈董仲舒〉　《支那哲學史》　東京　文盛堂書店
1910年10月　第2編第1篇乙第4章　頁409-419

11 宇野哲人　〈董仲舒〉　《支那哲學史講話》　東京　大同館
1914年　第2編第4章　頁220-226

12 橘惠勝　〈董仲舒〉　《東洋思想史概說》　東京　丸木書店
1923年4月　第2編第3章（3）　頁155-156

13 渡邊秀方　〈董仲舒〉　《支那哲學史概論》　東京　早稻田大
學出版部　1924年10月　中世哲學第1編第5章　頁325-331

14 松田友吉　〈董仲舒〉　《東洋倫理史要：文檢參考・四書併
述》　東京　大同館書店　1929年12月　第2編第2章第3節　頁
255-258

15 齋伯守　〈董仲舒とその思想〉　《支那哲學史概說》　東京
同文社　1930年　第1篇第1章8　頁72-75

16 北村澤吉　〈董仲舒〉　《儒教道德の特質と其の學說の變遷》
東京　關書院　1933年3月　後篇第5章第4節　頁174-216

17 武內義雄　〈前漢の經學〉　《支那思想史》　收入《岩波全
書》第73　東京　岩波書店　1936年5月　第11章　頁145-157

18 佐藤清勝 〈董仲舒の思惟批判〉 《支那哲學批判》 東京 アジア青年社 1943年5月 第11章 頁162-168

19 重澤俊郎 〈董仲舒研究〉 《周漢思想研究》 東京 弘文堂 書房 1943年8月 頁143-265

20 重澤俊郎 〈春秋董氏傳〉 《周漢思想研究》 頁315-402

21 津田左右吉 〈前漢の儒教と陰陽說〉 《儒教の研究》第2 東京 岩波書店 1951年9月 第2篇 頁109-303 後收入氏著《津田左右吉全集》第17卷 東京 岩波書店 1965年2月 第2篇 頁109-303

22 狩野直喜 〈董仲舒〉 《中國哲學史》 東京 岩波書店 1953年12月 第4編第1章第1節 頁272-276

23 山田琢 〈董仲舒〉 收入東京大學中國哲學研究室編 《中國の思想家：宇野哲人博士米壽記念論集》上卷 東京 勁草書房 1963年5月 頁262-274

24 狩野直喜 〈董仲舒の對策の年について〉 《兩漢學術考》 東京 筑摩書房 1964年11月 7 頁43-50

25 小倉芳彥 〈孔子から董仲舒へ〉 收入石母田正編 《古代史講座》12（古代思想と藝術） 東京 學生社 1965年11月 第2章4 頁97-120 後載於氏著《中國古代政治思想研究：『左傳』研究ノート》 收入《歷史學研究叢書》 東京 青木書店 1970年3月 II3 頁227-250

26 鈴木由次郎 〈董仲舒〉 收入宇野精一、中村元、玉城康四郎編 《講座東洋思想》第2卷（中國思想I儒家思想） 東京 東京大學出版會 1967年2月 頁139-172

27 森三樹三郎 〈春秋繁露〉 《上古より漢代に至る性命觀の展開：人性論と運命觀の歷史》 收入《東洋學叢書》3 東京 創文社 1971年1月 19 頁203-219

28 島邦男 〈董仲舒の五行說〉 《五行思想と禮記月令の研究》
東京 汲古書院 1971年3月 第5章第3節1 頁312-319

29 板野長八 〈董仲舒〉 《中國古代における人間觀の展開》
東京 岩波書店 1972年7月 第14章 頁371-398

30 關口順 〈董仲舒における氣の思想〉 收入小野澤精一、山井
湧、福永光司編 《氣の思想：中國における自然觀と人間觀の展
開》 東京 東京大學出版會 1978年3月 第3章第3節 頁162-
180

31 町田三郎 〈儒教國教化について〉 《秦漢思想史の研究》
收入《東洋學叢書》27 東京 創文社 1985年1月 第2章6 頁
159-178

32 宇佐美一博 〈董仲舒：儒教國教化の推進者〉 收入日原利國
編 《中國思想史》上卷 東京 ぺりかん社 1987年3月 頁
135-146

33 內山俊彥 〈董仲舒〉 《中國古代思想史における自然認識》
收入《東洋學叢書》31 東京 創文社 1989年1月 第9章 頁
273-314

34 宇佐美一博 〈漢代春秋學の開祖：董仲舒〉 收入橋本高勝編
《中國思想の流れ》上（兩漢・六朝） 京都市 晃洋書房
1996年5月 頁29-40

35 金谷治 〈董仲舒の天人相關思想：自然觀の開展として〉
《中國古代の自然觀と人間觀》 收入《中國思想論集》上卷
東京 平河出版社 1997年5月 第1部第8章 頁158-179

36 福井重雅 〈董仲舒の研究〉 《漢代儒教の史的研究》 東京
汲古書院 2005年3月 第2篇 頁259-412

37 福井重雅 〈課題と展望〉 《漢代儒教の史的研究》 第3篇終
章 頁485-526

38 池田知久　〈儒教國教化と道教・佛教〉　溝口雄三、池田知久、小島毅　《中國思想史》　東京　東京大學出版會　2007年9月　第1章4　頁60-84

39 池田知久　〈『漢書』藝文志と諸思想統一の構想の終焉〉　《道家思想の新研究：『莊子』を中心として》　東京　汲古書院　2009年3月　第14章第5節　頁755-765

參考文獻

（古籍依作者時代先後為序，近人著作依作者姓氏筆畫或姓名字母編排，同一作者有多本著作依出版年代順序排列）

一　傳統文獻與註釋

1〔漢〕毛公傳　〔漢〕鄭玄箋　《毛詩正義》　收入〔清〕阮元校勘《十三經注疏》第2冊　臺北縣　藝文印書館　1955年4月影嘉慶二十年（1815）江西南昌府學開雕本

2舊題〔漢〕孔安國傳　〔唐〕孔穎達等正義　《尚書正義》　收入〔清〕阮元校勘《十三經注疏》第1冊　臺北縣　藝文印書館1955年4月　影嘉慶二十年（1815）江西南昌府學開雕本

3〔漢〕司馬遷撰　〔宋〕裴駰集解　〔唐〕司馬貞索隱　〔唐〕張守節正義　顧頡剛點　中華書局編輯部整理　《史記》　北京市　中華書局　1959年9月

4〔漢〕班固撰　〔唐〕顏師古注　西北大學歷史系點校　傅東華整理　《漢書》　北京市　中華書局　1962年6月

5〔漢〕趙岐注　〔宋〕孫奭疏　《孟子注疏》　收入〔清〕阮元校勘《十三經注疏》第8冊　臺北縣　藝文印書館　1955年4月影嘉慶二十年（1815）江西南昌府學開雕本

6〔漢〕鄭玄注　〔唐〕孔穎達等正義　《禮記正義》　收入〔清〕阮元校勘《十三經注疏》第5冊　臺北縣　藝文印書館1955年4月　影嘉慶二十年（1815）江西南昌府學開雕本

7 〔漢〕何休注 〔唐〕徐彥疏 《春秋公羊傳注疏》 收入
〔清〕阮元校勘《十三經注疏》第6冊 臺北縣 藝文印書館
1955年4月 影嘉慶二十年（1815）江西南昌府學開雕本

8 〔漢〕荀悅著 張烈點校 《漢紀》 收入《兩漢紀》上冊 北
京市 中華書局 2002年6月

9 〔魏〕王弼注 〔晉〕韓康伯注 〔唐〕孔穎達等正義 《周易正
義》 收入〔清〕阮元校勘 《十三經注疏》第1冊 臺北縣 藝
文印書館 1955年4月 影嘉慶二十年（1815）江西南昌府學開雕本

10 〔魏〕何晏等注 〔宋〕邢昺疏 《論語注疏》 收入〔清〕阮
元校勘 《十三經注疏》第8冊 臺北縣 藝文印書館 1955年4
月 影嘉慶二十年（1815）江西南昌府學開雕本

11 〔唐〕杜佑著 王文錦等點校 《通典》 北京市 中華書局
1988年12月

12 〔宋〕王堯臣等編次 錢東垣等輯釋 《崇文總目》 收入《國
學基本叢書》 臺1版 臺北市 臺灣商務印書館 1967年3月

13 〔宋〕歐陽脩 《歐陽文忠公集》 收入《四部叢刊初編縮本》
第49冊 臺1版 臺北市 臺灣商務印書館 1965年8月 影上海
涵芬樓藏元刊本

14 〔宋〕司馬光編著 〔元〕胡三省音注 標點資治通鑑小組校點
《資治通鑑》 北京市 中華書局 1956年6月

15 〔宋〕司馬光編著 〔元〕胡三省音注 《資治通鑑考異》 收
入《四部叢刊初編縮本》第11冊 臺1版 臺北市 臺灣商務印書
館 1965年8月 影上海涵芬樓藏宋刊本

16 〔宋〕洪興祖撰 白化文等點校 《楚辭補注》 收入《中國古
典文學基本叢書》 北京市 中華書局 1983年3月

17 〔宋〕鄭樵 《通志》 北京市 中華書局 1987年1月 影商務
印書館萬有文庫十通本

18 〔宋〕程大昌　《程氏演繁露》　收入《四部叢刊三編》第39冊
　　臺北市　臺灣商務印書館　1975年9月　影廬江劉氏遠碧樓宋刊本

19 〔宋〕洪邁撰　孔凡禮整理　《容齋續筆》　收入上海師範大學
　　古籍整理研究所編　《全宋筆記》第5編第5冊　鄭州市　大象出
　　版社　2012年1月

20 〔宋〕趙彥衛撰　朱旭強整理　《雲麓漫鈔》　收入上海師範大
　　學古籍整理研究所編　《全宋筆記》第6編第4冊　鄭州市　大象
　　出版社　2013年3月

21 〔宋〕王楙撰　儲玲玲整理　《野客叢書》　收入上海師範大學
　　古籍整理研究所編　《全宋筆記》第6編第6冊　鄭州市　大象出
　　版社　2013年3月

22 〔宋〕王益之撰　王根林點校　《西漢年紀》　鄭州市　中州古
　　籍出版社　1993年8月

23 〔宋〕朱熹　《御批資治通鑑綱目》　收入《景印文淵閣四庫全
　　書》第689冊　臺北市　臺灣商務印書館　1986年7月

24 〔宋〕樓鑰　《攻媿集》　收入《四部叢刊初編縮本》第62冊
　　臺1版　臺北市　臺灣商務印書館　1965年8月　影上海涵芬樓藏
　　武英殿聚珍本

25 〔宋〕王應麟　《通鑑答問》　收入《景印文淵閣四庫全書》第
　　686冊　臺北市　臺灣商務印書館　1986年7月

26 〔宋〕王應麟　《玉海》　收入《景印文淵閣四庫全書》第944冊
　　臺北市　臺灣商務印書館　1986年7月

27 〔宋〕馬端臨著　上海師範大學古籍研究所、華東師範大學古籍
　　研究所點校　《文獻通考》　北京市　中華書局　2011年9月

28 〔明〕王禕　〔明〕劉傑、劉同編　《王忠文集》　收入《景印文
　　淵閣四庫全書》第1226冊　臺北市　臺灣商務印書館　1986年7月

29 〔明〕丘濬 《大學衍義補》 收入《景印文淵閣四庫全書》第712冊 臺北市 臺灣商務印書館 1986年7月

30 〔明〕程敏政編 《明文衡》 收入《景印文淵閣四庫全書》第1374冊 臺北市 臺灣商務印書館 1986年7月

31 〔清〕齊召南 《前漢書考證》 收入《《漢書》研究文獻輯刊》第8冊 北京市 國家圖書館出版社 2008年8月 影清光緒二十三年（1897）陝甘味經刊書處刊本

32 〔清〕蔣溥等編 《御覽經史講義》 收入《景印文淵閣四庫全書》第723冊 臺北市 臺灣商務印書館 1986年7月

33 〔清〕永瑢、紀昀等 《欽定四庫全書總目》 收入《景印文淵閣四庫全書》第1冊 臺北市 臺灣商務印書館 1986年7月

34 〔清〕嚴可均輯 《全漢文》 《全上古三代秦漢三國六朝文》北京市 中華書局 1958年12月 影廣雅書局本

35 〔清〕沈欽韓 《漢書疏證》 收入《漢書疏證（外二種）》 上海市 上海古籍出版社 2006年4月 影光緒二十六年（1900）浙江官書局刻本

36 〔清〕周壽昌 《漢書注校補》 收入《漢書疏證（外二種）》第2冊 上海市 上海古籍出版社 2006年4月 影光緒十年（1884）周氏思益堂刻本

37 〔清〕沈家本 《漢書瑣言》 收入《叢書集成三編》第95冊 臺北市 新文豐出版 1997年3月 影沈寄簃先生遺書本

38 〔清〕王先謙撰 久保愛增注 豬飼彥博補遺 服部宇之吉校訂《荀子集解》 收入《漢文大系》第15卷 東京 富山房 1913年4月

39 〔清〕王先謙撰 上海師範大學古籍整理研究所整理 《漢書補注》 上海市 上海古籍出版社 2008年12月

40〔清〕郭慶藩撰　王孝魚點校　《莊子集釋》　收入《新編諸子集成》　北京市　中華書局　1961年7月

41〔清〕孫詒讓撰　附戶埼允明考　小柳司氣太校訂　《墨子閒詁》　收入《漢文大系》第14卷　東京　冨山房　1913年1月

42〔清〕皮錫瑞著　周予同注釋　《經學歷史》　北京市　中華書局　1959年12月

43〔清〕蘇輿撰　鍾哲點校　《春秋繁露義證》　收入《新編諸子集成》　北京市　中華書局　1992年12月

44 王利器　《鹽鐵論校注（定本）》　收入《新編諸子集成》　北京市　中華書局　1992年7月

45 向宗魯　《說苑校證》　收入《中國古典文學基本叢書》　北京市　中華書局　1987年7月

46 武漢大學簡帛研究中心、湖北省博物館、湖北省文物考古研究所編　陳偉主編　《秦簡牘合集》壹　武漢市　武漢大學出版社　2014年12月

47 荊門市博物館編　《郭店楚墓竹簡‧性自命出》　北京市　文物出版社　1998年5月

48 馬承源主編　《上海博物館藏戰國楚竹書》（一）　上海市　上海古籍出版社　2001年11月

49 馬承源主編　《上海博物館藏戰國楚竹書》（二）　上海市　上海古籍出版社　2002年12月

50 許維遹撰　中華書局編輯部整理　《韓詩外傳集釋》　北京市　中華書局　1980年6月

51 許維遹撰　梁運華整理　《呂氏春秋集釋》　收入《新編諸子集成》　北京市　中華書局　2009年9月

52 湖南省博物館、復旦大學出土文獻與古文字研究中心編纂　裘錫

圭主編　《長沙馬王堆漢墓簡帛集成》肆　北京市　中華書局
2014年6月

53 黃暉撰　《論衡校釋（附劉盼遂集解）》　收入《新編諸子集成》
北京市　中華書局　1990年8月

54 劉文典撰　馮逸、喬華點校　《淮南鴻烈集解》　收入《新編諸
子集成》　北京市　中華書局　1989年5月

55 黎翔鳳撰　梁運華整理　《管子校注》　收入《新編諸子集成》
北京市　中華書局　2004年1月

56 賴炎元　《春秋繁露今註今譯》　臺北市　臺灣商務印書館
1984年5月

二　研究專著

(一) 中文資料

1 王中江　《簡帛文明與古代思想世界》　北京市　北京大學出版
社　2011年4月

2 王葆玹　《西漢經學源流》　收入《滄海叢刊》　臺北市　東大
圖書　1994年6月

3 北京大學哲學系中國哲學教研室　《中國哲學史》　2版　收入
《博雅大學堂‧哲學》　北京市　北京大學出版社　2003年11月

4 甘懷真　《皇權、禮儀與經典詮釋：中國古代政治史研究》　收
入《儒學與東亞文明研究叢書》7　臺北市　喜瑪拉雅研究發展基
金會　2003年1月

5 田天　《秦漢國家祭祀史稿》　收入《三聯‧哈佛燕京學術叢
書》　北京市　生活‧讀書‧新知三聯書店　2015年1月

6 任繼愈主編　《中國哲學發展史（秦漢）》　北京市　人民出版社　1985年2月

7 西嶋定生著　黃耀能譯　《白話秦漢史（秦漢帝國的興衰）》　臺北市　譯者　1983年10月

8 佐藤將之　《荀子禮治思想的淵源與戰國諸子之研究》　收入《臺大哲學叢書》8　臺北市　臺灣大學出版中心　2013年1月

9 余治平　《唯天為大：建基於信念本體的董仲舒哲學研究》　北京市　商務印書館　2003年12月

10 余英時　《中國思想傳統的現代詮釋》　臺北市　聯經出版事業公司　1987年3月

11 余嘉錫　《古書通例》　臺1版　臺北市　丹青圖書　1986年5月

12 李定一　《中華史綱》　收入《傳記文學叢刊》99　臺北市　傳記文學出版社　1986年8月

13 李澤厚　《中國古代思想史論》　北京市　人民出版社　1986年3月

14 赤塚忠等著　張昭譯　《中國思想史》　臺北市　儒林圖書　1981年4月

15 周桂鈿　《董學探微》　北京市　北京師範大學出版社　1989年1月

16 周桂鈿　《秦漢思想史》　石家莊市　河北人民出版社　2000年1月

17 周桂鈿　《董仲舒研究》　北京市　人民出版社　2012年7月

18 林聰舜　《漢代儒學別裁：帝國意識形態的形成與發展》　收入《中國思想史研究叢書》9　臺北市　臺灣大學出版中心　2013年7月

19 金春峰　《漢代思想史》　北京市　中國社會科學出版社　1987年4月

20 侯外廬、趙紀彬、杜國庠、邱漢生　《中國思想通史》第2卷　北京市　人民出版社　1957年3月

21 俞榮根　《儒家法思想通論》　南寧市　廣西人民出版社　1992年5月

22 施之勉　《漢史辨疑》　收入《中國文化叢書》　臺北市　中央文物供應社　1954年7月

23 胡適　《中國哲學史大綱》上卷　上海市　商務印書館　1919年2月

24 胡適　《中國中古思想小史（手稿本）》　臺北市　胡適紀念館　1969年4月

25 韋政通　《董仲舒》　收入《世界哲學家叢書》　臺北市　東大圖書　1986年7月

26 唐君毅　《中國哲學原論》上冊　香港　人生出版社　1966年3月

27 徐復觀　《周秦漢政治社會結構之研究》　再版（臺初版）　臺北市　臺灣學生書局　1974年5月

28 徐復觀　《兩漢思想史》卷2　收入《當代學術叢刊》11　臺北市　臺灣學生書局　1976年6月

29 桂思卓　《從編年史到經典：董仲舒的春秋詮釋學》　收入《海外中國法研究叢書》　北京市　中國政法大學出版社　2009年11月

30 馬勇　《董仲舒》　收入《中國思想家寶庫》　香港　中華書局　2001年9月

31 梁啟超著　下河邊半五郎編　《飲冰室文集類編》　東京　編者　1904年5月

32 淺野裕一著　佐藤將之監譯　《戰國楚簡研究》　臺北市　萬卷樓圖書公司　2004年12月

33 勞思光　《新編中國哲學史》（一）　臺北市　三民書局　1981年1月

34 勞思光　《新編中國哲學史》（二）　增訂2版　臺北市　三民書局　1984年9月

35 勞思光著　關子尹編　《康德知識論要義新編》　收入《思光學
術論著新編》9　香港　中文大學出版社　2001年5月

36 勞思光著　劉國英、張燦輝合編　《哲學問題源流論》　收入
《思光學術論著新編》10　香港　中文大學出版社　2001年5月

37 曾春海　《中國哲學史綱》　臺北市　五南圖書出版公司　2012
年8月

38 華友根　《董仲舒思想研究》　上海市　上海社會科學院出版社
1992年3月

39 馮友蘭　《中國哲學史》　收入《大學叢書》　《國立清華大學
叢書》2　上海市　商務印書館　1934年8月

40 馮友蘭　《中國哲學史新編》第3冊　北京市　人民出版社　1985年
3月

41 馮樹勳　《陰陽五行的階位秩序：董仲舒的儒學思想》　新竹市
國立清華大學出版社　2011年7月

42 黃人二　《上海博物館藏戰國楚竹書（二）研究》　臺中縣　高
文出版社　2005年11月

43 黃樸民　《天人合一：董仲舒與兩漢儒學思潮研究》　長沙市
岳麓書社　2013年6月

44 趙吉惠、郭厚安、趙馥潔、潘策主編　《中國儒學史》　鄭州市
中州古籍出版社　1991年6月

45 劉國民　《董仲舒的經學詮釋及天的哲學》　北京市　中國社會
科學出版社　2007年8月

46 鄧紅　《董仲舒思想研究》　收入《文史哲大系》227　臺北市　文
津出版社　2008年6月

47 魯惟一著　戚軒名、王玨、陳顥哲譯　《董仲舒：「儒家」遺產與
〈春秋繁露〉》　收入《饒宗頤國學院漢學譯叢》　香港　中華書
局　2017年9月

48 錢穆　《秦漢史》　香港　撰者　1957年4月

49 戴君仁　《梅園論學集》　臺北市　臺灣開明書店　1970年9月

（二）日文資料

1　久保得二　《東洋通史》第3卷　東京　博文館　1903年8月

2　中內義一　《支那哲學史》　收入《帝國百科全書》第93編　東京　博文館　1903年2月

3　井之口哲也　《後漢經學研究序說》　東京　勉誠出版　2015年2月

4　內山俊彥　《中國古代思想史における自然認識》　收入《東洋學叢書》31　東京　創文社　1989年1月

5　日原利國　《漢代思想の研究》　東京　研文出版　1986年1月

6　田中麻紗巳　《兩漢思想の研究》　東京　研文出版　1986年10月

7　西嶋定生　《秦漢帝國》　收入《中國の歷史》第2卷　東京　講談社　1974年7月

8　西嶋定生　《東アジア世界の形成》　東京　東京大學出版會　1983年1月

9　町田三郎　《秦漢思想史の研究》　收入《東洋學叢書》27　東京　創文社　1985年1月

10 板野長八　《中國古代における人間觀の展開》　東京　岩波書店　1972年7月

11 板野長八　《儒教成立史の研究》　東京　岩波書店　1995年7月

12 津田左右吉　《儒教の研究》第2　收入《津田左右吉全集》第17卷　東京　岩波書店　1965年2月

13 狩野直喜　《兩漢學術考》　東京　筑摩書房　1964年11月

14 重澤俊郎　《周漢思想研究》　東京　弘文堂書房　1943年8月

15 高瀨武次郎 《支那哲學史》 東京 文盛堂書店 1910年10月

16 淺野裕一 《黃老道の成立と展開》 收入《東洋學叢書》40 東京 創文社 1992年12月

17 渡邊義浩 《後漢國家の支配と儒教》 東京 雄山閣出版 1995年2月

18 渡邊義浩 《後漢における「儒教國家」の成立》 東京 汲古書院 2009年5月

19 溝口雄三、池田知久、小島毅 《中國思想史》 東京 東京大學出版會 2007年9月

20 福井重雅 《漢代官吏登用制度の研究》 收入《東洋學叢書》34 東京 創文社 1988年12月

21 福井重雅 《陸賈『新語』の研究》 收入《汲古選書》29 東京 汲古書院 2002年9月

22 福井重雅 《漢代儒教の史的研究：儒教の官學化をめぐる定說の再檢討》 收入《汲古叢書》60 東京 汲古書院 2005年3月

23 遠藤隆吉 《支那思想發達史》 東京 冨山房 1904年1月

24 鄧紅 《董仲舒思想の研究》 東京 人と文化社 1995年4月

25 齋木哲郎 《秦漢儒教の研究》 東京 汲古書院 2004年1月

26 藤田豐八 《東洋史》卷1 東京 文學社 1897年7月

（三）英文資料

1 Dubs, Homer H., *The History of the Former Han Dynasty*, Volume 2, Baltimore: Waverly Press, 1944.

2 Loewe, Michael, *Dong Zhongshu, a 'Confucian' Heritage and the Chunqiu fanlu*, Leiden: Brill, 2011.

3 Queen, Sarah A., *From Chronicle to Canon: The Hermeneutics of the*

Spring and Autumn, According to Tung Chung-shu, Cambridge: Cambridge University Press, 1996.

4 Tully, James, ed. and intr., *Meaning and Context: Quentin Skinner and His Critics*, Cambridge: Polity Press, 1988.

三　期刊論文

（一）中文資料

1 史念海　〈董仲舒天人三策不作於武帝元光元年辨〉　《史與地》第33期　《天津民國日報》　1947年9月1日

2 田中麻紗巳著　秦禎、鄧紅譯　〈關於《春秋繁露》五行諸篇的考察〉　《衡水學院學報》第17卷第5期　2015年10月　頁14-21

3 杜保瑞　〈董仲舒政治哲學與宇宙論進路的哲學建構〉　《哲學與文化》第30卷第9期　2003年9月　頁19-40

4 周桂鈿　〈漢武帝是否獨尊儒術？：兼論思想方法諸問題〉　《中國社會科學院研究生院學報》2003年第2期　2003年3月　頁33-38

5 周桂鈿　〈從《史記》看漢武帝獨尊儒術：兼復楊生民〉　《中國社會科學院研究生院學報》2004年第5期　2004年9月　頁131-133

6 岳慶平　〈董仲舒對策年代辨〉　《北京大學學報（哲學社會科學版）》1986年第3期　1986年6月　頁114-120

7 易白沙　〈孔子評議上〉　《青年雜誌》第1卷第6號　1916年2月　頁1-2

8 易白沙　〈孔子評議下〉　《新青年》第2卷第1號　1916年9月　頁1

9 柳翼謀 〈論近人講諸子之學者之失〉 《史地學報》第1卷第1
期 1921年11月 頁63-82

10 施丁 〈董仲舒天人三策作於元光元年辨：兼談董仲舒不是「罷
黜百家，獨尊儒術的創始人」〉 《社會科學輯刊》1980年第3期
1980年6月 頁90-99

11 孫景壇 〈漢武帝「罷黜百家，獨尊儒術」子虛烏有：中國近現
代儒學反思的一個基點性錯誤〉 《南京社會科學》1993年第6期
1993年12月 頁102-112

12 孫景壇 〈董仲舒非儒家論〉 《江海學刊》1995年第4期 1995
年8月 頁109-115

13 孫景壇 〈董仲舒的《天人三策》是班固的偽作〉 《南京社會
科學》2000年第10期 2000年10月 頁29-35

14 孫景壇 〈元光元年儒學考試的第一名是公孫弘：再談董仲舒沒
有參加漢武帝時的儒學對策兼答張進（晉文）教授〉 《中共南
京市委黨校學報》2008年第1期 2008年2月 頁104-109

15 孫景壇 〈「董仲舒的《天人三策》是班固的偽作」新探：兼答管
懷倫和南師大秦漢史專家晉文（張進）教授〉 《中共南京市委
黨校學報》2009年第2期 2009年4月 頁103-109

16 孫景壇 〈中國古代「罷黜百家，獨尊儒術」的始作俑者是漢章
帝：駁「古代無『打儒家旗號的思想專制』」說，同劉桂生、劉偉
傑、管懷倫、張進等商榷〉 《中共南京市委黨校學報》2010年
第3期 2010年3月 頁92-97

17 晉文 〈也談「漢武帝尊儒問題」：與孫景壇教授商榷〉 《南京
社會科學》2005年第10期 2005年10月 頁41-46

18 張大可 〈董仲舒天人三策應作於建元元年〉 《蘭州大學學報
（社會科學版）》1987年第4期 1987年12月 頁39-45

19 渡邊義浩著　仙石知子、朱耀輝譯　〈論東漢「儒教國教化」的形成〉　《文史哲》2015年第4期　2015年7月　頁122-135

20 黃開國　〈天人感應論本質上是社會倫理政治哲學〉　《社會科學研究》1988年第1期　1988年3月　頁103-109

21 楊生民　〈漢武帝「罷黜百家，獨尊儒術」新探：兼論漢武帝「尊儒書」與「悉延（引）百端之學」〉　《首都師範大學（社會科學版）》2000年第5期　2000年10月　頁6-11

22 楊生民　〈論漢武帝是否獨尊儒術：也談思想方法問題〉　《中國社會科學院研究生院學報》2004年第2期　2004年3月　頁124-128

23 楊朝明　〈上博竹書《魯邦大旱》管見〉　《東岳論叢》第23卷第5期　2002年10月　頁113-117

24 管懷倫　〈漢武帝「罷黜百家，獨尊儒術」確有其事：與孫景壇同志商榷〉　《南京社會科學》1994年第6期　1994年6月　頁13-18

25 管懷倫　〈「罷黜百家獨尊儒術」的歷史過程考論〉　《江蘇社會科學》2008年第1期　2008年1月　頁192-195

26 慶松光雄著　楊憲霞、張亮、鄧紅譯　〈《春秋繁露》五行諸篇偽作考：和董仲舒的陰陽、五行說的關聯〉　《衡水學院學報》第17卷第5期　2015年10月　頁6-13

27 鄧紅　〈日本的董仲舒否定論之批判〉　《衡水學院學報》第16卷第2期　2014年4月　頁7-18

28 鄧實　〈古學復興論〉　《國粹學報・社說》第1卷第9期　1905年10月　頁1-4

29 戴君仁　〈董仲舒對策的分析〉　《大陸雜誌》第42卷第6期　1971年3月　頁165-171

30 謝謙　〈漢代儒學復古運動與郊廟禮樂的正統化〉　《四川師範大學學報　社會科學版》第23卷第2期　1996年4月　頁49-55

31 蘇誠鑒 〈董仲舒對策在元朔五年議〉 《中國史研究》1984年第3期 1984年8月 頁87-92

32 顧頡剛 〈董仲舒思想中的墨教成分〉 《文瀾學報》第3卷第1期 1937年3月 頁1747-1753

（二）日文資料

1 二階堂善弘 〈「春秋繁露」の諸本について〉 《中國古典研究》第38號 1993年12月 頁45-58

2 久村因 〈公孫弘の對策の年について：「犍為郡開置の年代について」の予備的考察〉 《名古屋大學教養部紀要》第11輯 1967年3月 頁1-29

3 山田勝芳 〈均の理念の展開：王莽から鄭玄へ〉 《東北大學教養部紀要》第43號 1985年12月 頁79-98

4 井之口哲也 〈「儒教」か「儒學」か、「國教」か「官學」か〉 《中國哲學研究》第28號 2015年6月 頁9-31

5 戶田豐三郎 〈董仲舒對策の年次について〉 《中京大學文學部紀要》第4卷第2號 1969年11月 頁29-36

6 平井正士 〈董仲舒の賢良對策の年次に就いて〉 《史潮》第11年第2號 1941年9月 頁79-116

7 末永高康 〈董仲舒陰陽刑德說について〉 《中國思想史研究》第15號 1992年12月 頁59-88

8 宇佐美一博 〈董仲舒の政治思想：君主權の強化と抑制をめぐって〉 《日本中國學會報》第31集 1979年10月 頁59-73

9 佐川修 〈武帝の五經博士と董仲舒の天人三策について：福井重雅氏「儒教成立史上の二三の問題」に對する疑義〉 《集刊東洋學》第17號 1967年5月 頁59-69

10 谷中信一　〈上博簡『魯邦大旱』の思想とその成立：「刑德」說を中心に〉　《中國出土資料研究》第9號　2005年3月　頁1-19

11 岩本憲司　〈災異說の構造解析：董仲舒の場合〉　《東洋の思想と宗教》第13號　1996年3月　頁40-58

12 近藤則之　〈董仲舒における天と君主：君主主體性論の再吟味〉　《中國哲學論集》第28、29號　2003年10月　頁1-26

13 保科季子　〈近年の漢代「儒教の國教化」論爭について〉　《歷史評論》第699期　2008年7月　頁44-55

14 相原健右　〈『春秋繁露』偽書說に關する一考察〉　《後漢經學研究會論集》第2號　2005年3月　頁59-88

15 冨谷至　〈「儒教の國教化」と「儒學の官學化」〉　《東洋史研究》第37卷第4號　1979年3月　頁615-622

16 冨谷至　〈白虎觀會議前夜：後漢讖緯學の受容と展開〉　《史林》第63卷第6號　1980年11月　頁904-923

17 淺野裕一　〈板野長八著儒教成立史の研究〉　《東洋史研究》第55卷第1號　1996年6月　頁192-200

18 淺野裕一　〈上博楚簡『魯邦大旱』における刑德論〉　《中國研究集刊》第36號　2004年12月　頁41-54

19 福井重雅　〈儒教成立史上の二三の問題：五經博士の設置と董仲舒の事蹟に關する疑義〉　《史學雜誌》第76編第1號　1967年1月　頁1-34

20 福井重雅　〈董仲舒と法家思想〉　《史滴》第36號　2014年12月　頁2-10

21 慶松光雄　〈春秋繁露五行諸篇偽作考：董仲舒の陰陽・五行說との關連に於て〉　《金澤大學法文學部論集・哲學史學編》第6號　1959年3月　頁25-46

22 鄧紅 〈董仲舒否定の否定〉 《北九州市立大學大學院紀要》
第27號 2014年1月 頁163-197

23 鄧紅 〈日本における儒教國教化論爭について：福井再檢討を
中心に〉 《北九州市立大學國際論集》第12號 2014年3月 頁
103-126

24 澤田多喜男 〈董仲舒天譴說の形成と性格〉 《文化》第31卷
第3號 1968年1月 頁485-508

25 關口順 〈「儒教國教化」論への異議〉 《中國哲學》第29號
2000年12月 頁1-24

四 專書與會議論文

（一）中文資料

1 井之口哲也 〈完成使命的《儒教國教化》學說：圍繞日本學者
的議論〉 收入《儒學的當代使命：紀念孔子誕辰2560年國際學
術研討會論文集》第3冊 「紀念孔子誕辰2560周年國際學術研討
會暨國際儒聯第四次會員大會」 北京市、曲阜市 國際儒學聯
合會、中國孔子基金會、聯合國教科文組織 2009年9月23-26日
頁3-6

2 王賓如、王心恆 〈漢武帝「罷黜百家，獨尊儒術」辨〉 收入
《社會科學戰線》編輯部編 《中國古代史論叢》第7輯 福州市
福建人民出版社 1983年10月 頁287-297

3 池田知久著 田人隆譯 〈中國古代的天人相關論：董仲舒的情
況〉 收入溝口雄三、小島毅主編 孫歌等譯 《中國的思維世
界》 南京市 江蘇人民出版社 2006年8月 頁46-97

4 林志鵬　〈《魯邦大旱》詮解〉　收入上海大學古代文明研究中心、清華大學思想文化研究所編　《上博館藏戰國楚竹書研究續編》　上海市　上海書店出版社　2004年7月　頁147-162

5 林義正　〈孔子的天人感應觀：以《魯邦大旱》為中心的考察〉　載於李學勤、林慶彰等著　《新出土文獻與先秦思想重構》　收入《出土思想文物與文獻研究叢書》25　臺北市　臺灣書房出版　2007年8月　頁11-38

6 孫德謙　〈孔教大一統論〉　收入經世文社編　《民國經世文編·宗教》　上海市　經世文社　1914年6月　頁11-12

7 曹峰　〈《魯邦大旱》初探〉　收入上海大學古代文明研究中心、清華大學思想文化研究所編　《上博館藏戰國楚竹書研究續編》　上海市　上海書店　2004年7月　頁121-138

8 廖名春　〈上海簡《魯邦大旱》札記〉　收入中國博士後科學基金會編　《2000年中國博士後學術大會論文集》農林與西部發展分冊　北京市　科學出版社　2001年4月　頁621-626

9 劉桂生　〈近代學人對「罷黜百家、獨尊儒術」的誤解及其成因〉　收入北京大學中國傳統文化研究中心編　《北京大學百年國學文粹》史學卷　北京市　北京大學出版社　1998年4月　頁515-527

（二）日文資料

1 久村因　〈犍為郡開置の年代について〉　收入中國古代史研究會編　《中國古代史研究》第3　東京　吉川弘文館　1969年　頁323-376

2 平井正士　〈漢の武帝時代に於ける儒家任用：儒學國教化の前階として〉　收入東京教育大學東洋史學研究室編　《東洋史學論集》第3　東京　不昧堂書店　1954年　頁291-304

3 平井正士 〈漢代に於ける儒家官僚の公卿層への浸潤〉 收入酒井忠夫先生古稀祝賀記念の會編 《歷史における民眾と文化》 東京 國書刊行會 1982年9月 頁51-65

4 吉永慎二郎 〈董仲舒對策における「天」と「命」:「儒教國教化」の思想史的構造への一考察〉 收入加地伸行博士古稀記念論集刊行會編 《中國學の十字路:加地伸行博士古稀記念論集》 東京 研文出版 2006年4月 頁247-262

5 池田知久 〈中國古代の天人相關論:董仲舒の場合〉 載於溝口雄三、平石直昭、濱下武志、宮嶋博史編 《世界像の形成》 收入《アジアから考える》7 東京 東京大學出版會 1994年12月 頁9-75

6 鷲尾祐子 〈前漢の任官登用と社會秩序:孝廉と博士弟子〉 立命館東洋史學會中國古代史論叢編集委員會編 《中國古代史論叢》第5集 京都市 立命館東洋史學會 2008年3月 頁32-72

五 學位論文

(一)英文資料

1 Arbuckle, Gary, "Restoring Dong Zhongshu (BCE 195 - 115): An Experiment in Historical and Philosophical Reconstruction," Ph. D dissertation, University of British Columbia, 1991.

後記

　　本書第二、三、四、五、六各章以及附錄一，均是修改（及翻譯）初刊於臺、日學術期刊的拙文，各篇初刊資訊如下：

　　　第二章：〈董仲舒「賢良對策」の信賴性について〉，《東洋學報》第95卷第 1號，2013年6月，頁1-32。

　　　第三章：〈董仲舒の對策の年代について〉，《東洋學報》第96卷第4號，2015年3月，頁337-365。

　　　第四章：〈論董仲舒〈賢良對策〉之思想系統：董仲舒思想之基礎性研究〉，《揭諦》第32期，2017年1月，頁43-95。

　　　第五章：〈董仲舒の天人相關論に關する一考察：天と君主の相互關係の特性について〉，《東洋文化研究》第16號，2014年3月，頁59-85。

　　　第六章：〈日本學界「儒教國教化」爭論的回顧與反思〉，《師大學報》第62卷第2期，2017年9月，頁55-74。

　　　附錄一：〈目錄學の觀點から見る『春秋繁露』と董仲舒の關係〉，《汲古》第69號，2016年6月，頁47-52。

　　本書是修改及增補我的輔仁大學哲學系博士論文而成，首先感謝博士論文的指導老師輔仁大學哲學系潘小慧教授。同時感謝一直鼓勵及幫助本書出版的國立臺灣大學哲學系佐藤將之教授，若無佐藤教授

的鼓勵與幫助，則本書出版絕無實現的可能。又感謝為首次出版的我提供許多寶貴意見的萬卷樓圖書公司張晏瑞副總經理。另感謝替我全覽本書草稿，並建議適當中文詞句的學妹張偉萱博士，本書書稿在偉萱潤筆下才成形。最後感謝擔任本書編輯的萬卷樓圖書公司廖宜家小姐，本書成書多仰賴於廖小姐的細心工作。

深川真樹　謹誌於
廣東　廣州
二〇一八年十月十八日

哲學研究叢書·學術思想叢刊 0701014

影響中國命運的答卷：董仲舒《賢良對策》與儒學的興盛

作　　者	深川真樹	
責任編輯	廖宜家	
特約校稿	林秋芬	
發 行 人	陳滿銘	
總 經 理	梁錦興	
總 編 輯	陳滿銘	
副總編輯	張晏瑞	
編 輯 所	萬卷樓圖書股份有限公司	
排　　版	林曉敏	
印　　刷	森藍印刷事業有限公司	
封面設計	斐類設計工作室	

發　　行　萬卷樓圖書股份有限公司
　　　臺北市羅斯福路二段 41 號 6 樓之 3
　　　電話 (02)23216565
　　　傳真 (02)23218698
　　　電郵 SERVICE@WANJUAN.COM.TW
香港經銷　香港聯合書刊物流有限公司
　　　電話 (852)21502100
　　　傳真 (852)23560735

ISBN 978-986-478-221-5

2018 年 10 月初版一刷

定價：新臺幣 360 元

如何購買本書：

1. 劃撥購書，請透過以下郵政劃撥帳號：
   帳號：15624015
   戶名：萬卷樓圖書股份有限公司

2. 轉帳購書，請透過以下帳戶
   合作金庫銀行 古亭分行
   戶名：萬卷樓圖書股份有限公司
   帳號：0877717092596

3. 網路購書，請透過萬卷樓網站
   網址 WWW.WANJUAN.COM.TW

大量購書，請直接聯繫我們，將有專人為
您服務。客服：(02)23216565 分機 610

如有缺頁、破損或裝訂錯誤，請寄回更換

版權所有·翻印必究

Copyright©2018 by WanJuanLou Books CO.,

Ltd.All Right Reserved　**Printed in Taiwan**

國家圖書館出版品預行編目資料

影響中國命運的答卷 ： 董仲舒<<賢良對策>>
與儒學的興盛 / 深川真樹著. -- 初版. --
臺北市 ： 萬卷樓, 2018.10
面 ；　 公分. -- (哲學研究叢書 ； 0701014)

ISBN 978-986-478-221-5(平裝)

1. (漢)董仲舒 2. 賢良對策 3. 研究考訂 4. 儒
學

122.14　　　　　　　　　　107016866